돈오(頓悟)의 길

직지심경 下

영원한 행복을 노래한 선사들편

백운경한 초록

덕산 역해

비움과소통

진리의 등불 '직지'의 위대한 가르침을 공부할 때

2011년 9월 2일 청주에서는 청주시민과 청원군민 1377명이 축하 하모니를 선사하는 가운데 유네스코 직지상(賞) 시상식을 개최하였습니다. 1377명은 현존하는 세계 최고(最古) 금속활자본인《직지심체요절(直指心體要節)》이 청주 흥덕사에서 간행된 연도입니다.

알다시피, '직지'는 우리 민족의 위대한 정신문화적 자산인 동시에 세계기록유산(2001년 9월 등재)으로서 실로 엄청난 가치를 지니고 있습니다. 독일의 구텐베르크 성서보다 78년이나 앞선 세계에서 가장 오래된 금속활자본이라는 역사적 가치 뿐아니라 전통종교인 불교의 진리성을 지니고 있으며, 인류의 과학기술을 혁신시키고 정보의 대량생산과 공유를 가능케 하는 등 인류문명사 발전에 위대한 발자취를 남긴 것입니다.

청주는 이렇게 위대한 '직지'를 기반으로 선조들의 찬란한 문화적 위업과 창조정신을 이어받아 희망찬 미래를 설계하고 있습니다. '직지'를 테마로 하는 문화거리를 조성하고 직지과학박물관을 건립하는 등 관광인프라를 구축하고 직지 특화상품과 게임, 교육프로그램을 개발하는 한편, 세계적으로 권위를 인정받는 직지상을 제정하고 직지축제를 더욱 발전시켜 나감으로써 우리 고장 청주를 민족적 긍지가 높은 세계 인쇄문화의 성지로, 세계인들이 자주 찾는 역사 문화순례지로 가

꾸어 나가고 있습니다.

그러나 이제는 이러한 하드웨어와 함께 '직지'의 정신과 가르침이 어린 소프트웨어에도 더욱 관심을 가질 시기가 도래했습니다. 이번에 청원 혜은사 주지 덕산 스님께서 방대하고 심오한 '직지'를 일반 시민들을 위해 알기 쉽게 번역하고 해설한 '직지 강의' 시리즈(전3권)을 완간한 것은 그야말로, 1377년 동안 민족의 고귀한 정신세계를 이끌어 온 '직지'의 사상을 되살리고 선양하는 큰 불사가 아닐 수 없습니다.

'직지'는 고려시대 고승인 백운경한(白雲景閑, 1299~1374) 스님이 펴낸 선어록으로 깨달음에 대한 선(禪)의 교과서라고 할 수 있습니다. 각고(刻苦)의 염불선(念佛禪) 정진으로 공(空)을 증득한 덕산 스님은 그동안 2006년부터 2011년까지 청주 시민들을 대상으로 '직지'를 강의해 시민들의 인성을 계발함은 물론 드높은 깨달음의 길로 안내해 큰 호응을 얻었습니다.

이러한 성과를 바탕으로 세상에 모습을 드러낸 '직지 강의'는 이제 청주는 물론 온 국민의 성품(性品)을 밝혀 세상을 아름답게 하는 진리의 등불이 되리라 확신합니다. 덕산 스님의 '직지 강의' 완간을 계기로 온 국민이 '직지'의 위대한 가치를 재발견하고, 더 나아가 '직지'가 세계인의 가슴에 고귀한 진리의 등불로 깊이 새겨지기를 진심으로 기원합니다.

대한민국 국회 부의장
홍 재 형

영원한 삶의 깨달음이 켜켜이 담긴
유네스코 세계기록유산을 읽다

눈이 부시게 내리쬐는 가을볕이 산과 들의 오곡백과를 열매 맺게 하는 풍성한 가을이 다가왔습니다. 저 오묘한 대자연의 모습이 바로 청정한 부처님의 법신이 아닐까 생각합니다.

천지가 무정설법(無情說法: 자연이 설하는 진리의 가르침)으로 감동을 주는 이 좋은 시절에 《직지심체요절》에 담긴 내용과 사상을 널리 알리기 위하여, 오랜 산고 끝에 《영원한 행복의 길, 직지심경》을 탈고해 주신 혜은사 주지 덕산 스님께 큰 경하의 말씀을 드리며 본서의 발간을 축하드립니다.

《직지심체요절》은 유네스코 세계기록유산으로 등재되어 세계가 기리는 60억 인류의 소중한 자산이자 대한민국 청주의 자랑입니다. 이제는 세계에서 가장 오래된 금속활자 인쇄물로서의 가치보다도 그 속에 녹아있는 한국인의 정신과 사상에 더욱 가치를 두어야 할 때라고 생각합니다.

《직지심체요절》은 백운 화상이 펴낸 책으로 선(禪)의 지침서입니다. 중심 주제인 '직지심체(直指心體)'는 사람이 마음을 바르게 가졌을 때 그 심성이 곧 부처님의 마음임을 깨닫게 된다는 것입니다. 생명의 소중함과 자비광명, 영원한 삶의 깨달음이 켜켜이 담겨 있습니다.

　존경하는 시민 여러분께 이 책을 추천해 드립니다. 갈피마다 서린 부처님의 자비 불성이 여러분들의 마음을 따뜻하게 해 주실 것입니다. 평안과 행복을 주실 것입니다. 이 좋은 시절에 절대 평등, 자애 넘치는 이 책과의 만남이 있기를 기원합니다.

　독자 여러분, 존경하고 사랑합니다.

충청북도 교육감
이기용

궁극의 자유와 행복을 선사하는
보물은 그대 안에 숨겨져 있다

《직지심경(直指心經)》은 고려시대 고승인 백운경한(白雲景閑, 1299~1374) 화상이 펴낸 책으로 깨달음에 대한 선(禪)의 지침서라고 할 수 있습니다. 내용면에서도 고려 선종사에서 귀중한 문헌이지만 세계 최고(最古)의 금속활자본으로서 온 대한민국 국민이라면 누구나 자랑으로 여기는 성보 문화재이기도 합니다.

《직지심경》을 줄여서 부르는《직지》는 1372년(공민왕 21)에 저술되었습니다. 1377년 청주목의 흥덕사(興德寺)에서 금속활자로 인쇄되었는데, 2001년 유네스코 세계기록유산으로 등재되었습니다. 1972년 파리에서 열린 세계도서의 해 기념전시회에 출품되어 세계 최고의 금속활자본으로 공인받기도 했습니다. 사찰 나름의 재래방법으로 활자를 만들어 인쇄한 것으로, 목활자가 섞이고 크기와 모양이 고르지 않으나 그 역사적 의미는 매우 크다고 합니다. 《직지》하권은 프랑스 국립도서관에 보관이 되어 있고 상권을 찾기 위해서 많은 노력을 하고 있지만, 상권은 아직 찾지를 못하고 있습니다. 하루 속히 상권을 찾을 수 있기를 간절히 기원합니다.

《직지》의 본 이름은《백운화상초록 불조직지심체요절(白雲和尚抄錄

佛祖直指心體要節》)입니다. 우리가 간략하게 《직지》라고 부르는 것입니다. '직지'의 본래 뜻은 '직지인심 견성성불(直指人心 見性成佛)'을 뜻하는 것입니다. 사람의 마음을 바로 보고 본래 마음자리를 깨닫게 되는 것을 견성성불이라고 합니다.

《직지》의 편저자인 백운 화상은 휘가 경한이고 호는 백운입니다. 전라도 고부 사람이고 동진 출가를 하시고 일찍 승과에 합격한 분이십니다. 한학 공부도 많이 하신 백운 화상은 당시 67세의 고령에도 불구하고 중국 절강에 들어가 평생 수행하신 것을 인가받기 위해서 임제종(臨濟宗) 18대 손인 원나라 석옥청공(石屋淸珙) 선사를 찾아갔습니다. 백운 화상은 석옥 선사로부터 선문답을 통해 인가를 받고 《불조직지심체요절》이라는 책을 받아 국내에 들어와 제자들의 참선교재로 사용했던 것을, 그 후 흥덕사지에서 제자들이 금속활자로 다시 제작을 한 것입니다.

《불조직지심체요절》에는 백운 화상께서 편집한 《선문염송》《치문경훈》의 내용과 과거 7불(佛)의 게송, 석가모니 부처님으로부터 법을 받으신 인도의 가섭존자로부터 28조 달마 스님까지의 게송이 들어있고, 중국 140여 분 선사들의 선의 요체 등 여러 고승들의 법거량과 선문답, 일화가 상·하 두 권으로 나누어져 있습니다.

본 강으로 들어가기 전에 여러분들이 경전을 공부하는데 도움이 되도록 '체(體)'와 '용(用)'을 설명 드리도록 하겠습니다.

'체' 라는 말은 우주의 근본 실상(實相)을 말하는 것입니다. 수행자가 수행을 통해서 본래 마음을 깨닫는 것을 견성성불(見性成佛)이라고 합니다. 우주의 근본 실상은 물질이 아니기 때문에 이름을 붙일 수가 없어 부득이 '마음'이라고 부른 것입니다. 그러나 본래는 모양이 없으니 어떤 이름도 붙일 수가 없습니다. 그래서 문자와 언어를 떠난 자리를 바로 '체'라고 이야기 하는 것입니다.

'용'이라는 것은 체에서 작용을 통해서 나타나는 현상세계, 물질의 세계를 말하는 겁니다. 본래 실상은 모양이 없어서 어떤 이름도 붙일 수가 없는 자리이니 모양이 없는 자리에서 인연 따라 나타나는 현상계는 우리 눈에 모양이 있는 것으로 보이지만 역시 모양이 아닙니다. 허깨비나 꿈속에서 나타는 허망한 모양과 같아서 공하다는 것입니다.

《반야심경》에서 '색(色)'과 '공(空)'이 둘이 아닌 하나라고 했듯이 '체'와 '용'도 분명 하나이고 둘이 아닙니다. 유위법(有爲法)은 물질로 된 세계 뿐만아니라 우리가 마음속으로 좋다 나쁘다 하는 생각들도 모두 유위법이라고 할 수가 있습니다. 예를 들어, 시간적으로 볼 때 원자 자체도 1초에 99억 번을 진동하고 있기 때문에 시간성, 공간성이 없습니다. 그러니 물질이 본질적으로는 입자(粒子)가 아니라 에너지 즉, 파동(波動)이라는 현대물리학의 입장과도 상통합니다.

다시 말해 '체'는 문자와 언어로 표현 할 수 없는 자리를 말하는 것이고 '체'에서 작용을 통해 인연 따라 나타나는 '용'의 현상계 역시 모양이 아니라는 이 도리를 아셔야 됩니다. '체'와 '용'을 바로 아셔야지 《직지》의 내용을 이해할 수가 있습니다.

《영원한 행복의 길 직지심경》은 2006년, 2009~2011년에 청주 시민과 불자들을 대상으로 강의한《직지》강의 내용을 정리해서 불자들의 실제적인 수행에 도움이 되도록 엮었습니다.《직지심경 강의》와《자유인의 길, 직지심경》에 이어 1년만에 후속작으로 출간하는《영원한 행복의 길 직지심경》은《불조직지심체요절》하권에 해당하는 책으로 중국의 선사 90분의 깨달음의 노래와 선문답을 모아 해설한 책입니다.

이 책은 여러 분들이 정성스런 노고가 있었기에 나올 수 있었습니다. 강의를 녹취한 정향미 불자님을 비롯한 혜은사 신도님들과 책을 단정하게 장엄해 준 도서출판 비움과소통 김성우 대표님과 관계자 분들께 깊이 감사드립니다. 많은 국민이《직지》의 이름만 알고 내용을 잘 모르는 상황에서, 이번 강의록이 국민의 심성을 정화하고 맑고 밝고 아름다운 사회를 건설하는 밑거름이 되길 발원합니다.

2011년 10월 14일
청원 혜은사에서 덕산 합장

추천사

머리말

영원한 행복의 길 직지심경

영원한 행복의 길
직지심경

마음을 죽인다는 것은 마음을 챙기지 못해 잊고 있는 순간을 말합니다. 마음은 물질
이 아니니까 죽는 게 아니잖아요. 그렇다면 마음을 살리는 것은 무엇일까요? 하나의
마음자리에 성성히 깨어 있는 것이 마음을 살리는 것이며 생명을 살리는 길입니다.
우리가 의지만 있다면 어렵지 않아요. '관음'을 하던 '지장'을 하던 주력을 하던 마음
속에서 항상 생각을 일으키되 거기에 집중해서 가는 것이 마음을 살리는 길입니다.

1. 아호 대의(鵝湖大義) 화상의 좌선명(坐禪銘)

아호 대의(鵝湖大義) 화상의 좌선에 대한 글이다.

참선하고 도를 배우는 것이 몇 가지나 되던가.
중요한 것은 공부하는 이가 선택하는 것이다.
몸을 잊거나 마음을 죽이려 하지 말아야 하니
이는 치료하기 힘든 가장 깊은 병이네.

앉아서 깊은 근원을 참구하라.
이러한 도는 예로부터 세상에 전해져 온 것이다.
태산처럼 단정하고 반듯하게 앉되

늠름하게 공한(空閑)을 지킬 필요 없다.
당장에 취모검을 들어서
서래제일의(西來第一義)를 밝혀내야 하리라.
두 눈을 크게 뜨고 눈썹도 치켜세워서
저것이 무엇인지 거듭 바라보아라.

도적을 잡으면 장물(臟物)까지도 찾아내야 하되
도적이 깊이 숨었다고 두려워하지 말아라.
지혜가 있으면 찰나에도 찾아내지만
지혜가 없으면 일 년이 지나도 그림자조차 보지 못한다.

애닯구나, 항상 죽은 듯이 우두커니 앉아서
천 년 만 년 그렇게만 지내는가.
그렇게 하여 선문의 종지에 이르게 된다면
염화미소(拈華微笑)의 가풍이 쇠퇴하고 말리라.

흑산 아래에 앉으면 사수(死水)가 침입하니
대지에 만연히 퍼지는 것을 어찌 막으리.
쇠 눈과 구리 눈동자 가진 이라면
마음으로 스스로 판단할 수 있으리라.

깨닫고야 말리라고 굳게 다짐하니

크게 한번 울부짖을 수 있는 사자로다.
그대는 보지 못했던가.
벽돌을 갈아 거울 만든다는 비유에도 이유가 있으니,
수레가 멈추면 소에게 채찍질하는 이치이다.

그대는 보지 못했던가.
바위 앞에 고인 물이 만 길이나 맑아서
깊고 고요하여 아무런 소리가 없다가
하루아침에 어룡(魚龍)이 와서 휘저어버리면
출렁이는 파도가 더욱 심해진다.

고요히 앉기만 할 뿐 공부하지 않으면
어느 시절에 마음 비었음을 깨달아 급제하리.

빨리 공부를 시작하여 높은 곳을 올려다보아
금생에서 판단을 끝내야 하리라.
오히려 묵묵히 어리석은 척하면
공부할 줄 모르는 이라 여길 것이다.

정신을 바짝 차리고 유의해서 살펴보아라.
형체도 그림자도 없지만 깨닫기 어렵지 않도다.
이것이 충분히 마음을 잘 쓰는 것이니

용맹한 장부라면 기억해야만 하리라.
도를 참구할 필요 없다는 말 듣지 말고
옛 성인을 부지런히 지침으로 삼아라.
비록 옛날 집의 놀리는 논밭이라 해도
한번쯤은 풍년이 오지 않으랴.

좌선의 극치를 알고자 한다면
바람이 불면 풀도 쓰러짐을 모두 논하리라.
지금은 사해(四海)가 거울처럼 맑으니
하나도 빠짐없이 나에게 들려온다.

길고 짧음과 모나고 둥근 것은 다만 저절로 아나니
본래부터 털끝만큼도 제자리를 옮기지 않았네.
좌선해서 무엇을 이루었느냐고 묻는다면
동쪽에서 해가 떠서 밤에는 서쪽으로 진다 말하리라.

해설 ❀❀❀

참선하고 도를 배우는 것이 몇 가지나 되던가.
중요한 것은 공부하는 이가 선택하는 것이다.
몸을 잊거나 마음을 죽이려 하지 말아야 하니
이는 치료하기 힘든 가장 깊은 병이네.

우리는 도를 깨닫고자 참선을 하는 데, 불교 수행은 참선이라고 아서야 됩니다. 선(禪)은 부처님 마음이라고 하는데, 부처님 마음자리에서 비춰 보면 삼라만상 모든 것이 마음 아닌 것이 없다는 말입니다. 우리는 육안의 눈으로 살고 있기 때문에 눈에 보이는 것이 전부라고 생각할 수 있지만, 물질이라는 세계를 근본에서 본다면 텅 비었으며 모두 마음으로 되어 있습니다. 그래서 공(空)이라고 합니다.

　깨쳤다는 말은 마음의 눈을 떴다는 말인데, 마음의 눈을 뜨고 보면 우주가 다 마음으로 되어 있기 때문에 나눌 수 없습니다. 우주를 하나의 마음으로 보는 것입니다. 그 하나의 마음자리를 '부처님'이나 선(禪)이라고 하지만 사실은 모양이 없는 것이기 때문에 어떤 이름도 붙일 수 없는 겁니다. 그래서 그 자리를 중도(中道)라고도 합니다. 있다면 있는 것이고 없다면 아주 없어야 되는데, 분명 우리의 마음은 존재하지만 모양은 없습니다.

　실상(實相)은 어떤 이름도 붙일 수 없지만 부득이 방편상 마음이요, 부처님이요, 선이요, 법이요, 온갖 명사를 붙여 놓았기 때문에 불교를 이해하지 못하는 분들은 어렵다고 생각하실 수가 있습니다. 그러나 알고 보면 어려운 것이 아닙니다. 우리가 불교를 공부하는 목적은 진여실상(眞如實相), 본래 마음자리로 돌아가기 위해서 수행하는 겁니다. 본래 자리에 마음을 두고 그 자리를 위해서 정진하는 것이 참선입니다. 염불을 하던 주력을 하던 목적은 본래 자리를 깨닫기 위해서 참구하는 것입니다. 불교는 참선 수행입니다. '기도'라는 말은 맞지 않습니다. 기도라는 말을 쓰게 되면 스스로 불교를 폄하하는 것입니다.

지금 미국이나 유럽에서는 선불교가 일어나고 있다고 합니다. 부처님께서 일러주신 하나의 마음자리를 찾는 참 불교로 가기 위해서는 복잡한 불교용어의 정리가 필요하다고 생각합니다. 어떤 신도 한 분이 "사람마다 맞는 수행 방법이 있지 않냐?"라는 질문을 하셨는데 "어떤 수행을 하던 마음의 방편은 똑같은 자리에 두고 가야 된다"고 말씀을 드렸습니다. 주력(呪力)이나 염불을 하든, 화두를 들든 하나로 된 똑같은 마음자리에 두고 가야만 깨달음의 길로 가는 것입니다. 만약, 주력을 한다면 주력하는 그 놈이 우주와 곧 하나라는 믿음을 갖고 하면 되는데, 사람마다 근기가 다르기 때문에 자기에게 맞는 수행이 있다는 생각을 할 수가 있어요. 불자님들 가운데 관음정근을 하시는 분들은 지장정근을 하는 도량에 와서 지장정근을 하게 되면 마음속에서는 관세음보살님한테 미안하다는 생각이 들 수도 있지요. 이것은 불교의 근본 자체를 이해하지 못하기 때문에 마음에서 분별심이 일어난 것으로 볼 수 있습니다. 지장보살님이나 관세음보살님은 따로 있는 것이 아닙니다. 어느 도량에서 정진하던 '지장보살'을 염하는 그 놈이 우주와 하나이고 '관세음보살' 염하는 그 놈이 우주와 하나라는 생각을 갖고 한다면 정도로 가는 겁니다.

참선이란 근본 바탕자리 똑같은 자리에 마음을 두고 가는 것이기 때문에 수행방편은 몇 가지가 되지 않으며, 공부하는 이가 선택하면 됩니다. 선종에서는 조사선이나 간화선, 묵조선 수행이 있었을 것인데 이 수행법들은 본래 마음자리에 두고 가는 수행법입니다. 이것을 개인이 적합한 방편을 선택할 수 있을 것입니다.

몸을 잊거나 마음을 죽이려 하지 말아야 하니
이는 치료하기 힘든 가장 깊은 병이네.

부처님께서는 인신난득(人身難得)이라는 말씀을 하셨는데 사람 몸 만나기가 정말 어렵습니다. 사찰에서 누가 돌아가시게 되면 49재를 모시는데, 49재날 생전에 각자 지은 업력에 의해서 6도 윤회 가운데 한 몸을 받는다고 알고 계실 겁니다. 그러나 대부분 중음신(中陰身)으로 계시며 사람 몸으로 태어나기가 정말 어렵습니다. 우리는 만나기 어려운 사람 몸을 만났고 부처님 법을 만났습니다. 그러니 이렇게 어렵게 만난 몸을 잊거나 마음을 죽이려 하지 말아야 한다는 말씀입니다. 우리가 수행을 하지 못하는 이유는 육체 위주로 살아온 습(習)으로 인해 몸이 조금만 불편하고 피곤하면 자꾸 다음으로 미루고자 하는 마음이 일어나기 때문입니다. 육신은 시간적으로 볼 때 1초 전과 1초 후가 같지 않으며 변하고 있어요. 진실한 것이 아닙니다. 그러니 우리가 조금이라도 건강하고 의식이 성성할 때 열심히 정진하셔야 됩니다.

마음을 죽인다는 것은 마음을 챙기지 못해 잊고 있는 순간을 말합니다. 마음은 물질이 아니니까 죽는 게 아니잖아요. 그렇다면 마음을 살리는 것은 무엇일까요? 하나의 마음자리에 성성히 깨어 있는 것이 마음을 살리는 것이며 생명을 살리는 길입니다. 우리가 의지만 있다면 어렵지 않아요. '관음'을 하던 '지장'을 하던 주력을 하던 마음속에서 항상 생각을 일으키되 거기에 집중해서 가는 것이 마음을 살리는 길입니다. 마음을 놓치는 순간은 바로 죽는 순간이에요. 우리는 무시이래 육체 위주로 살아온 습관으로 인해 사실이 아닌 것을 사실인 것처럼 생각하는 습관을 놓기가 정말 어렵습니다. 이것을 고치기 어려운 깊은 병이라고 했습니다. 우리는 만나기 어려운 몸을 만났고 마음 역시도 깨닫기 어렵기 때문에 마음 찾는 공부를 놓아서는 안된다는 얘깁니다.

앉아서 깊은 근원을 참구하라.
이러한 도는 예로부터 세상에 전해져 온 것이다.
태산처럼 단정하고 반듯하게 앉되
늠름하게 공한(空閑)을 지킬 필요 없다.

우리 마음이 부처님이라고 했지만, 우리가 보고 듣고 생각을 일으키는 것은 모두 번뇌입니다. 왜냐하면 내 의식 속에서 생각을 일으키는 것은 사실이 아닌 것을 가지고 생각을 일으키고 있기 때문입니다. 그러므로 깊은 근원은 생각하기 이전의 자리를 말합니다. 생각하기 이전의 자리가 본래의 생명자리며 이름을 붙일 수 없지만 부득이 마음이라고 부릅니다. 과거 부처님으로부터 오직 본래 마음자리를 참구하고 공부하는 말씀을 전해주신 것입니다. 지금 우리는 마음을 바르게 닦아나가는 방법을 배우고 있습니다.

"늠름하게 공한(空閑)을 지킬 필요 없다"는 뜻은 꼭 화두를 들 필요는 없다는 겁니다. 여기서는 특히 좌선 수행을 말하고 있습니다. 40대가 넘어서 나이가 들면 몸이 이미 많이 굳어있기 때문에 좌선이라는 자체가 굉장히 고통스러우실 겁니다. 선방에 들어가서 참선을 하기 위해서는 먼저 몸을 유연하게 해야 됩니다. 간화선을 통해서 마음자리에 눈을 뜨신 분들은 무조건 간화선을 강조하시는데, 수행자들은 각자 나름대로 해오던 수행법이 있을 것입니다. 각자의 수행법을 살려서 참선의 방법을 알려주면 되는데 지금까지 해오던 것을 모두 버리고 '이것만 하라'고 하는 것은 옳지 않아요. 우리가 근본 실상 마음자리로 돌아가는 것이 목적이라면 들어가는 문은 다양합니다.

우리가 선(禪)이라고 하면, 그 어떤 것도 선(禪) 아닌 것이 없잖아요. 그 어떤 것도 마음의 작용을 통해서 나오지 않은 것이 없습니다. 모두 마음입니다. 그렇다면 이 싸인펜도 마음에서 나온 것이니 싸인펜도 우주와 하나라는 생각으로 '싸인펜~ 싸인펜' 하고 일념으로 염한다면 이것 역시 참선이 되는 겁니다. 간화선은 마음을 집중시키기 위한 방편입니다. 의심만 잘 일어난다면 간화선이 깨치는 방법에 있어서는 정말 빠른 공부입니다. 그런데 의심이 안되었을 때는 어떻게 해야 되겠습니까? 의심이 안되신 분들이 무조건 '무(無)'자만 들어서야 되겠냐는 말이죠. 이렇게 의심이 안된다면 '무~ 무~' 하는 그 놈이 우주와 하나라는 생각을 하고 조사선 수행으로 돌리면 되는 겁니다.

아호 대의 화상께서도 꼭 좌선만 할 필요는 없다는 뜻으로 공한을 지킬 필요가 없다는 말씀을 한 것입니다. 그 당시는 조사선이나 묵조선 수행이었는데 묵조선 수행은 본래 마음자리를 가만히 비춰보는 겁니다. 그런데 근기가 나약한 분들은 그대로 혼침에 빠지거나 무기공(無記空)에 떨어진다고 합니다. 그렇다면 죽은 공부가 됩니다. 공부라는 것은 본래 자리를 일깨워 주는 겁니다. 본래의 참 생명자리를 드러내는 것입니다. 드러냄으로써 외부로부터 들어오는 번뇌를 끊기 위한 방편입니다. 평상시에 좋은 생각을 하고 좋은 경을 많이 읽는다고 하더라도 본래 자리를 드러내지 못한다면 번뇌가 되어버립니다.

내가 《금강경》을 읽고 있어도 내용이 이해가 되지 않는다면 공부가 아직 안된 겁니다. 그런데 대부분 불자님들이 뜻도 모르고 무조건 좋다고 하니까 읽는 분들이 많으실 겁니다. 이 부분에 대해서 서산 대사께서는 "경을 읽을 때 뜻도 모르고 읽는 것은 모래로 밥을 짓는 것과 다르지 않다"고 하셨습니다. 정진을 하면서 《반야심경》을 읽었을 때 이해가 된다면 스스로 점검을 할 수가 있어요. 경을 이해 못한다면 안된다는 얘기죠. 성철 스님께서도 "경을 보지 말고 먼저 눈을 떠라"고 말씀을 하셨어요. 눈을 뜨고 경을 보면 뜻을 이해하게끔 되어 있습니다. 깨닫는 것이 관건이며 깨닫기 위해서는 마음을 집중시키기 위한 방편이 중요한데, 각자 나름대로 염불이나 화두나 주력을 할 수는 있어요. 화두를 들어 의심이 된다면 빠른 공부가 되지만 의심이 안된다면 염불하는 그놈이 우주와 하나라는 것을 확신하고 정진하시면 됩니다.

당장에 취모검을 들어서
서래제일의(西來第一義)를 밝혀내야 하리라.
두 눈을 크게 뜨고 눈썹도 치켜세워서
저것이 무엇인지 거듭 바라보아라.

'취모검(吹毛劍)'은 반야(般若)를 말합니다. 우주를 하나의 마음으로 보는 순간 내 의식에 있던 모든 대상들이 순간적으로 무너지는 겁니다. 이것을 가느다란 털을 자르는 검으로 비유를 했습니다. 우주를 하나의 마음으로 본다면 시시비비 할 것도 없고, 좋고 나쁜 것도 없으며, 생사가 있는 것도 아닙니다. 바로 그 마음으로 돌아가야 된다는 얘깁니다.

'서래제일의(西來第一義)'는 즉 '달마 스님이 서쪽에서 온 뜻'을 밝혀내야 된다는 말씀입니다. 달마 스님이 서쪽에서 온 뜻이 무엇입니까? 조주 스님께서는 무엇이라고 대답했습니까? '뜰 앞에 잣나무'라고 했죠. 제가 금방 "달마 스님이 서쪽에서 온 뜻이 무엇입니까?"하고 물었는데 여러분들은 말에 속은 겁니다. 달마 스님은 본래 오고 가는 것이 없었거든요. 이와 마찬가지로 우리는 문자나 언어, 형상이나 이름에 속는 겁니다. 달마 스님은 본래 오고 가는 것이 없었으니까 '뜰 앞에 잣나무'라고 답을 해 준 겁니다. '뜰 앞의 잣나무'나 달마 스님의 마음이나 하나입니다.

그래서 우리는 생사가 끊어진 자리를 하나의 반야에 들어서 확실하게 체험해야 됩니다. 이것은 결코 쉬운 게 아니니까 '두 눈을 크게 뜨고 눈썹도 치켜세워서 저것이 무엇인지 거듭 바라보아라'라고 하시는 겁니다. 수행은 본래 생명자리에 깨어있으면서 눈을 감든, 잠을 자든, 걸어 가든, 앉아 있든 마음 속에 한 생각을 놓치지 않고 정진하는 길입니다. 이렇게 정진할 때 마음자리에 눈을 뜰 수가 있습니다. 24시간 성성히 깨어있기 위해서 몸부림을 쳐야 됩니다. 하안거, 동안거를 통해서 수좌스님들이 앉아서 정진을 열심히 하는데, 해제 때가 되면 마음이 느슨해지는 경우가 많을 겁니다. 그러나 결제, 해제가 따로 있어서는 안됩니다. 마음의 눈을 뜬 분들은 깨닫고 나서도 보임수행을 끊임 없이 해야 되는데 해제가 되었다고 풀려있으면 언제 깨닫겠습니까? 깨닫고자 정진한다면 24시간 성성하게 깨어서 언제 어디서 무엇을 하든 한 생각 놓치지 않기 위해 끊임없이 노력해야 될 것입니다.

도적을 잡으면 장물(臟物)까지도 찾아내야 하되
도적이 깊이 숨었다고 두려워하지 말아라.
지혜가 있으면 찰나에도 찾아내지만
지혜가 없으면 일 년이 지나도 그림자조차 보지 못한다.

번뇌를 끊기 위해서는 마음의 뿌리까지도 모두 끊어내야 됩니다. 도적은 육적(六賊)을 말하는데 안·이·비·설·신·의(眼耳鼻舌身意)를 말합니다. 마음이라는 놈이 눈을 통해서 속고, 귀를 통해서 소리를 들으며 속고, 맛이나 느낌을 통해서 속고, 생각을 통해서 속습니다. 속는다는 것은 사실이 아닌 것에 끄달려가는 것을 말합니다. 속고 속이는 것들을 통해서 우리 불성은 점점 어두워집니다. 장물까지도 찾아내야 한다는 말씀은 번뇌의 뿌리까지도 끊어내야 된다는 뜻입니다. 그러나 번뇌가 쉽게 끊어지지 않는다고 걱정하지 말라는 말씀입니다. "세 살 적 버릇 여든 간다"는 속담처럼 우리가 익혀 놓은 습은 쉽게 놓지 못합니다. 지혜란 우주의 근본실상인 하나의 마음자리를 말하는데 그 자리로 돌아가면 죄라는 것도 따로 없습니다. 내가 어떤 행위를 하고 '죄'라는 생각을 일으켰다면 죄가 된 겁니다. 그러나 행위에 대해서 집착하지 않고 생각을 일으키지 않는다면 업이 되지 않습니다. 모두 마음에서 만들어 놓는 것입니다. 어느 위치에 있던 우리가 정진하고 있다면 업을 맑히는 순간이 됩니다. 정진을 하는 순간은 육문(六門)에서 자비의 빛이 발합니다. 우주를 하나로 보는 지혜가 있으면 찰나에도 모두 뿌리를 끊어내지만, 지혜가 없으면 일 년이 지나도 그림자조차 보지 못한다고 말씀하시는 겁니다.

　애닯구나, 항상 죽은 듯이 우두커니 앉아서
　천 년 만 년 그렇게만 지내는가.
　그렇게 하여 선문의 종지에 이르게 된다면
　염화미소(拈華微笑)의 가풍이 쇠퇴하고 말리라.

　천 년, 만 년 동안 그렇게 앉아만 있을 것이냐는 말씀입니다. 한 생각 깨닫고자 하는 발심을 일으켰다면 정말로 노력을 해봐야 됩니다. 칠십, 팔십 생을 살았다고 해도 되돌아보면 아무 것도 아닙니다. 겁(劫: 아주 오랜 시간) 차원에서 본다면 찰나도 안되는 겁니다. 우두커니 앉아서 지내다가 천 년 만년을 기다려 깨닫게 된다면 염화미소의 가풍이 쇠퇴하고 말리라는 말씀입니다.
　부처님께서 영산회상에서 《법화경》을 설하시기 전에 대중에게 꽃 한 송이를 들어 보이셨습니다. 그런데 이 꽃은 육안의 눈으로 볼 수 있는 꽃이 아닙니다. 부처님께서 《법화경》을 강의하시니까 천상에서 천인들이 뿌리던 꽃이었던 겁니다. 그 뜻을 아신 가섭 존자만이 빙그레 웃음으로 답을 했습니다. 부처님께서 꽃을 보여 주신 이유는 꽃의 본래 자리를 일러보라고 하셨던 겁니다. 그럼 꽃의 본래가 무엇일까요? 바로 마음이라고 했습니다. 본래 자리는 입을 떼면 답이 아니며, 어떤 문자·언어로 표현할 수 없는 자리이니까 가섭 존자가 빙그레 웃음으로 답을 하시니, 부처님께서 정법안장(正法眼藏)을 가섭에게 전하신 겁니다.

선사들께서 주장자를 들어 보이고 주장자를 내리치고 할을 하는 이유는 본래자리가 무엇인가 묻고 계시는 겁니다. 본래자리를 보라는 말씀이지 문자나 형상에 끄달리면 안됩니다. 나름대로 한 소식 했다고 해도 오랫동안 허송세월을 보내며 정진을 느슨하게 하면 염화미소의 가풍이 쇠퇴하고 말리라는 말씀입니다. 염화미소의 가풍이란 부처님께서 가섭 존자에게 꽃 한 송이를 통해 법을 전한 부분이며 단박에 깨달아야[頓悟] 된다는 말씀입니다.

수행자가 오랜 세월을 보내면 시주의 은혜를 저버릴 수 없을 것입니다. 옛날에는 탁발에 의지해서 생활했지만 상대가 음식을 베풀게 되면 내가 그 분에게 복을 줄 수 있는 그릇이 되어 줘야 합니다. 내가 덕을 갖춰서 상대에게 덕을 줄 수 있는 지혜를 갖추어야지 그렇지 못했을 때는 빚이 되는 겁니다. 여러분도 마찬가지로 남에게 그냥 거저 얻는 것은 모두 빚이라는 것을 아셔야 됩니다.

흑산 아래에 앉으면 사수(死水)가 침입하니
대지에 만연히 퍼지는 것을 어찌 막으리.
쇠 눈과 구리 눈동자 가진 이라면

마음으로 스스로 판단할 수 있으리라.

흑산(黑山)은 혼침(昏沈)에 빠진다는 말입니다. 혼침에 빠지면 죽음의 물에 빠져 죽는 길로 들어가는 것입니다. '대지에 만연히 퍼지는 것을 어찌 막으리'는 윤회를 벗어나지 못한다는 말씀입니다. 쇠 눈[鐵眼]과 구리 눈동자[銅睛] 가진 이, 정말로 깨닫고자 의심을 가지고 발심을 일으킨 자라면 어떻게 수행할 것인가를 분명히 안다는 말씀입니다. 그래서 우리에게는 선지식이 절대적으로 필요합니다. 성철 스님이나 큰 스님들 같은 경우에는 직접 수행을 체험하셨기 때문에 어떻게 하면 눈을 뜰 수 있는가를 아시고 빠른 길을 일러주고 계신다는 얘깁니다.

깨닫고야 말리라고 굳게 다짐하니
크게 한번 울부짖을 수 있는 사자로다.
그대는 보지 못했던가.
벽돌을 갈아 거울 만든다는 비유에도 이유가 있으니,
수레가 멈추면 소에게 채찍질하는 이치이다.

깨닫고자하는 큰 발심을 금생에 일으켰다면 언젠가는 마음의 눈을 뜰 수 있는 길이 열리게 된다는 말씀입니다. 사자라는 표현은 부처님을 상징합니다. 마음에 집중해서 마음을 다잡아 수행을 해야지 외형적인 부분에 마음을 써서는 안되는 부분을 '벽돌을 갈아 거울 만든다[磨磚作鏡]'는 비유로 설하고 있으니, 수레[몸]가 멈추면 수레에게 채찍질할 것이 아니라 소[마음]에게 채찍질하는 이치와 같다고 말씀하셨습니다.

> 그대는 보지 못했던가.
> 바위 앞에 고인 물이 만 길이나 맑아서
> 깊고 고요하여 아무런 소리가 없다가
> 하루아침에 어룡(魚龍)이 와서 휘저어버리면
> 출렁이는 파도가 더욱 심해진다.

정진을 통해서 마음의 눈이 열리면 지금까지 고착했던 사고나 사상이 한 순간에 무너짐을 말하고 있습니다. 이렇게 정신이 맑아지는 것을 물이 만 길이나 맑아진다고 표현했습니다. 진여 자리에 눈을 뜨게 되면 지금까지 있다고 생각했던 대상이나 의식이 모두 뒤집어집니다. 한 생각 돌리면 이 자리인데, 이 자리를 깨닫기 위해서 얼마나 헤매고 방황했던가… 말로 표현할 수가 없습니다. 하루아침에 어룡이 와서 휘저어버리면 출렁이는 파도가 더욱 심해진다는 표현은 이제까지 마음속에 의식되어 있던 것이 한 순간 무너짐을 표현한 것입니다.

> 고요히 앉기만 할 뿐 공부하지 않으면
> 어느 시절에 심공(心空)을 깨달아 급제하리.

앉아 있기만 해서는 안된다는 말씀이죠. 성성히 마음자리를 드러내서 텅 빈 마음자리를 깨달아야만 하는데 그렇지 못한다면 윤회를 벗어날 수 없다는 얘깁니다.

　　빨리 공부를 시작하여 높은 곳을 올려다보아
　　금생에서 판단을 끝내야 하리라.
　　오히려 묵묵히 어리석은 척하면
　　공부할 줄 모르는 이라 여길 것이다.

　발심을 했으면 24시간 한 생각 놓치지 않기 위해서 정진을 하셔야
됩니다.

　　정신을 바짝 차리고 유의해서 살펴보아라.
　　형체도 그림자도 없지만 깨닫기 어렵지 않도다.
　　이것이 충분히 마음을 잘 쓰는 것이니
　　용맹한 장부라면 기억해야만 하리라.

　형체와 그림자도 없는 실상의 자리는 깨닫기 어렵지 않다는 말입니
다. 불자님들은 부처님의 아들 딸이기 때문에 정신적으로 성숙해서 부
처님이 되어야 됩니다. 우리가 금생에 눈을 뜨지 못하더라도 금생에
수행의 씨앗을 잘 심어 놓는다면 다음 생에 발심이 되어서 반드시 눈
을 뜨게 됩니다. 그러기 위해서는 끊임없이 정진해야 됩니다.

　　도를 참구할 필요 없다는 말 듣지 말고

옛 성인을 부지런히 지침으로 삼아라.
비록 옛날 집의 놀리는 논밭이라 해도
한번쯤은 풍년이 오지 않으랴.

옛 성현들의 가르침에 따라서 열심히 정진하면 금생에 내가 중생이
더라도 언젠가는 성불하게 될 것이라는 말씀입니다.

좌선의 극치를 알고자 한다면
바람이 불면 풀도 쓰러짐을 모두 논하리라.
지금은 사해(四海)가 거울처럼 맑으니
하나도 빠짐없이 나에게 들려온다.

좌선의 극치란 이제까지 내가 생각했던 대상 세계가 모두 무너짐을
말합니다. 사해가 거울처럼 맑다는 것은 반야자리에 들어가 대상이 다
끊어져서 그 어떤 표현도 할 수 없는 실상자리에 들어가는 것을 말합
니다. 일체와 하나가 된 경지에 들어갔을 때 육신통이 열리게 됩니다.
육신통은 얻어지는 것이 아니라 본래 갖추고 있는 것입니다. 우주와
내가 확실히 하나 되면 그 능력은 저절로 드러나는 것입니다.

길고 짧음과 모나고 둥근 것은 다만 저절로 아나니
본래부터 털끝만큼도 제자리를 옮기지 않았네.
좌선해서 무엇을 이루었느냐고 묻는다면

동쪽에서 해가 떠서 밤에는 서쪽으로 진다 말하리라.

"본래부터 털끝만큼도 제자리를 옮기지 않았네"라는 부분은 반야자리에서 말씀하는 겁니다. 그 자리는 마음으로 된 자리며 어떤 표현도할 수 없는 자리입니다. 둥글고 모나고 짧은 것이 그 자리에서 나왔지만 모양이 없는 자리에서 나온 것이기 때문에 모양이 아닙니다. 중생의 눈으로 보면 있다고 생각하지만 반야에서 보면 있는 게 아닙니다. 이 진여실상 자리는 물질이 아니기 때문에 오고 감도 없고 생사가 없으며 좋고 나쁜 것도 없는 자리입니다. 그래서 〈법성게〉에서 구래부동명위불(舊來不動名爲佛)이라고 합니다. 조금도 움직임이 없는 그 자리를 옛부터 이름하여 부처라고 부른다는 뜻입니다.

진리는 있는 그대로인데, 현상적으로 보고 들리는 그대로가 사실이아니라 환상이라는 말입니다. '산은 산이요, 물은 물'이라는 말도 산은이름이 산이고 물은 이름이 물이라는 얘깁니다. 부처자리가 이름에 따라서 산을 이루었다면 산부처가 되고, 물로 나타났다면 물부처가 되는겁니다. 감각기관에 나타나는 현상계는 사실이 아니기 때문에 이름을산이라고 붙여 놓고 물이라고 붙여 놓은 것이니, 형상에 속지 말라는말씀입니다.

2. 부처의 작용을 하면 부처의 성품이다

대주 혜해(大株 慧海)

어떤 스님이 대주 선사에게 물었다.

"모든 중생에게는 다 부처의 성품이 있다고 하는데 어떻습니까?"

선사가 말하였다.

"부처의 작용을 하면 부처의 성품이고, 도적의 작용을 하면 도적의 성품이며, 중생의 작용을 하면 중생의 성품이다. 성품에는 형상이 없으므로 그 작용에 따라 이름을 붙이는 것이다. 그러므로 경에서 '모든 성현들은 전부 무위법(無爲法)에 의해 차별이 있다'고 말씀하신 것이다."

"말할 만한 법이 없는 것을 설법이라 한다는데, 그렇다면 스님은 어떻게 체득하셨습니까?"

"반야의 체(體)는 끝까지 청정해서 한 물건도 얻을 수 없는 것이니, 이

것이 바로 말할 만한 법이 없는 것을 설법이라 이름한다고 하는 것이다."

해설 ∽∾∾

본래마음[本心]에서 본다면 물질이 아니기 때문에 그 무엇과도 비교할 수도 없겠죠. 무상심심미묘법(無上甚深微妙法)이라고 하는데, 위없고 깊이도 비교할 수 없는 마음자리를 말합니다. 깨달은 부처님 마음이나 깨닫지 못한 중생의 마음이나 본래자리에서 보면 똑같은 겁니다. 다만 그 자리에서 작용을 따라 이렇게, 저렇게 이름만 붙여놓았을 뿐입니다.

"부처의 작용(用)을 하면 부처의 성품이고,

실상을 보고 실상 그대로 하나의 마음을 쓸 때 부처의 작용이며 부처의 성품이라고 하는 겁니다.

도적의 작용을 하면 도적의 성품이며,

그 자리는 똑같은 자린데 마음이 어떤 대상에 끌려가서 욕심을 일으켰을 때는 도적의 성품이라고 하는 겁니다. 부처님 마음이라 했을 때는 경계가 없고 대상이 없습니다. 그러나 아직 우리는 좋고 나쁜 것을 분별하고 대상에 끌려갑니다. 좋은 것을 보면 탐심이 일어나서 남의 것을 훔치는 경우가 있는 것입니다. 똑같은 부처의 성품이지만 대상에 끄달려 가는 마음을 쓰고 있기 때문에 도적의 성품도 일어날 수 있다는 얘깁니다.

중생의 작용을 하면 중생의 성품이다.

여러분 눈을 감아보세요. 깜깜하죠. 이것이 중생입니다. 지혜의 눈을 뜨지 못해 깜깜한 마음상태인 것입니다. 눈을 감고도 볼 수 있다면 이 분은 수행을 많이 해서 식(識)이 맑아졌다고 볼 수 있습니다. 육안(肉眼)의 눈으로 볼 수 없는 세계를 마음에서 보는 것입니다. 식이 맑아지면 눈으로 볼 수 없는 세계도 비춰볼 수가 있는 겁니다.

중생은 눈을 감았을 때 깜깜하지만, 성현들은 안과 밖이 따로 없습니다. 이것을 내외명철(內外明徹)이라고 합니다. 이론으로는 알 수 없는 자리이며 오직 정진을 통해서만 맑아지고 밝아지는 것입니다. 그래서 눈이 밝으신 선지식이 절대적으로 필요하다는 얘깁니다.

성품에는 형상이 없으므로 그 작용에 따라 이름을 붙이는 것이다.

본래는 똑같은 자리이지만 작용에 따라서 마음을 잘못 쓰면 짐승 같은 마음이나 지옥 같은 마음을 쓸 수가 있어요. 옛날 도인들은 죽음에 대해서 두려워하지 않았다고 하는데, 마음이 나라고 본다면 나는 물질이 아니니까 육신이 죽어도 죽는 게 아니잖아요. 우리는 아직 물질이나 육신에 대한 집착이 강하기 때문에 죽음에 대해서 두려워 하지만 성현의 경계에서는 본래 마음자리에서 살기 때문에 죽음에 대해서 두려워하지 않는 겁니다.

우리는 주객이 전도된 삶을 살고 있습니다. 주인은 바로 마음인데 객(客)인 육신을 위해 사는 것은 아무런 의미가 없습니다. 인욕바라밀을 예로 들면, 본래 마음자리에 들어가서 보면 누가 나에게 욕을 하거나 내 것을 훔쳐간다고 해도 참나는 잃는 것도 없고 욕을 먹은 것도 아닙니다. 본래 나의 자리로 돌아가면 나는 물질이 아니니까 죽는 것도 아니고 내 것을 훔쳐갔다고 해도 내 것이 아니었던 겁니다. 업이니까 무조건 참으라고 하는 것은 병이 돼요. 그렇게 생각하고 내 마음을 닦아나가야 됩니다. 우주의 삼라만상 모든 것은 편리한 대로 이름을 붙여놓은 것이기 때문에 형상에 속지 말고 이름에 속지 말라는 것입니다. 선문답에 있어서도 문자에 끄달려가지 말고 본래 자리에서 답이 나와야 됩니다.

'모든 성현들은 전부 무위법(無爲法)에 의하여 차별이 있다'고 말씀하신 것이다.

본래자리에서는 조금도 차별이 없는데, 있다 없다하는 생각을 갖고 있다면 이미 차별이 생긴다는 말씀입니다. 성현의 세계에서는 조금도 차별이 없어요. 상대가 대상에 집착하거나 경계에 끄달려갔을 때는 평등사상에서 볼 때 성현의 세계에 들어가지 못한 겁니다. 그래서 성현들은 전부 무위법에 의해서 차별이 있다고 하시는 겁니다. 대상에 차별을 둔다면 성현이 아닙니다.

"말할 만한 법이 없는 것을 설법이라 한다는데, 그렇다면 스님은 어떻게 체득하셨습니까?"

본래 실상은 마음으로 되어 있기 때문에 어떤 표현도 할 수 없고 말이나 문자·언어로 표현할 수 없습니다. 그래서 말할 만한 법이 없는데, 스님은 어떻게 체득하셨는가 하고 묻는 겁니다.

"반야의 체(體)는 끝까지 청정해서 한 가지 물건도 얻을 수 없는 것이니, 이것이 바로 말할 만한 법이 없는 것을 설법이라 이름 한다고 하는 것이다."

실상에 대해서는 어떤 이름도 붙일 수 없지만 부득이 그 자리에 반야, 법, 부처님, 선(禪), 공, 중도, 관세음보살, 지장보살이라는 온갖 이름을 붙여 놓은 겁니다. 문수보살이나 관세음보살이나 절대 다른 이름이 아니에요. 반야나 공이나 똑같은 자리입니다. 문자나 언어에 속으면 안됩니다. 이 도리를 이해하지 못했을 때 불교가 어렵다고 하는 겁니다. 하나의 마음으로 보신다면 절대 어려운 것이 아니에요. 반야와 체는 똑같은 자리이며 마음으로 되어있기 때문에 청정하다는 이름을 붙인 겁니다. 그러니 불자님들께서는 절에 다니면서 무언가를 얻겠다는 생각을 가지면 안 된다는 얘깁니다. 진짜 부처님 법은 입을 떼면 답이 아니기 때문에 '말할 만한 법이 없는 것을 설법이라 이름 한다고 하는 것이다' 라고 말씀하시는 겁니다. 문자 언어로 표현할 수 없는 자리를 일러 주시기 위해서 주장자를 내려친다거나, 할을 한다거나, 하는 것으로 그 자리를 표현하는 겁니다. 이 자리를 확실히 깨닫기 위해서는 열심히 정진을 하셔야 됩니다.

3. 여여하여 움직이지 않는 도리

불감(佛鑑) 화상

불감 화상이 대중에게 설법했다.

"어떤 스님이 조주 선사께 '무엇이 옮기지 않는 도리입니까' 하고 물으니, 선사께서 손짓으로 흐르는 물을 흉내 내자 그 스님이 크게 깨달았다.

또 다른 어떤 스님이 법안 선사께 '상(相)을 취하지 않아 여여(如如)하여 움직이지 않는다고 하셨는데 어떤 것이 상을 취하지 않아 움직이지 않는 것을 보는 것입니까?' 하고 물었다. 법안 선사께서 '해는 동쪽에서 떠서 밤이면 서쪽으로 지는 것이오' 라고 대답하시니, 그 스님도 크게 깨달았다. 만약 이 두 화상의 말씀에서 얻을 것이 있다면 그것은 바로 회오리바람이 큰 산을 무너뜨리나 본래는 항상 고요한 것이며, 강과 시내가 앞 다투어 흐르지만 원래는 스스로 흐르지 않는 것임을 알아야 한다. 이것이 바로 여여하여 움직이지 않는 도리이다."

해설 ◇◇◇◇◇

불감(佛鑑) 화상이 대중에게 설했다.

"어떤 스님이 조주 선사께 '무엇이 옮기지 않는 도리입니까' 하고 물으니, 조주 선사께서 손짓으로 흐르는 물을 흉내 내자, 그 스님이 크게 깨달았다.

깨닫는다는 것이 이렇게 쉽게 깨달을 수도 있는데요. 얼마 전 내소사 해안 스님의 어록《7일 안에 깨쳐라》를 보았는데 해안 스님은 열여덟 살에 출가를 해서 동안거를 보내며 7일 만에 눈을 뜨셨다고 합니다. 누구든지 제대로 공부가 되면 7일 만에 깨달을 수 있다고 말씀을 하십니다. 오랜 세월 앉아 있는 것이 중요한 게 아니고 수행에 미쳐야 됩니다. 미치지 않으면 그 자리의 맛을 볼 수가 없어요. 하나의 마음자리에 생명을 걸어야 된다는 말이죠.

법(法)에서 보았을 때는 이 우주가 하나입니다. 관세음보살님이나 지장보살님이나 모두 하나입니다. 일미진중함시방(一微塵中含十方)이라는 말은 한 티끌 속에 우주를 머금고 있다는 뜻인데, 티끌과 우주는 둘이 아닌 하나입니다. 티끌 또한 우주와 하나라는 생각을 갖고 한 생각 놓치지 않고 있다면 선(禪)이 되는 겁니다. 조용한 곳을 찾아가서 따로 공부하지 않더라도 언제 어디서든 마음에 한 생각 놓치지 않고 정진하셔야 됩니다. 되도록 틈이 생기지 않게 빨리 염불하세요. '관음, 관음, 관음'이나 '아미타불, 아미타불, 아미타불' 빨리 염하시면 됩니다. 항상 마음 속에서 한 생각 놓치지 않고 있는 순간순간이 부처자리로 돌아가는 순간입니다. 무시이래 익혀온 습 때문에 잘 안되겠지만 노력을 하셔야 됩니다.

여기서는 어떤 스님께서 조주 스님께 본래 실상을 물으시자, 스님께서 물 흘러가는 흉내를 낸 겁니다. 그러자 이것을 보고 깨달은 겁니다. 본래 실상은 말로 할 수 없으니까 손짓을 한 겁니다.

또 다른 스님이 "법안(法眼) 선사께 상(相)을 취하지 않아 여여(如如)하여 움직이지 않는다고 하셨는데, 어떤 것이 상을 취하지 않아 움직이지 않는 것을 보는 것입니까?"하고 물었다.

'여여하여 움지이지 않는 것'은 진여실상(眞如實相)을 말하는 것입니다. 진여실상자리는 마음으로, 스스로 체득하는 것이지 육안의 눈으로 볼 수 있는 경계는 아닙니다.

법안 선사께서 "해는 동쪽에서 떠서 밤이면 서쪽으로 지는 것이오"라고 대답하시니, 그 스님도 크게 깨달았다.

"어떤 것이 상을 취하지 않아 움직이지 않는 것을 보는 것입니까?"하고 묻자 이렇게 답을 했습니다. 본래자리에서는 오고 감이 없으며 자연스럽다는 말씀입니다. 육안의 눈으로 보았을 때는 실상을 보지 못하지만 우주 현상계를 있는 그대로 본다면 조금도 오고 감이 없다는 얘깁니다.

이것을 바다와 파도로 비유 합니다. 바다를 보면 항상 잔잔하지 않죠? 해인삼매(海印三昧) 속에서《화엄경》의 법을 설했다고 하는데, 해인삼매란 바다위에 도장이 찍혔을 때를 말합니다. 바다에 조금도 미미한 파동도 없는 경계를 얘기하는 겁니다. 다시 말씀 드리면 내 마음 가운데 미미한 번뇌까지도 끊어진 것을 말합니다. 바다는 주위 환경에 따라서 큰 파도나 잔잔한 파도가 쉴 없이 일어나지만 본래는 똑같은 물입니다. 잠시 파도라는 이름을 붙여 놓았지만 움직였다 하더라도 사실은 조금도 움직인 것이 아닙니다.

우리가 어머니 태중에 있을 때나 태중에서 나왔을 때나 육십 칠십 생을 살았더라도 나의 본래마음은 항상 그 자리입니다. 억만 겁 전에도 이 자리였고 억만 겁 후에도 조금의 동요가 없는 지금 이 자리입니다. 왜냐하면 물질이 아니기 때문에 동요가 있을 수가 없습니다. 못된 짓을 하고 살생을 한다고 해도 본래마음은 조금도 변화가 없는 부처님 자리입니다. 생각과 번뇌가 일어났다 꺼졌다 하고 있을 뿐 참나는 조금도 동요가 없다는 뜻입니다.

만약 이 두 화상의 말씀에서 얻을 것이 있다면 그것은 바로 회오리바람이 큰 산을 무너뜨리나 본래는 항상 고요한 것이며, 강과 시내가 앞 다투어 흐르지만 원래는 스스로 흐르지 않는 것임을 알아야 한다. 이것이 바로 여여하여 움직이지 않는 도리이다.

   만약에 깨달았다고 해서 무언가 얻었다고 생각한다면 도리어 세상이 뒤집어지는 순간입니다. 본래자리는 물질이 아니니까 얻어지는 것이 아닙니다. 우리가 육안의 눈으로 보았을 때는 물은 끊임없이 흘러가고 있지만 조금도 흐르지 않는 도리를 알아야 된다는 얘깁니다. 물이 흐른다는 생각은 형상을 보고 흐른다는 생각을 하지만 성현의 세계에서 마음으로 본다면 조금도 요동이 없습니다. 이 부분에 대해서 다수의 불자님들이 이해를 하지 못할 수도 있어요. 왜 물이 흐르고 있는데 흐르지 않느냐고 반문할 수도 있겠죠. 그러나 본래자리는 물질이 아니니까 흐르는 것이 아닙니다.

4. 무엇이 생기고 멸하는 것이냐?

나산(羅山) 화상

나산 화상이 석상 스님께 물은 적이 있다.

"쉬지 않고 생기고 멸할 때는 어떻게 해야 합니까?"

석상 스님이 대답했다.

"식은 재나 마른 나무와 같아야 하고, 한 생각은 만년의 세월을 가며, 조그만 티끌 하나 없이 온전히 맑아야 한다."

나산 화상은 석상 스님의 이런 말을 들었지만 계합하지 못하고 다시 암두 스님께서 거처하시는 곳으로 가서 똑같은 질문을 했다.

암두 스님께서 크게 소리쳤다.

"무엇이 생기고 멸하는 것이냐?"

나산 화상은 이 말을 듣는 순간 크게 깨달았다.

해설 ✿✿✿✿✿

선지식이라 하더라도 지도 방법은 분명히 다른 겁니다. 왜냐하면 자신의 체험을 근거로 해서 법을 설하게 되어 있거든요. 그래서 우리나라 같은 경우에 간화선을 통해서 깨달으신 큰스님들께서 간화선만을 강조하시는 경우가 많습니다. 제 입장에서는 염불선을 말씀드리지만 불자님들께서 화두가 성성히 들어진다면 화두로 들어가도 좋다고 말씀을 드립니다. 그러나 화두가 잘 안될 때 끝까지 붙잡고 늘어질 필요는 없습니다. 도저히 안될 때는 다른 방법을 찾아야 됩니다.

나산(羅山) 화상이 석상(石霜) 스님에게 물은 적이 있다.
"쉬지 않고 생기고 멸할 때는 어떻게 해야 합니까?"

본래자리에서는 생기고 멸하는 것이 아닌데 "쉬지 않고 생기고 멸할 때는 어떻게 해야 하느냐?"고 나산 화상이 질문을 했습니다.

석상이 대답하였다.
"식은 재나 마른 나무와 같아야 하고, 한 생각은 만년의 세월을 가며, 조그만 티끌 하나 없이 온전히 맑아야 한다."

식은 재는 화기(火氣)가 없는 것을 말하는데 마음에서 모든 망상을 내려놓아서 마른 나무와 같아야 하고, 한 생각은 만년의 세월을 가며,

조그만 티끌 하나 없이 온전히 맑아야 한다고 교학적인 부분에서 말씀을 하신 겁니다.

나산 화상은 석상 스님의 이런 말을 들었지만 계합하지 못하고 다시 암두(巖頭) 스님께서 거처하시는 곳으로 가서 똑같은 질문을 하였다.
암두께서 크게 소리쳤다.
"무엇이 생기고 멸하는 것이냐?"
나산 화상은 이 말을 듣는 순간 크게 깨달았다.

"끊임없이 생기고 멸할 때는 어떻게 해야 하느냐?"고 물었으니 "무엇이 생기고 멸하는 것이냐?"고 되물을 수 있는 겁니다. 생기고 멸하는 그 놈이 바로 마음입니다. 본래는 생기고 멸하는 것이 없는데, 무엇이 생기고 멸하는 것이냐고 묻는 순간 나산 화상이 확철대오를 했다는 겁니다. 불자님들께서도 정진을 하다가 쉽게 집중이 되지 않아도 물러서면 안됩니다. 염불을 할 때 틈이 생기지 않도록 '관음, 관음, 관음'을 속으로 짧고 빠르게 반복하셔야 됩니다. 이렇게 해서 깊이 들어갔을 때에는 '아 이게 공부구나!' 하고 스스로 환희심이 생기게 됩니다.

5. 병정동자(丙丁童子)가 불을 구하러 왔다

보은 현칙(報恩玄則)

법안 스님이 보은 칙(報恩則) 화상에게 물었다.

"누군가 만난 적이 있는가?"

보은 화상이 대답했다.

"청봉 화상을 뵙고 왔습니다."

"무슨 말씀을 하셨는가?"

"제가 '어떤 것이 저의 자기(自己)입니까? 라고 여쭈니, 청봉 화상에서는 '병정동자(丙丁童子)가 불을 구하러 왔다' 라고 말씀하셨습니다."

법안이 물었다.

"그대는 무엇을 알게 되었는가?"

보은 화상이 답하였다.

"병정은 불에 속하니, 불을 가지고서 불을 구하려는 것은 바로 자기를 가지고 자기를 구하는 것임을 알았습니다."

"그것은 느낌으로 안 것일 뿐이다. 그대는 불법을 알지 못한 것이다. 오늘 이곳에 오지 않았다면 조급한 번민이 문득 일어났을 것이다."

보은 화상이 그곳을 떠나 돌아가던 도중에 생각했다.

'저분은 오백 명의 선지식인데, 나에게 틀렸다고 말씀하셨다면 거기에는 반드시 배울 점이 있을 것이다.'

보은 화상이 돌아가서 절을 하고 다시 물었다.

"어떤 것이 저의 자기입니까?"

법안 스님이 말했다.

"병정동자가 불을 구하러 왔다."

보은 화상은 이 말을 듣고 활연히 크게 깨달았다.

해설 ❧❧❧❧

정진하는 중에 경계 체험을 하게 되면 자기 자신의 공부 점검을 위해 선지식을 찾아가게 됩니다. 찾아가서 질문을 하고 질문과 답이 통하면 '내가 공부가 좀 되는구나' 하고 스스로 점검하게 됩니다.

법안이 보은 칙(報恩則) 화상에게 물었다.

"누군가 만난 적이 있는가?"

보은 화상이 답하였다.

"청봉 화상을 뵙고 왔습니다."

"무슨 말씀을 하셨는가?"

"제가 '어떤 것이 저(학인)의 자기(自己)입니까? 라고 여쭈니,

강원에서 경을 공부하는 분을 학인이라고 하고 선방에서 공부하는 분을 수좌라고 하는데, 경을 공부하는 학인스님이 "저의 '본래 자리[자기]'가 무엇입니까?"하고 물은 겁니다.

청봉 화상께서는 '병정동자(丙丁童子)가 불을 구하러 왔다'라고 말씀하셨습니다.

병정동자에서 병(丙)이나 정(丁)은 오행에서 볼 때 불을 상징합니다. 이것은 선문답입니다. 문자에 끄달려가면 안됩니다. 질문에서는 학인의 본래 자기를 물었습니다. 참나에 대해서는 어떤 이름도 붙일 수 없는데 나라는 존재가 따로 있는가를 묻자, 병정동자가 불을 구하러 왔다고 말씀하셨습니다. 그런데 학인스님은 알아차리지를 못했습니다. 여러분 문자에 끄달려가면 안됩니다. 본래자리는 이름붙일 수 없는 것이기 때문에 어떤 것이든 답이 됩니다. 이 부분은 '용(用)' 차원에서 물은 겁니다.

법안 스님이 물었다.

"그대는 무엇을 알게 되었는가?"

보은화상이 답했다.

"병정은 불에 속하니, 불을 가지고서 불을 구하려는 것은 바로 자기를 가지고 자기를 구하는 것임을 알았습니다."

"그것은 느낌으로 안 것일 뿐이다. 그대는 불법을 알지 못한 것이다. 오늘 이곳에 오지 않았다면 조급한 번민이 문득 일어났을 것이다."

학인스님은 아직 이치에 계합하지 못하고 있으며 진짜 불법은 모르고, 알음알이로 알았을 뿐이라는 얘깁니다.

보은화상이 그 곳을 떠나 돌아가던 도중에 생각했다.

'저분은 오백 명의 선지식인데, 나에게 틀렸다고 말씀하셨다면 거기에는 반드시 배울 점이 있을 것이다.'

보은화상이 돌아가서 절을 하고 다시 물었다.

"어떤 것이 저의 자기입니까?"

법안 스님이 말하였다.

"병정동자가 불을 구하러 왔구나."

보은화상은 이 말을 듣고 활연히 크게 깨달았다.

똑같이 "병정동자가 불을 구하러 온 것이다." 라고 답을 했는데 보은화상이 크게 깨달았다는 얘깁니다. 이 부분에서 진짜 법을 알아차린 겁니다. 수행자는 문자나 형상에 끄달려가면 안됩니다. 나의 본래자리[自己]가 무엇인가를 물었을 때 본래자리는 어떤 이름도 붙일 수 없습니다. 그러나 질문에 대해 답을 해줘야 되니까 '용(用)'의 차원에서 물은 부분에 대해 '용'으로 답을 해준 겁니다. 왜냐하면 '체(體)'에서는 모두 하나이기 때문입니다. 이름만 다를 뿐이지 똑같은 겁니다. 본래자리는 조금도 차별이 없고 본래자리에서 작용을 통해 나타나는 현상계가 천차만별이더라도 똑같은 자리에서 나왔기 때문에 하나라는 애깁니다.

6. 스스로 깨달아라, 나는 그대보다 못하다

양기 방회(楊岐方會)

옛날 양기 회(楊岐會) 선사가 자명 화상을 뵙고 늘 방장실로 찾아가서 가르침을 청했다.

그러자 자명 화상이 말했다.

"그대 스스로 깨달아라. 나는 그대보다 못하다."

이에 양기 선사는 마음이 더욱 간절해졌다.

큰 비가 내리던 어느 날 양기 선사가 자명 화상을 모시고 가다가 좁은 길에서 자명 화상을 붙잡고 말했다.

"오늘도 저에게 말씀해 주지 않으시면 스님을 때리겠습니다."

자명 화상이 목소리를 가다듬고 말했다.

"그대 스스로 깨달아라. 그대 스스로 깨달아라. 나는 그대보다 못하다."

양기 선사는 이 말을 듣는 순간 활연히 대오했다.

해설 ❧❧❧

양기 회 선사가 자명 화상을 뵙고 가르침을 청했지만 자명 화상은 "그대 스스로 깨달아라. 나는 그대보다 못하다." 라고 하셨습니다. 이 것은 자비 방편입니다. 내가 더 낫다는 생각으로 상대를 억누른다면 자비 방편이 아니겠죠. 자명 화상은 철저히 하심을 보이셨던 겁니다.

"오늘도 저에게 말씀해 주지 않으신다면 스님을 때리겠습니다."
"그대 스스로 깨달아라. 그대 스스로 깨달아라. 나는 그대보다 못하다."
양기 선사는 이 말을 듣는 순간 활연히 대오했다.

큰 비가 내리던 어느 날 양기 선사가 자명 화상에게 다시 가르침을 청하자 "그대 스스로 깨달아라. 그대 스스로 깨달아라. 나는 그대보다 못하다." 라고 답을 하셨는데, 그 순간 양기 선사가 활연히 깨달았다는 겁니다. 끊임없이 정진을 하는 분들은 이렇게 어느 순간, 문득 깨달을 수가 있듯이 깨달음의 공식은 없습니다. 공부가 익어서 선지식을 만나 게 되면 한순간에 스스로 눈을 뜨게 됩니다.

7. 보려면 당장 봐야지, 망설이면 어긋나 버린다

용담 숭신(龍潭 崇信)

용담(龍潭) 화상이 천황(天皇) 스님에게 여쭈었다.

"제가 여기 온 이래로 아직 화상께서는 가장 중요한 가르침을 주지 않았습니다."

천황이 말했다.

"그대가 여기에 온 이래로 나는 그대에게 중요한 가르침을 주지 않은 적이 없다."

"어느 부분이 저에게 중요한 가르침을 주신 것입니까?"

"그대가 내게 차를 대접하면 나는 그대를 위해 접대를 받았고, 그대가 식사를 가져오면 그대를 위해 그것을 먹었다. 그대가 내게 합장을 하고 인사할 때 나도 곧 머리를 숙였다. 그런데 도대체 어느 부분이 그대에게 중요한 가르침을 주지 않았다는 말인가?"

용담이 잠시 생각에 잠긴 사이에 천황이 말했다.

"보려면 지금 당장 보아야지, 망설이면 이미 어긋나 버린다."

용담은 이 말을 듣는 순간 크게 깨달았다. 이에 다시 여쭈었다.

"어떻게 보임(保任)해야 합니까?"

천황이 대답했다.

"성품대로 노닐고 인연에 따라서 비워 두어라. 범부의 마음을 다하기만 한다면 따로 성현(聖賢)의 견해는 필요 없다."

해설 ∞∞∞∞

우리가 경을 읽고 눈을 깜박거리고 말을 하는 것은 모두 마음의 작용입니다. 이것이 부처님[覺性]입니다. 안과 밖이 밝아져 있는 사람에게는 부처가 따로 있는 게 아닙니다. 우리는 육안의 눈을 가지고 살고 있기 때문에 분별심이 일어나지만 마음의 눈이 활짝 열린 분한테는 눈을 감아도 환하며 말을 하고 듣고 눈을 깜박거리는 모든 것이 부처작용 아닌 것이 없다는 말입니다. 그래서 천황 선사는 그 법을 보여 주었던 것인데, 용담 선사는 처음에 알아차리지를 못했던 것입니다.

천황 스님이 용담 화상에게 말했다.

"그대가 나에게 차를 대접하면 나는 그대를 위하여 접대를 받았고, 그대가 식사를 가져오면 나는 그대를 위하여 그것을 먹었다. 그대가 나에게 합장을 하고 인사할 때 나도 곧 머리를 숙였다. 그런데 도대체 어느 부분이 그대에게 중요한 가르침을 주지 않았다는 말인가?"

용담 화상은 천황 스님이 뭔가 특별한 것을 자신에게 주기를 바랐는데, 천황 스님께서는 차를 마시고 식사를 하고 인사를 받는 것으로 가르침을 주었다고 말씀하셨던 겁니다. 천황 스님께서는 차를 마시는 일도 부처작용이고, 식사를 하고 인사를 받는 것 또한 부처작용이었던 겁니다. 이 부분에 대해서 '평상심이 도[平常心是道]'라고 설명을 드린 바 있는데 일상생활 속에서 항상 '대상이 없는 마음'을 썼을 때 도라고 합니다. 분별하고 있다면 도가 아닙니다. 분별하지 않고 하나로 쓰고 행한다면 도 아닌 것이 없다는 말입니다. 도라는 것은 바로 성품자리를 말합니다. 이 도리를 용담은 알아차리지 못했던 겁니다.

용담이 잠시 생각에 잠긴 사이에 천황 스님이 말했다.
"보려면 지금 당장 보아야지, 망설이면 이미 어긋나 버린다."

진짜 도(道)는 지금 당장 보아야지, 도라는 것이 따로 있는 것은 아니라는 말씀입니다. 우리가 여러 잡다한 생각으로 분별하기 때문에 도를 못 보는 것이지, 분별하지 않는다면 우주가 본래 하나이니까 도 아닌 것이 없는 겁니다.

용담은 이 말을 듣는 순간 크게 깨달았다. 이에 다시 여쭈었다.

"어떻게 보임(保任)해야 합니까?"

깨달음을 통해 스승과 제자의 마음이 하나로 통했으면 그 자리를 유지해야 되겠죠. 그러니 그 마음을 어떻게 지켜나가야 되는가를 물은 겁니다.

천황 스님이 대답했다.
"성품대로 노닐고 인연에 따라서 비워 두어라. 범부의 마음을 다하기만 한다면 따로 성현의 견해는 필요 없다."

본래의 성품자리에 들어갔다면 하나의 마음을 쓰며 인연에 끄달려 가지 말라는 말씀인데, 쉽지 않은 일입니다. 분별심이 범부의 마음인데, 분별하지 않는다면 따로 성현의 견해가 필요 없다는 말입니다.

8. 상념을 내지 말라

관계 지한(灌溪志閑)

지한 선사가 대중에게 설했다.

"상념을 내지 말라. 본래부터 체(體)가 없는 것이다. 뛰어난 역량을 가진 이가 앞에 나타나면 시절을 말하지 않는다."

그 후 임종할 무렵에 시자에게 물었다.

"앉아서 입적한 자가 누구인가?"

시자는 대답했다.

"승가(僧加) 스님입니다."

"서서 입적한 자는 누구인가?"

"승회(僧會) 스님입니다."

이에 선사는 사방으로 일곱 걸음씩 걸은 뒤 손을 드리운 채 열반에 들었다.

해설 ⟨⟨⟨⟩⟩⟩

선사께서 본래부터 체(體)가 없는 것이라고 말씀하셨는데, '체'는 실상(實相)을 말합니다. 이는 '체'라는 생각까지도 없어야 된다는 말입니다. 만약에 '체'라는 생각까지도 남아있다면 죽음을 마음대로 할 수가 없다는 말입니다. 뛰어난 역량을 가진 이는 생사를 자유자재로 할 수 있는 사람을 말합니다. 죽음에 대해 두려워하지 않는다는 겁니다. 생과 사, 주관과 객관, 나와 너 등 일체를 하나로 보는 사고를 가지고 살아간다면 뛰어난 역량을 가졌다고 봐야겠습니다.

수행이 깊은 분들은 이렇게 죽음을 맞이할 수 있다고 합니다.

9. 화로에 불씨가 있는지 헤쳐 보았는가?

위산 영우(潙山靈祐)

하루는 위산이 백장 선사를 곁에서 모시고 있었는데 백장 선사가 물었다.

"누구냐?"

위산이 대답했다.

"영우입니다."

"화로에 불이 있는지 헤쳐 보았는가?"

위산이 화로를 헤쳐 보고 말했다.

"불이 없습니다."

백장 선사가 몸소 일어나 화로를 깊이 파헤쳐서 작은 불씨를 찾아내더니 그것을 들어 보이며 말했다.

"이것은 불이 아닌가?"

이에 위산이 크게 깨달았다.

해설 ∞⊷⊶∞

백장 선사는 정말 대단한 선지식이라고 봐야겠습니다. 위산이 불을 헤쳐보고 불이 없다고 하자, 직접 화로를 파헤쳐 작은 불씨를 찾아내 보이자 위산이 크게 깨달았다고 합니다. 백장 선사가 제자를 깨우쳐 주기 위해 방편을 썼던 것입니다. 우리의 불성은 눈에 보이지 않아 찾기가 힘들지만, 깊이 천착하면 견성(見性)할 수 있음을 암시하는 선문답입니다.

10. 모든 인연은 생각할 것도 헤아릴 것도 없다

남대 수안(南臺守安)

어떤 스님이 남대 수안(南臺守安) 화상에게 물었다.

"적적하여 의지할 데가 없을 때는 어떻게 해야 합니까?"

그러자 수안 선사가 답했다.

"적적하다!"

그리고 나서 "적(寔)!"하고 외친 뒤에 게송으로 말했다.

남대의 향로 가에 고요히 앉아

종일토록 물끄러미 응시하며 만 가지 생각 잊었네.

이것은 마음을 쉬거나 망상을 제거한 것이 아니라

모든 인연은 생각할 것도 헤아릴 것도 없기 때문이네.

해설 ❧❧❧

어떤 스님이 남대 수안 화상에게 "적적하다"는 표현을 쓴 이유는 아직 한 생각이 성성히 깨어있지 못했기 때문입니다. 한 생각이 성성히 깨어있게 되면 시공을 초월해 있기 때문에 적적하다는 표현을 쓸 수도 없는 겁니다. 모든 인연은 생각할 것도 헤아릴 것도 없으니, 마음을 어디에 두어야겠습니까? 바로 진여실상, 화두나 주력을 해서 일념이 끊어지지 않고 있다면 그 순간 인연도 모두 끊어지고 헤아릴 것도 없는 부처의 경지로 들어가는 때입니다. 누구든지 끊임없이 정진을 하게 되면 이 경지를 체험하게끔 되어 있습니다.

11. 물소리 속으로 따라 들어가거라

현사 사비(玄沙 師備)

경청(鏡淸)이 현사(玄沙) 스님에게 물었다.

"제가 총림에 들어온 지 얼마 되지 않았습니다. 스님께서는 들어가는 길을 가르쳐 주십시오."

현사 스님이 말했다.

"언계(偃溪)의 물소리를 들었는가?"

"들었습니다."

"그 속으로 따라 들어가거라."

경청은 이 말을 듣는 순간 들어가야 할 곳을 깨닫게 되었다.

해설 ✖✖✖✖

경청이 현사 스님에게 공부의 길을 물었는데, 현사 스님께서는 "물소리를 따라 들어가라"고 답을 하셨습니다. 이것이 무슨 뜻일까요? 우리가 발심을 해서 나름대로 열심히 정진한다고 해도 5분 동안 끊임없이 정진한다는 것이 쉽지는 않습니다. 그런데 물소리는 끊임없이 이어져 가고 있거든요. 어떤 스님께서도 물이 흐르는 개울가에 앉아서 정진을 해보았지만 5분 동안 끊어지지 않고 정진하는 것이 어려운 일이라고 하시더랍니다. 화두가 성성히 깨어있다면 폭포가 떨어지고 천둥이 치는 소리까지도 들을 수가 없는 깊은 경지에 들어가겠지만 결코 쉬운 일이 아닙니다. 물소리와 하나가 되어서 끊임없이 이어져 가야 된다는 말씀입니다. 경청은 이 말씀을 듣고 공부하는 길을 깨닫게 되었답니다.

현사 스님이 법당에 올라가서 설법했다.
"나는 석가모니와 함께 동참했다. 말해보라. 동참하여 누구를 보았는가?"
그때 어떤 스님이 나와서 절을 올린 뒤에 질문을 하려고 머뭇거리자, 현사 스님이 말했다.
"틀렸다, 틀렸다!"
그리고 곧바로 법좌에서 내려왔다.

해설 ∝⊱⊰∝

석가모니부처님은 천백억 화신(化身)이라고 하는데, 이는 물질적인 형상을 나타냅니다. '체'와 '용'이 하나이고 우주는 하나라고 했듯이 석가모니부처님의 32상(相) 80종호(種好)와 여러 분들 머리카락은 하나입니다. "나는 석가모니와 함께 동참하였다"는 말은 석가모니와 함께 같은 본래자리에 있다는 뜻입니다. 바로 '하나' 차원에서 쓴 말입니다. 어떤 스님이 입을 떼려고 하자 현사 스님께서는 틀렸다고 하시고는 법좌에서 내려오셨습니다. 입을 떼면 이미 그르칩니다.

"석가모니부처님과 함께 동참했는데 동참하여 누구를 보았는가?" 하는 이것이 의심이 된다면 하나의 화두가 될 수 있습니다.

현사 스님이 법당에 올라갔다가 제비들이 지저귀는 소리를 듣고 말하였다.
"실상(實相)을 깊이 말하고 있구나. 법의 요지를 잘 말하였다."
그리고 곧바로 법좌에서 내려왔다.

해설 ❧❧❧

현사 스님께서 법단에 올라가 제비가 지저귀는 소리를 듣고는 실상을 깊이 말하고 있다고 하셨습니다. 또한 제비가 지저귀는 소리를 법의 요지를 잘 말한다고도 하셨습니다. 제비들이 지저귀는 소리가 부처님의 법음(法音)이라는 소립니다. 이 뜻을 모른다면 형상에 속고 소리에 또 속은 겁니다. '하나'의 도리를 모른다면 우리는 평생 속다가 가는 겁니다.

설봉 스님이 현사 스님에게 물었다.

"그대 사비 두타(頭陀: 고행 수행자)는 어찌하여 고개를 벗어나 행각[萬行]을 하지 않는가?"

그리하여 현사 스님은 막 고개를 넘다가 그만 발가락이 돌에 부딪쳐 다치고 말았다.

그는 아픔을 참지 못하고 소리를 질렀다.

"저곳도 허공이고 이곳도 허공이다. 나의 몸이 없는데 아픔은 어디에서 오는 것인가. 허허, 달마께서는 동쪽 땅에 오지 않았고, 2조께서는 서천축으로 가지도 않으셨다."

그리고서 현사 스님은 설봉 스님 문하로 되돌아와 다시는 고개 밖으로 나가지 않았다.

해설 ⧉⧉⧉

고행을 위주로 수행하는 분을 두타(頭陀)라고 합니다. 현사 스님께서 저곳도 허공이고, 이곳도 허공이라고 하셨는데 이 말의 뜻은 이것도 공(空)이고 저것도 공이니, 모두 물질인 동시에 마음이라는 말씀입니다. 몸은 이름이 몸이라고 붙여 놓은 것이며, 시간적으로 보았을 때 육신은 1초 전과 1초 후가 같지 않고 변하는 것이므로 진실한 것이 아닙니다. 본래 마음자리에서 본다면 우리의 몸도 텅 빈 겁니다. 다만 우리가 진실이라고 착각하고 있을 뿐입니다. 달마께서는 동쪽 땅에 오지 않았고, 2조께서는 서천축으로 가지도 않으셨다고 역으로 말씀하셨어요. 달마는 서쪽에서 왔다고 생각 하는데 동쪽 땅에 오지 않았다고 하신 것은 본래 오고 감이 없는 것을 말합니다. 왔다, 갔다 하는 생각이 끊어지는 순간을 말하는 것입니다.

12. 모른다는 것이 가장 친절한 것이라네

문익 법안(文益 法眼)

지장(地藏) 선사가 문익 법안(文益法眼) 선사에게 물었다.

"상좌는 어디로 가려는가?"

법안 선사가 대답했다.

"이리저리 행각을 할까 합니다."

"행각이란 무엇인가?"

"잘 모르겠습니다."

지장 선사가 말했다.

"모른다는 것이 가장 친절한 것이라네."

법안 선사는 이 말을 듣는 순간 크게 깨달았다.

  지장 선사가 법안 선사에게 상좌는 어디로 가려느냐고 묻자 이리저리 행각을 할까 한다고 대답을 했습니다. 그런데 행각이 무엇이냐고 묻자 잘 모르겠다고 했습니다. 모르겠다는 이것은 바로 본래 실상자리를 말하는 겁니다. 실상을 모른다고 할 수는 없지만 그 어떤 말로도 표현할 수는 없습니다. 행각이란 끊임없이 선지식을 찾아다니며 공부하는 것을 말하는데, 행각을 모른다고 답을 한 것은 실상은 생각으로 알수 있는 것이 아니기 때문입니다. 이에 지장 선사가 모른다는 것이 가장 친절한 것이라고 하시자, 법안 선사가 크게 깨달았다고 합니다. 실상은 알음알이로 아는 것이 아니라 체험하는 것이기에 이러한 문답이 기록되었습니다.

  법안 선사가 오공(悟空) 스님과 함께 불을 쬐다가 부젓가락을 집어들고 물었다.
  "이것을 부젓가락이라고 부르지 않는다면 사형께서는 무엇이라고 부르겠습니까?"
  오공이 대답했다.
  "부젓가락이라 부르겠소"
  법안 선사는 오공 스님의 말을 인정하지 않았다. 20일이 지나서야 오공 스님은 법안 선사가 인정하지 않은 그 뜻을 밝게 알았다.

여기서 법안 선사는 이미 눈을 뜬 상태입니다. 오공 스님과 함께 불을 쬐다가 부젓가락을 집어 들고 질문한 겁니다. 예를 들면, 제가 이 볼펜을 보이며 "이것을 볼펜이라고 부르지 않는다면 여러분들은 무엇이라고 부르겠습니까?" 라고 질문한다면 어떻게 대답하시겠습니까? 이 부분은 '체(體)'의 차원에서 대답을 하셔야 됩니다. 주먹을 내보인다거나 손가락을 내보이거나 하면 일종의 답이 되는 겁니다. 법안 선사가 부젓가락을 부젓가락이 아니라고 했으면 본래자리를 묻고 있는 겁니다. 이 볼펜 또한 볼펜인 줄 몰라서 묻겠습니까? 형상이나 소리에 속으면 안돼요. 본래 실상인 하나의 자리에 마음을 두어야 됩니다. 그런데 오공 스님은 또 다시 부젓가락이라고 대답을 했기 때문에 법안 선사가 그의 말을 인정하지 않았습니다. 오공 스님은 20일이 지난 후에야 법안이 인정하지 않은 그 뜻을 밝게 알았다고 합니다.

법안 선사와 도반 세 명이 승조 법사의 "천지는 나와 같은 뿌리이고, 만물은 나와 한 몸이다"라는 법어를 예로 들며 말했다.

"참으로 기괴하기도 하다. 정말 기괴하다."

계침 선사가 법안 선사에게 물었다.

"상좌는 산하대지가 우리와 같다고 생각하는가, 다르다고 생각하는가?"

법안 선사가 대답했다.

"같은 것입니다."

계침 선사는 손가락 두 개를 세우고 한참을 들여다보다 말하였다.

"두 개로구나!"

법안 선사가 크게 깨달았다.

해설 ❧❧❧

"천지는 나와 같은 뿌리이고, 만물은 나와 한 몸이다."

천지 만물은 진여실상에서 마음의 작용을 따라 나타난 것이니까, 본래 하나의 자리가 한 뿌리라는 얘깁니다. 예를 들어 큰 느티나무에 가지가 수없이 뻗어 있지만 가지를 따라 내려가 보면 한 뿌리라는 것을 알 수 있습니다. 이와 마찬가지로 우주 삼라만상은 '하나의 마음[一心]'에서 나왔기 때문에 우리는 본래 한 뿌리이며 대자연의 모든 물질이 나와 한 몸이라는 얘깁니다.

"상좌는 산하대지가 우리와 같다고 생각하는가, 다르다고 생각하는가?"라는 질문은 '체'의 차원에서 물은 겁니다. 사실은 같은 것도 아니고 다른 것도 아닙니다. 산하대지나 만물은 우리가 편리한대로 붙여놓은 이름일 뿐입니다. 본래 하나의 마음으로 되어 있기 때문에 본래마음 차원에서는 어떤 이름도 붙일 수는 없습니다. 그래서 계침 선사는 손가락 두 개를 세우고 한참을 들여다보다 "두 개로구나!" 라고 말씀하셨습니다. 정말 두 개 일까요? 사실 하나라고 해도 맞지는 않습니다. 법안 선사가 계침 선사의 표현을 통해서 확철대오를 했다고 합니다.

13. 이 돌은 마음 안에 있는가, 밖에 있는가?

계침(桂琛) 선사

계침(桂琛) 선사가 법안 선사와 도반 세 명을 산문 밖에서 송별하다가 법안 선사에게 말했다.

"상좌는 평소 '삼계는 오직 마음뿐이다' 라고 말했다."

그리고 나서 뜰에 있는 돌을 가리키며 물었다.

"이 돌은 마음 안에 있는가, 마음 밖에 있는가?"

법안이 대답했다.

"마음 안에 있습니다."

그러자 계침 선사가 웃으며 말했다.

"행각을 하겠다는 사람이 무슨 까닭에 마음에 돌덩이를 가지고 다니는가?"

법안 선사가 이 말을 듣는 순간 크게 깨달았다.

해설 ⌘⌘⌘⌘

'삼계는 오직 마음뿐이다[三界唯心].'

'일체유심조(一切唯心造)' 란 말은 일체가 마음으로 되어있다는 뜻으로 아서야 됩니다. 삼계란 욕계, 색계, 무색계 등 우주 삼라만상을 말합니다. 즉, 법안 선사가 평소에 삼라만상은 오직 마음뿐이라고 하셨다는 말씀입니다.

계침 선사가 뜰에 있는 돌을 가리키며 물었다.
"이 돌은 마음 안에 있는가, 마음 밖에 있는가?"

"일체가 다 마음이라고 한다면 눈앞에 보이는 물건이 마음 안에 있습니까? 마음 밖에 있습니까?" 하는 질문과 똑같습니다. 마음이라고 했다면 안과 밖이 없는데 마음 안에 있다고 대답하시는 분들은 이 도리를 모르시는 겁니다. 일체가 마음으로 되어있다는 것은 과학적으로도 설명이 되는 부분입니다.

선사들의 깨침 세계를 보면 신(神)의 세계가 아닙니다. 신이라는 표현을 썼을 때는 이미 번뇌입니다. 생각이전의 자리가 본래 실상자리이며 과학을 초월한 자리입니다. 아이작 뉴턴이 만유인력법칙을 주장했을 때 끌어당기는 부분을 신의 영역으로 보았지만, 아인슈타인이 상대성이론으로 모든 물질은 진동을 하면서 에너지를 발생한다고 했습니다. 지금 이 순간도 지구는 돌고 있으며 모든 것은 진동하고 있다는 사실입니다. 얼마 전에도 스티븐 호킹 박사가 모든 것은 무(無) 즉 공에서 시작됐다고 했는데 불교적인 말씀이라고 봅니다. 이 부분에 대해서 기독교 쪽에서는 반발을 했다고 하는데 자연수인 1, 2, 3, 4, 5, 6, 7, 8, 9도 무엇에서 비롯됐습니까? 1 이전인 0에서 시작된 겁니다. 0은 바로 공이며 모든 것은 공에서 시작됩니다. 공은 텅 비었다고 하는데 우주의 진여실상, 둘도 아니고 하나도 아닌, 더함도 덜함도 없는 자리를 말합니다. 이 자리가 진여당체(眞如當體)이며 진여당체에서 파동에 의해 물질로 나타난 세계가 지금 우리가 살고 있는 사바세계입니다.

본래는 물질이 아니기 때문에, 물질이 아닌 것이 작용을 통해 나타난 현상계도 물질이 아니라고 봐야 된다는 얘깁니다. 이 세계가 석가모니 부처님이 깨달으신 깨달음의 세계입니다. 표현만 다를 뿐 과학자들도 그 부분에 대해서 증명하고 있는 겁니다. 그러니 앞으로 불교는 무한한 가능성이 있다고 생각합니다. 불자님들이 생각하기 이전의 자리에 마음을 두고 그 자리를 '나' 라고 본다면 그 '나' 는 물질이 아니기 때문에 생도 죽음도 없는 것입니다.

우리가 하루 24시간 중에 진짜 나를 위해 투자하는 시간은 얼마나 되겠습니까? 대부분 육체위주로 껍데기만을 위해서 살고 있을 것입니다. 평생 아무리 잘 먹이고 입히고 즐겁게 하기 위해서 사는 삶이라고 해도 결국 되돌아보았을 때는 참나를 위해서 산 것은 아무 것도 없어요. 그러니 진짜 나를 위한 시간을 하루 24시간 중에 한두 시간 만이라도 갖고 열심히 정진하시기 바랍니다.

어렵게 생각하지 마시고 걸어가거나 운전을 하거나 일상생활 속에서 우주와 내가 하나라는 생각으로 염불한다면 그 순간이 깨어 있는 시간일 것입니다. 좌선을 하거나 법당에 가서 하는 것만이 수행이라고 생각한다면 여러분들은 불교의 기초를 아직까지 모르고 있는 겁니다. 불자님들이 마음 찾는 공부를 통해서 마음의 안심을 얻게 되면 진짜 마음의 고향으로 돌아가는 길입니다. 우리는 지금 주객이 전도된 삶을 살고 있고 오욕락을 통한 행복은 반드시 괴로움이 수반된다는 사실을 알아야 합니다. 영원한 행복은 내 마음 가운데 있는 것이며 마음 안에서 찾아야 된다는 말씀입니다.

법안 선사가 대답했다.
"마음 안에 있습니다."
그러자 계침 선사가 웃으며 말했다.
"행각을 하겠다는 사람이 무슨 까닭에 마음에 돌덩이를 가지고 다니는가?"
법안은 이 말을 듣는 순간 크게 깨달았다.

행각이란 여러 선지식의 휘하에서 정진하기 위해 찾아가는 것을 말합니다. 법안 선사가 돌덩이가 마음 안에 있다고 대답을 했다면 마음 안에 돌덩이가 항상 있다는 말이 됩니다. 그 무거운 것을 항상 짊어지고 다닌다는 말씀인데 이 말을 듣는 순간, 법안 스님이 깨달았다는 겁니다. 보통 깨달았다고 했을 때 모든 괴로움에서 벗어난 것은 아닙니다. 실상만 체험했을 뿐 업습(業習)은 그대로 남은 겁니다. 이것으로써 공부가 끝났다고 견성성불(見性成佛)이라고 하면 맞지 않습니다.《법화경》에 보면 석가모니부처님은 삼십 겁 전에 성불하셨다고 합니다. 석가모니부처님은 이미 삼십 겁 전에 견성을 하셨으며, 그 이후에는 계속 보살행을 하셨다고 봐야겠습니다.

14. 소리와 형상을 꿰뚫는 방법

문익 법안(文益 法眼)

법안 선사가 강남 이왕(李王)의 청으로 개당(開堂)을 하게 되었다. 이에 승록(僧錄)이 말했다.

"사부대중이 모두 모여들어 일시에 우러러보려고 하기에 우선 법좌(法座) 지키는 것만 마쳤습니다."

법안 선사가 물었다.

"저 대중이 진정한 선지식을 친견[參見]하였는가?"

승록은 이 말을 듣는 순간 크게 깨달았다.

해설 ❧❧❧❧

개당(開堂)이란 선사가 법당을 열고 공식적인 설법을 시작하는 것을 말합니다.

"사부대중이 모두 모여들어 일시에 우러러보려고 하기에 우선 법좌 지키는 것만 마쳤습니다."

준비를 다 끝냈으니 이제 올라가서 법만 설하면 된다는 애깁니다.

"저 대중이 진정한 선지식을 친견하였는가?"
승록은 이 말을 듣는 순간 크게 깨달았다.

여기에서 '선지식'은 어떤 의미인지를 아셔야 됩니다. 성철 스님께서 주석하시던 백련암에 다녀오신 불자님들도 많이 계시겠지만 마당 앞에 보면 큰 돌 하나가 서 있는데요. 성철 스님께서는 그 돌을 선지식으로 삼으셨다고 합니다. 그렇다면 선지식은 어떤 차원에서 표현한 것일까요? 성철 스님께서 "보이는 만물은 관음이요, 들리는 소리는 묘음이다"라고 하셨듯이 보이는 모든 것이 부처님이요, 들리는 소리 또한 부처님이라는 말씀인데, 선지식이 따로 있는 것입니까? 하나의 마음으로 본다면 모든 삼라만상이 선지식 아닌 것이 없다는 뜻입니다.

대중이 진짜 선지식을 친견하였는가를 물었는데, 진정한 선지식은 우주의 근본 실상자리 차원에서 친견하였는가를 물은 겁니다. 승록(僧錄: 승려를 총괄하는 벼슬)이 이 말을 듣고 크게 깨달으셨다고 합니다. 깨달음의 자리는 진여실상, 하나의 마음으로 되어있는 자리를 체험하는 겁니다. 그러나 단박 깨달았다고 해서 후에 정진을 하지 않는다면 탁해집니다. 계속 보임 수행을 거듭거듭 해야 된다는 말씀입니다.

어떤 스님이 법안 선사에게 물었다.
"어떤 것이 학인의 한 권의 경전입니까?"
선사가 대답했다.
"제목이 매우 분명하구나! "

해설 ✖✖✖

여기서 '한 권의 경전'은 무엇입니까? 45년이라고도 하고 49년이라고도 하는데 석가모니부처님께서 일생을 통해 중생들에게 하시고자 하는 말씀의 핵심은 입을 뗄 수 없는 자리였던 겁니다. 그 자리는 바로 '하나의 마음자리'를 말합니다. 그 자리를 일러주시고자 말씀하셨으며 팔만사천 경의 핵심 또한 하나의 마음자리를 일러주기 위해서 말씀하셨던 겁니다. 본문에서 말씀하시는 한 권의 경전은 '일체유심조(一切唯心造)'로서의 마음자리를 가리키는 겁니다. 부처님께서 49년 동안 '마음 심(心)' 자 하나를 일러주시기 위해서 말씀하셨던 겁니다. 그래서 알고 보면 불교는 참 쉬운 공부인데 핵심은 이해하지 못하고 껍데기만 가지고 공부하다 보니 불교가 어렵고 힘들다고 하는 겁니다. 기독교의 경우에는 모든 것이 하나님의 섭리라고 얘기하지만, 불교는 일체가 하나의 마음에 달렸다고 합니다. 석가모니부처님께서는 하나의 마음자리를 일러 주셨던 것인데 온갖 명사를 붙여놔서 어렵고 복잡합니다. 하지만 불교는 결코 어려운 것이 아닙니다. 기독교인들에게도 범신론(汎神論) 사상을 말씀드리면 불교를 이해하실 수 있을 겁니다. 범신론 사상은 우주를 하나의 신으로 본 겁니다. 대신 불교는 우주를 하나의 마음으로 보았을 뿐입니다. 표현만 다를 뿐 똑같은 자리를 말하는 겁니다. 석가모니부처님는 마지막 법문에서 자등명 법등명(自燈明 法燈明), 자귀의 법귀의(自歸依 法歸依) 즉, '스스로를 등불로 삼고, 스스로에 의지하라. 법을 등불로 삼고, 법에 의지하라' 고 하셨습니다. 이것은 본래 마음자리를 등불로 삼고 의지하라는 말씀입니다. 법 또한 하나의 마음자리를 말합니다.

어떤 스님이 법안 선사에게 물었다.
"소리와 형상이라는 두 글자를 어떻게 하면 꿰뚫을 수 있겠습니까?"
법안 선사가 대답했다.
"대중이 저 스님의 묻고 있는 뜻을 안다면 소리와 형상을 꿰뚫는 것이 어렵지 않을 것이다."

해설

우리 역시 소리와 형상에 끄달려서 집착을 하고 있거든요. 어떤 스님이 법안 스님에게 소리와 형상을 초월할 수 있는가를 물었습니다. 지금 우리는 소리와 형상을 뛰어 넘지를 못합니다. 그러나 반야(般若: 지혜)에서 하나의 마음으로 비춰보면 소리와 형상이 없기 때문에 소리와 형상을 꿰뚫을 수가 있습니다.

어떤 스님이 법안 선사에게 물었다.
"어떤 것이 조원(曹源)의 물 한 방울입니까?"
법안 선사가 답했다.
"조원의 물 한 방울이 바로 그것이오."
그때 천태 덕소 국사가 곁에서 모시고 있다가 활연히 크게 깨달았다.

해설 ❧❧❧❧

혜능 스님께서 주석하던 곳이 조계산인데, '조원의 물 한 방울'이란 혜능 스님의 가풍(家風)을 상징합니다. 덕산 선사 같은 분은 할(喝: 고함지르기)을 많이 하셨다고 하는데, 가풍이란 중생을 제도하기 위한 방편을 말합니다. 깨달음의 눈을 뜨게 되면 중생을 제도하기 위한 방편을 써야 될 것입니다.

황벽 스님의 예를 들어보도록 하겠습니다. 임제 선사는 보통 사람보다도 인격이 뛰어났던 분이라고 합니다. 황벽 문하에서 십년 동안 열심히 정진을 했는데, 황벽 스님의 상좌였던 분이 지켜보다가 스승님에게 점검을 받아보라고 권했던 겁니다. 상좌스님의 말을 듣고 임제 선사가 황벽 스님이 주석하시던 조실방을 찾게 되었는데 찾아가서 삼배를 올리고 질문을 하려고 하자 황벽 스님께서 몽둥이로 삼십 방을 내리치셨던 겁니다. 한마디도 하지 못한 채 맞기만 하고 엉금엉금 기어서 나왔습니다. 상좌스님은 한 번만 더 가서 물어 보면 답을 해주실 거라고 말을 했어요. 임제 스님이 한 번 더 찾아가서 절을 세 번 하고 다시 물으려고 하자 또 내리치기 시작했던 겁니다. 황벽 스님에게 삼십 방을 또 맞고 나자 임제 스님은 서운한 생각이 들었습니다. 황벽 스님이 때리는 이유를 전혀 몰랐던 거죠. 그러자 상좌스님은 다시 한 번 더 가보라고 하셨던 겁니다. 그래서 다시 찾아가서 삼배를 하고 입을 떼려고 하자 또 내리치셨던 겁니다.

이제는 분한 생각이 들어서 "왜 묻지도 않았는데 때리기만 할까?" 하고 화두가 되었던 겁니다. 그리고는 황벽 스님의 도반인 대우 스님을 찾아가게 됩니다. 대우 스님을 찾아가서 인사를 드리고 황벽 스님 문하에서 왔다고 하자 "황벽이 어떻게 하더냐?"고 물으셨던 겁니다. 그래서 그동안 있었던 일을 말씀드리자 "황벽 스님이 자비를 베푸신 것을 자네가 몰랐구만" 이라고 하셨습니다. 그런데 그 순간 임제 스님이 확철대오를 했습니다. 그리고는 "깨닫고 보니 황벽의 도(道)도 별거 아니구만!" 하고 외쳤어요. 그때 대우 스님께서 "자네 뭐라고 했나?" 하시자, 임제 스님이 대우 스님의 옆구리를 툭 세 번 질렀습니다. 깨달음을 표현한 것이죠. 그러자 대우 스님이 "옳다. 옳다. 네 스승은 황벽이다. 황벽에게 돌아가라"고 하셨던 겁니다.

그 후 임제 스님은 황벽 스님의 문하에 들어가 보임수행을 하면서 임제 스님의 가풍을 역시 '할' 로써 표현하셨습니다. 누구든지 와서 법을 물으면 느닷없이 "확!" 하고 소리를 지르셨던 겁니다. 이때 영리하고 총명한 분이라면 '왜 소리를 지르실까?' 하고 생각할 수가 있겠죠. 상대방에게 의심을 유도해 낸 것인데, 이것이 화두입니다. 이 모두가 그 분들의 가풍이었던 겁니다.

위에서, "어떤 것이 조원의 물 한 방울 입니까?" 하고 물었던 부분이 혜능 스님의 가풍이 무엇인가를 물었던 겁니다. 그러자 "조원의 물 한 방울이 바로 그것이오." 라고 대답을 했는데 여러분들이 문자에 끄달려가면 안됩니다. 물 한 방울에 대해 답을 해야 되니까 '물 한 방울이 바로 그것' 이라고 답을 했지만, 물 한 방울이나 마음이나 하나입니다. 어떤 표현을 해도 둘이 아닌 하나입니다. 이 도리를 알면 금방 답이 나오지만 물 한 방울이 뭔가 생각하고 있다면 아직도 '체' 와 '용' 을 이해하지 못하는 겁니다. '체' 와 '용' 의 도리를 아시는 분들은 선문답에 있어서도 번개 불처럼 답이 오고 갑니다. 이 선문답을 듣고 옆에 계시던 천태 덕소 국사가 도를 활연히 깨달았다는 겁니다. 끊임없이 정진하는 분들에게는 깨달음의 공식이 따로 없어요. 어떤 환경이나 경계를 통해서 돈오를 체험하게 됩니다.

어떤 스님이 법안 선사에게 물었다.

"경전을 보니 '머묾이 없는 근본에서 일체 법이 세워 진다' 는 말이 있던데 어떤 것이 머묾이 없는 근본입니까?"

선사가 대답했다.

"형상은 그 바탕이 갖추어지기 전에 일어났고, 이름은 불리기 전에 생겼다."

해설 ✤✤✤

머묾이 없는 근본은 하나의 마음자리를 말합니다. 물질이 아닌 이 자리에서 모든 작용을 통해 현상계가 나타납니다. 〈법성게〉에서 "하나가 전체요, 전체가 하나[一即一切多即一]"라는 말이 있습니다. 우주의 근본 실상은 하나의 마음으로 되어있으며 물질이 아니니까 나눌 수도 없습니다. 물질이 아닌 하나의 진여당체인 마음자리는 나눌 수가 없으니 하나라고 하는 겁니다. 그리고 작용을 통해 나타나는 현상계를 전체[一切]라고 합니다. 전체는 하나의 마음에서 나왔고 하나는 곧 전체를 만들어 낸 것입니다. 《반야심경》에서도 색(色)과 공(空)으로 표현하고 있습니다. '색'은 일체를 의미하고 '공'은 실상인 하나의 마음자리를 의미합니다. '색'과 '공'이 다르지 않다는 것은 물질과 근본인 마음이 둘이 아닌 하나라는 애깁니다. 모양으로는 물과 얼음을 둘로 보지만, 물과 얼음은 속성상 하나라는 애기죠.

부처님께서도 어떤 것이든 머묾이 없는 진여당체에서 나왔다고 하셨습니다. 이와 관련해서 법안 선사가 말하길 "형상은 그 바탕이 갖추어지기 전에 일어났고, 이름은 불리기 전에 생겼다." 고 하셨습니다. 하나의 마음자리에서 나온 것을 형상이라고 하며 모양이 없는 자리에서 나왔기 때문에 갖추어지기 전에 일어났고 이름은 불리기 전에 생겼다고 하신 겁니다. 생각하기 이전의 자리를 본래자리라고 하며 본래자리에서 나타났지만 보고 듣고 생각하는 마음의 작용은 번뇌라고 합니다. 왜냐하면 내가 보고 들은 것은 진리에서 보면 마음으로 되어있기 때문

에 사실이 아닌 것입니다. 우리는 작용을 통해 나타난 현상계를 보고
옳다 그르다, 내 것 네 것을 따지고 있다는 말이며 우리의 삶 또한 마찬
가지입니다. 좋은 생각이든 나쁜 생각이든 내가 보고 듣고 생각했던
것은 사실이 아닌 것을 실체로 생각했던 까닭에 번뇌라고 말합니다.

　성불하신 분들은 자기의 몸도 자유자재로 나툴 수가 있는데, 성현들
은 우주를 가지고 살림을 한다고 말합니다. 반대로 우리들은 우주로
보면 티끌도 안 되는 것을 가지고 아웅다웅 살림살이를 하고 있는 겁
니다. 그러니 성자들이 보았을 때 중생의 삶이 얼마나 어리석어 보이
겠습니까? 그래서 마음을 일으켜 중생을 제도하고자 '여래 십대 발원
문'도 나온 겁니다. 여래가 다시 열 가지 원을 세우고 끊임없이 중생을
제도하고 있습니다.

　어떤 속인이 어린아이를 데리고 법안 선사를 찾아왔다. 그런데 법안
선사가 물어도 아이는 대답을 하지 않았다. 그러자 선사는 게송으로 말
했다.

　저 아이는 여덟 살이 되었지만
　물어도 말을 하지 않네.
　말을 하지 못하는 것이 아니라
　큰 법을 말하기가 어렵기 때문이리라.

　이에 대해 백운 단이 설했다.

"말을 하지 못하는 것이 아니라 큰 법을 온전히 말한 것이다."

해설 ❧❧❧

어떤 불자님께서 법안 선사께 아이를 데리고 찾아갔습니다. 그런데 법안 선사가 아이에게 무엇을 물어도 아이가 대답을 하지 않았습니다. 말을 하지 않는 아이에 대해서 법안 선사가 게송으로 표현한 겁니다. "말을 하지 못하는 것이 아니라, 큰 법을 말하기가 어렵기 때문이리라."고 하셨습니다. 여덟 살짜리 아이가 문자와 언어로 표현할 수 없는 우주의 근본 실상을 알고 있기 때문에 그것은 말로 표현할 수 없지 않겠냐는 말씀입니다.

그러자 백운 단이 한술 더 떠 "말을 하지 못하는 것이 아니라 큰 법을 온전히 말한 것이다." 라고 평했습니다. 진짜 법은 입을 떼면 법이 아닌 겁니다. 진여실상, 하나의 마음으로 된 자리는 어떤 표현도 할 수 없다고 했습니다. 말 없이 설하는 이런 법문을 '일구(一句) 법문'이라고 합니다. 일구 법문을 볼 수 있어야 됩니다. 일체가 마음으로 된 도리를 안다면 법 아닌 것이 없고 부처님 아닌 것이 없습니다.

15. 주장자만은 어긋나지 않는다

소수 산주(紹修 山主)

소수 산주(紹修 山主)가 세 번째로 설령(雪嶺)에 들어가서 지장 선사를 참배하고 여쭈었다.

"제가 화상을 참배하기 위해 정주에서부터 이렇게 왔습니다. 모진 고초를 다 겪고 온갖 산령(山嶺)을 다 지나왔는데 다시 어느 곳을 향해서 나아가야 하겠습니까?"

지장 선사가 대답했다.

"온갖 산령을 다 지나왔다니 나쁘지는 않구나."

소수 산주는 여전히 그 뜻을 알지 못했다. 밤이 되어 지장 선사의 침상 앞에서 시봉을 하다가 말했다.

"제가 백겁 천생 동안 화상님과 어긋났었는데 이제 와서 또 화상을 뵈었으나 편치 않습니다."

지장 선사가 일어나 주장자를 들고 얼굴 앞에 세우고 말했다.

"이것만은 어긋나지 않는다."

소수 선사는 여기서 크게 깨달았다.

해설 ❧❧❧❧

산령(山嶺: 산봉우리, 재)이라는 말을 형상에 끄달려서 보면 안됩니다. 소수 산주라는 분께서 힘들게 수행하는 과정을 말하는 겁니다. 지장 선사를 참배하는 과정을 보면 '지금까지 온갖 수행을 해왔는데 내가 앞으로 어떻게 해야 되는가'를 묻는 것입니다.

지장 화상이 대답했다.

"온갖 산령을 다 지나왔다니 나쁘지는 않구나."

지장 화상이 '그동안 온갖 수행을 해왔다니 나쁘지는 않구나' 하고 대답했지만, 소수 산주는 그 뜻을 알아차리지를 못했습니다.

밤이 되어 지장 선사의 침상 앞에서 시봉을 하다가 말했다.

"제가 백겁 천생 동안 화상님과 어긋났었는데 이제 와서 또 화상을 뵈었으나 편치 않습니다."

소수 산주가 지장 화상과 이심전심으로 하나가 되지 못하였으니, 아직 깨닫지 못하였다는 말씀입니다.

지장 선사가 일어나 주장자를 들고 얼굴 앞에 세우고 말했다.
"이것만은 어긋나지 않는다."

지장 선사는 이미 소수 산주가 깨달을 때가 왔다는 것을 알았던 겁니다. 이런 분이 선지식입니다. 상대방이 어느 정도 공부가 되어 있기 때문에 자극을 줄 필요가 있는 겁니다. 닭이 알을 품고 있다가 깨어날 때가 되었을 때 톡 쪼아 주는 이치와 마찬가지입니다. 지장 선사가 주장자를 얼굴 앞에 세우고 "이것만은 어긋나지 않는다."하고 말한 순간 소수 선사가 깨달았던 겁니다. 스스로 공부가 많이 되었다면 앞으로 경험이 많고 수행을 많이 하신 선지식을 찾아가서 법문을 듣게 되면 내가 공부가 어디까지 되었나를 스스로 점검해 볼 수가 있습니다.

소수 산주가 어떤 스님에게 물었다.
"어디서 왔소?"
"취암에서 왔습니다."
"취암에서는 어떤 말씀으로 대중들을 가르치는가?"
"취암에서는 평소에 항상 '문 밖으로 나서면 미륵을 만나고, 문 안으로 들어서면 석가모니를 본다'고 말씀했습니다."
소수 산주가 다시 물었다.

"그렇게 말하면 어찌 알 수 있겠는가?"

그 스님이 말했다.

"그렇다면 화상께서는 어떻게 하십니까?"

"문 밖으로 나서면 누구를 만나고, 문 안으로 들어서면 무엇을 보겠는가?"

그 스님은 이 말을 듣는 순간 크게 깨달았다.

해설 ❧❧❧

"어디서 왔소?"

"취암에서 왔습니다."

우리나라의 서산(西山: 묘향산) 스님 같은 경우도 주석하던 산의 이름을 땅아서 서산이라고 했으며, 취암 영참(翠嚴令參)이라는 분도 중국 당대의 스님으로서 주석하던 산 이름을 따서 취암이라는 호를 썼던 겁니다.

"취암께서는 평소에 '문 밖으로 나서면 미륵을 만나고, 문 안으로 들어서면 석가모니를 본다'고 말씀했습니다."

'문 밖을 나서면 미륵을 만나고, 문 안으로 들어서면 석가모니를 본다'고 하신 이유는 일체 현상계를 부처로 본 것을 의미합니다. 여러분이 문 밖은 미륵이고, 문 안은 석가모니라고 말에 속으면 안됩니다. 석가모니나 미륵은 화신불로 보는 것이며, 취암이라는 분은 현상계를 안과 밖이 없는 하나의 부처로 보았던 겁니다.

소수 산주가 되물었다.
"문 밖으로 나서면 누구를 만나고, 문 안으로 들어서면 무엇을 보겠는가?"

취암 스님께서는 안과 밖을 부처로 본다고 하셨고 소수 산주는 실상 차원에서 묻고 계시는 겁니다. 안과 밖이 따로 있느냐는 말씀인데 소수 산주는 일체가 마음으로 된 부분을 말씀하셨기 때문에 본다는 개념이 없습니다. 소수 산주께서는 '체' 차원에서 말씀했고, 취암 스님께서는 '용' 차원에서 말씀하신 겁니다. 이러한 질문을 받았던 스님이 도를 크게 깨달았다고 합니다.

16. 만 가지 형상 중에 제 한 몸이 드러났다

자방(子方) 스님

자방 스님이 법안 선사에게 물었다.

"선사께서는 오래도록 장경 스님을 모시다가 나중에는 지장 스님의 법을 이으셨는데 무슨 이유가 있소?"

법안 선사가 대답했다.

"'만 가지 형상 중에 제 한 몸이 드러났다'라고 하신 장경 스님의 설법을 이해하지 못했기 때문이오."

자방 스님이 불자를 들어 보이니 법안 선사가 물었다.

"만 가지 형상을 없앴다는 것이오, 없애지 못하였다는 것이오?"

"만 가지 형상을 없애지 못하였소."

"제 한 몸이 드러났구려. 하하!"

자방 스님이 말했다.

"만 가지 형상을 없애었소"

법안 선사가 말했다.

"만 가지 형상 속이오. 하하!"

이 말을 들은 자방은 종지를 깨닫고 찬탄했다.

"나는 하마터면 이번 생을 헛되게 보낼 뻔했구나."

해설 ⚡〰⚡

재가 불자님들의 경우 함께 하는 도반이 굉장히 중요하며 스승의 영향도 많이 받게 됩니다. 우리는 누구나 본래자리로 돌아가고 싶은 욕망이 있기 때문에 옆에서 열심히 정진하는 분이 있다면 그 분의 영향을 많이 받게 될 것입니다. 불자님들이 서로 만나서 부처님 말씀이 오고 간다면 유익한 시간을 보낼 수 있고 탁마가 되기 때문입니다.

"만 가지 형상 중에 제 한 몸이 드러났다"라고 하신 장경 스님의 설법을 이해하지 못했기 때문이오."

법안 스님이 장경 스님을 모시고 있을 때는 만 가지 형상 중에 제 한 몸이 드러났다는 뜻을 몰랐다는 말입니다. 만 가지 형상은 현상세계를 말하며 '용' 차원에서 얘기하는 겁니다. 만 가지 형상 중에 제 한 몸이 드러났다는 것은 만 가지 형상이더라도 '하나' 아닌 것이 없는데, 이 뜻을 몰랐다는 겁니다. 하나의 뿌리에서 나온 현상계가 하나 아닌 것이 없다는 말입니다. 〈법성게〉에서 '일미진중함시방(一微塵中含十方: 한 티끌 속에 우주를 머금고 있다)'이란 법문과 같습니다. 한 티끌과 하나의 마음은 둘이 아닌 하나라는 얘깁니다. 그렇다면 이 현상계로 나타난 것은 나 아닌 것이 없는 것입니다. '하늘 위, 하늘 아래 나 홀로 존귀하다[天上天下唯我獨尊]'고 외친 석가모니부처님의 말씀도 부처님의 육신을 말한 것이 아니라 마찬가지로 '하나' 차원에서 하신 말씀입니다.

자방 스님이 말했다.
"만 가지 형상을 없애었소"
법안 선사가 말했다.
"만 가지 형상 속이오. 하하!"

만 가지 형상은 현상 세계를 말하며 만 가지 형상 속이라는 말은 '하나'라는 뜻입니다.

자방 스님은 이 말을 듣고 종지를 깨달았다.
"나는 하마터면 이번 생을 헛되게 보낼 뻔했구나."

자방 스님이 법안 스님과의 대화로 인해 거듭 종지를 깨달았다고 합니다. 종지(宗旨)를 깨달았다는 것은 실상(實相)이자 둘이 아닌 하나의 자리를 깨달았다는 말입니다. 자방 스님께서 법안 선사를 만나지 않았다면 자기가 알고 있는 것이 진리라고 생각했을 것입니다. 그래서 "나는 하마터면 이번 생을 헛되게 보낼 뻔했구나." 하고 말씀하신 겁니다. 우리가 공부를 하면서 많은 경계 과정이 나타날 수 있는데 경계가 나타날 때마다 평상시 존경하던 분을 찾아가서 점검을 받으셔야 됩니다. 그렇지 않으면 내가 공부가 다 된 것처럼 착각할 수가 있어요. 자방 스님도 이제까지 알던 것이 진정한 깨달음이 아니었다는 것을 법안 스님을 통해서 확실히 확인하게 되었던 겁니다.

17. 무엇을 만 가지 형상이라고 하는가?

소수 산주(紹修山主)

소수 산주가 법안 스님과 이야기를 나누는데, 법안 스님이 물었다.

"옛 사람들이 '만 가지 형상 중에 제 한 몸이 드러났다'라고 하셨는데, 이는 만 가지 형상을 없앴다는 것입니까, 없애지 못했다는 것입니까?"

소수 산주가 말했다.

"만 가지 형상을 없애지 못했다는 것입니다."

"어떻게 없애었다, 없애지 못했다고 단정해서 말할 수 있습니까?"

소수 산주가 헷갈려서 지장 선사에게 찾아갔다. 지장 선사가 소수 산주에게 물었다.

"그대는 떠난 지 오래되지도 않았는데, 왜 다시 찾아왔는가?"

"해결하지 못한 일이 있는데, 어찌 온 천지를 돌아다니는 것을 꺼리겠습니까?"

"그대가 온 천지를 다 돌아다녔다니 그것도 나쁘지는 않구나."

소수 산주는 그 말씀의 뜻을 깨닫지 못하고 물었다.

"옛 사람들이 '만 가지 형상 중에 제 한 몸이 드러났다'라고 하신 말씀은 무슨 뜻입니까?"

지장 선사가 대답했다.

"그대라면 옛 사람이 만 가지 형상을 없앴다고 말하겠는가, 없애지 못했다고 말하겠는가?"

"없애지 못했습니다."

"그럼 두 가지 다다."

소수 산주가 혼란스러워 생각에 잠겼다가 말했다.

"옛 사람이 만 가지 형상을 없앴다는 말인지, 없애지 못했다는 말인지 이해할 수 없습니다."

지장 선사가 다시 물었다.

"그대는 무엇을 만 가지 형상이라고 하는가?"

소수 산주가 그제서야 크게 깨달아 지장 선사에게 절을 올리고 나서 법안 스님을 찾아뵈었다.

법안 스님이 말씀하신 뜻이 지장 선사가 설한 내용과 같은 것이었기 때문이다.

해설 ⚘⚘⚘⚘

소수 산주는 형상에 집착을 하는 부분에 대해 아직까지도 투철하게 이해를 하지 못했는데, 법안 스님이 다음과 같이 질문했던 것입니다.

"옛 사람들이 '만 가지 형상 중에 제 한 몸이 드러났다'라고 하셨는데, 이는 만 가지 형상을 없앴다는 것입니까, 없애지 못했다는 것입니까?"

만 가지 형상은 있는 것도 아니고 없는 것도 아닌데, 이 부분에 대해서 법안 스님이 질문을 던졌습니다. 언젠가 어떤 스님께 "관세음보살님이 있습니까? 없습니까?"하고 질문을 드렸더니, "있다고 해도 맞지 않고 없다고 해도 맞지 않다"고 대답을 해주셨습니다. 질문을 한 요지는 진여실상을 물었던 것입니다. 32상 80종호를 갖추신 관세음보살님을 마음에 두시면 안됩니다. 관세음보살님은 진여실상의 자비 차원에서 관세음보살이라는 이름을 붙여 놓은 겁니다. 형상이나 이름에 끄달려가면 진여실상을 볼 수가 없습니다.

지장 선사가 소수 산주에게 물었다.
"그대는 떠난 지 오래되지도 않았는데, 왜 다시 찾아왔는가?"

나름대로 지장 스님께 인가를 받고 행각을 떠났는데, 다시 왜 나를 찾아왔느냐는 말씀입니다.

"해결하지 못한 일이 있는데, 어찌 온 천지를 돌아다니는 것을 꺼리겠습니까?"

소수 산주의 입장에서는 깨닫기 위해서는 어디라도 가서 해결하고
싶다는 말입니다.

"그대가 온 천지를 다 돌아다녔다니 그것도 나쁘지는 않구나."
소수 산주는 그 말씀의 뜻을 깨닫지 못하고 물었다.

소수 산주는 지장 선사에게 인가를 받았음에도 불구하고 아직 만 가
지 형상을 없앴느냐, 없애지 못했느냐는 부분에 대해 의심이 풀리지
않았던 겁니다.

"옛 사람들이 '만 가지 형상 중에 제 한 몸이 드러났다' 라고 하신 말씀
은 무슨 뜻입니까?"
지장이 말하였다.
"그대라면 옛 사람이 만 가지 형상을 없앴다고 말하겠는가, 없애지 못
했다고 말하겠는가?"
"없애지 못하였습니다."

지장 선사가 옛 사람이 만 가지 형상을 없앴다고 말하겠는가, 없애지
못했다고 말하겠는가?" 하고 묻자 소수 산주는 자기 생각에서 만 가지
형상을 없애지 못하였다고 했습니다.

소수 산주가 혼란스러워 생각에 잠겼다가 질문했다.

"옛 사람이 만 가지 형상을 없앴다는 말인지, 없애지 못하였다는 말인지 이해할 수 없습니다."

지장 선사가 되물었다.

"그대는 무엇을 만 가지 형상이라고 하는가?"

소수 산주가 그제서야 크게 깨달아 지장 선사에게 절을 올리고 나서 법안 스님을 찾아뵈었다.

법안께서 말씀하신 뜻이 지장 스님께서 가르쳐 주신 내용과 한결같은 것이기 때문이다.

소수 산주가 그제서야 크게 깨달아 지장 선사에게 절을 올리고 나서 법안 스님을 찾아뵈었다.

법안께서 말씀하신 뜻이 지장 스님께서 가르쳐 주신 내용과 한결같은 것이기 때문이다.

소수 산주는 만 가지 형상에 집착을 했지만, 지장 스님이 "무엇을 만 가지 형상이라고 하느냐?"는 말씀에 크게 깨달았습니다. 지장 스님의 말씀은 형상에 집착하지 말라는 뜻입니다. 어떤 스님께 "세상에서 가장 괴로운 일이 무엇입니까?" 하고 물으니, "수행자로서 깨닫지 못한 것만큼 괴로운 것은 없다"고 하셨답니다. 그러나 출가한 수행자들만 깨닫는 것은 아닙니다. 재가 불자님들도 모두 깨달아야 됩니다. 불자님들께서 깨닫지 못했다면 그 부분이 화두로 자리 잡아야 됩니다. 그래야만 큰 발심이 일어나게 됩니다. 우리가 직지 공부를 통해서도 불교를 바로 세워야 합니다. 불교는 신을 믿는 종교가 아니라 우주의 주인이 되고자 하는 종교입니다. 진짜 나는 무엇이 되었든, 무엇을 하던, 조금도 변함이 없음을 아셔야 됩니다. 그 나를 바로 믿을 때 올바른 신앙이 되는 거예요. 그 나를 찾고자 수행이라는 이름으로 참나를 찾아가는 겁니다. '직지'를 통해서도 불교를 바로 세울 수 있는 계기가 되었으면 합니다.

18. 성취한 지 오래됐지만 점안이 부족하다

용아 거둔(龍牙居遁)

거둔(居遁) 선사가 영남에서 오자 암두 선사가 물었다.

"영남의 한 어른께서는 공덕을 성취하셨소?"

거둔 선사가 대답했다.

"성취한 지는 오래되었으나, 점안(點眼)이 부족합니다.

"점안이 필요한가?"

"필요합니다."

암두 선사가 다리 하나를 아래로 내려뜨리니 거둔 선사가 절을 올렸다.

암두 선사가 다시 물었다.

"그대는 어떤 도리를 보았소?"

거둔 선사가 답했다.

"제가 본 바에 의하면 큰 화로 위에 남아 있는 한 송이 눈과도 같았습니다."
"사자가 잘도 포효하는구나."

해설 ◦◦◦◦◦◦

거둔 선사가 영남에서 오자 암두가 물었다.
"영남의 한 어른(거둔 선사)께서는 공덕을 성취하셨소?"

'거둔, 당신은 도를 깨달았습니까?' 하고 물은 겁니다.

"성취한 지는 오래되었으나, 점안이 부족합니다.

도를 깨달은 지는 오래 되었으나 인가(認可)를 받지 못했다는 말씀입니다. 불상을 조성해서 점안(點眼)을 할 때 스님들께서 기운을 넣어 준다고 하는데, 말을 할 때도 상대에게 염력(念力)이 전해집니다. 수행을 많이 했다면 맑은 기운이 가는 것이고 그렇지 못한다면 탁한 기운이 간다는 얘깁니다. 식물에게 시험을 해봤는데 두 가지 식물중 하나는 염불을 해주고 다른 하나는 욕을 하며 키웠더니, 염불을 한 식물이 훨씬 더 아름다운 꽃을 피웠다고 합니다. 염불이란 아주 좋은 기운이기 때문에 맑은 에너지가 나온다고 합니다.

"점안이 필요한가?"

"필요합니다."

암두 선사가 '인가가 필요한가?' 하고 묻자, 거둔 선사가 점검을 받겠다고 합니다.

암두 선사가 다리 하나를 아래로 내려뜨리니, 거둔 선사가 절을 올렸다.

우리가 눈을 깜박거리고 말을 하고 생각하는 모든 것이 부처 작용 아닌 것이 없습니다. 거둔 선사는 이미 공부가 되었으니까 암두가 다리 하나를 아래로 내려놓는 것을 보고 자기 스스로 점검이 되었던 겁니다. 그래서 암두 스님께 절을 하는 겁니다.

"그대는 어떤 도리를 보았소?"
"제가 본 바에 의하면 큰 화로 위에 남아 있는 한 송이 눈과도 같았습니다."

화로 위에 한 송이 눈을 얹으면 어떻게 되겠습니까? 사르르 녹아 버리겠죠. 자기가 그동안 가슴 속에 쌓였던 것이 녹아 없어져 버렸다는 애깁니다. 확실하게 점검이 되었다는 소립니다.

"사자가 잘도 포효하는구나."

인가를 하는 부분입니다. 사자는 부처님을 상징합니다. 깨닫고 나서 거둔 선사가 다음과 같이 게송으로 기쁨을 표현합니다.

거둔 선사가 게송으로 설했다.

이번 생에서 쉬지 못하면 그 언제 쉴까.
쉬는 것은 금생의 일임을 모두 알아야 하리.
마음이 쉬는 것은 망상이 없어짐을 인연할 뿐이니
망상이 끊어져 마음이 쉬면 그게 바로 쉬는 때이네.

해설 ❧❦❧

마음이 쉰다는 것은 모든 대상이 다 끊어짐을 말합니다. 대상이 그대로 마음이니까 본래는 물질이 아닌 세계입니다. 마음의 차원에서는 좋고 나쁜 것이 다 끊어졌기 때문에 일체가 하나의 마음으로 된 도리를 확실하게 깨달았던 겁니다. 대상이 따로 없으니 번뇌 망상 또한 일으킬 것이 없습니다. 그러나 실상을 체험한 것으로 모든 망상이 다 끊어진 것은 아닙니다. 근기가 수승한 분들은 한 순간에 모든 업이 끊어져서 하나로 쓸 수 있다고 합니다.

석가모니부처님도 미륵보살님과 한 생에서 같이 수행을 할 때가 있었다고 하는데, 두 분께서 연등부처님 아래에서 공부를 하던 때였다고 합니다. 미륵보살은 오직 지혜로만 정진하려고 했고, 석가보살은 보살행을 하셨다고 합니다. 연등부처님께서 석가모니에게 먼저 수기를 내려주셨다고 하는데, 미륵보살은 출가도 먼저 하고 지혜가 수승하지만 덕이 부족했던 겁니다. 석가모니는 지혜는 부족하지만 덕이 수승했고 박복(薄福)한 중생 세계에서는 덕이 필요하기 때문에 연등부처님께서는 석가모니에게 먼저 수기를 내려 주셨다고 합니다.

우리도 마찬가지로 전생의 삶이 다르기에, 금생에 받는 복 또한 다릅니다. 수행자도 마찬가지입니다. 금생에 수행을 통해 눈을 떠서 확실하게 번뇌 망상이 끊어진 경우도 있지만 전생에 수행을 하지 않았다면 실상을 체험했다고 해도 번뇌 망상이 남아있을 수 있다는 얘깁니다.

거둔 선사가 거듭 게송으로 설했다.

소를 찾으려면 발자국을 찾아야만 하고
도를 배우려면 무심을 찾아야 하리라.
발자국만 있으면 소가 있는 법이고,
무심하기만 하면 도를 찾기가 쉽네.

해설 ∞∞∞

소는 진여당체를 비유한 것이며 발자국을 찾아야 한다는 것은 우주의 근본인 진여당체를 찾아야 된다는 말입니다. 우주의 실상은 '하나의 마음'으로 되어 있다는 것을 깨달아야 합니다. 그러나 실상을 깨달았다고 해서 공부가 끝난 것은 아닙니다. 하나의 진여실상을 깨닫기 위해서는 도를 배워야 하는데, 도를 배우려면 무심을 찾아야 한다는 말씀입니다. 무심이란 '없을 무(無)' 자에 '마음 심(心)' 자를 썼는데, 마음이 없다는 말이 아닙니다. 진여실상에 마음을 두면 실상에 대해서는 어떤 표현도 할 수 없습니다. 있다 없다는 생각이 끊어진 자리에 마음을 두고 정진하라는 애깁니다. 발자국은 선사들의 가르침이나 말씀을 표현한 부분입니다. 그 가르침을 받아들여서 열심히 수행하면 진여 불성자리로 돌아가게 됩니다. 마음에 분별심이 없고 진여의 마음자리에 심지(心地)가 되어 있다면 하나가 되는 것은 어렵지 않다는 뜻입니다.

또 게송으로 말했다.

생각건대 문 앞의 나무는
새가 깃들거나 날아가는 것을 잘도 포용하고 있구나.
오는 자에게도 무심하고
날아가는 자도 사모하지 않네.
사람의 마음이 나무와 같다면
도와 서로 어긋나지 않으리라.

성철 스님께서는 문 앞에 있던 큰 돌을 스승으로 삼으셨다고 합니다. 거둔 선사의 문 앞에도 나무가 하나 서있었는데, 그 나무에 새가 날아와서 앉거나 무엇을 해도 다 포용을 했다는 애깁니다. 찬불가 중에 '거울 같은 마음'이라는 노래도 있지만 거울은 무엇을 비추건 비치는 대로 거부를 하지 않잖아요. 더럽든 깨끗하든 거울이 모든 것을 포용하듯이 우리도 역시 그런 마음을 가져야 됩니다. 그런 마음을 쓸 때 보살행이 되는 겁니다.

육안의 눈으로 보았을 때는 상대를 분별해서 보지만 이미 보살 경지에 들어갔다면 안과 밖이 끊어진 경지에 들어간 겁니다. 마음에서 보면 좋고 나쁜 경계가 끊어져 차별이 없는 겁니다. 이런 경지에 있을 때 게송에 나오는 나무처럼 오든 가든 신경을 쓰지 않을 수 있다는 애깁니다. 모든 것을 포용하는 마음을 쓰기까지는 얼마나 많은 시간을 수행해야 되느냐는 얘기죠. 오는 자에게 무심하다면 냉정하다고 하겠지만 도를 닦는 분들은 오는 자에게도 마음을 내지 말아야 됩니다. 또한 날아간다고 해도 집착하지 않아야 됩니다. 이렇게 살 수 있을 때 우리 마음은 정말로 편안해 집니다. 세상을 살면서도 집착이 많으면 많을수록 괴로운 겁니다.

우리는 한번 만나면 누구든지 헤어지게 되어 있어요. 집착한 만큼 아픔이 깊어진다는 것을 아셔야 됩니다. "오는 자 막지 말고 가는 자 잡지 말라"는 말처럼 무심을 갖고 있다면 도와 서로 어긋나지 않는다는 말입니다. 그 자체가 도라는 얘깁니다. 그러나 이런 마음을 쓴다는 게 쉽지는 않습니다. 무시(無始)이래 살아오면서 익혀온 습이라는 것이 쉽게 끊어지는 게 아닙니다. 무심의 마음을 쓴다는 것은 하나의 마음자리를 깨달아야 됩니다. 부처님께서는 오백 생을 수행하셨다고 하는데 우리도 하나의 마음자리에 두고 수행해야 되겠습니다.

19. 가지와 잎사귀는 없고 하나의 진실만 있다

분양 무덕(汾陽無德)

분양 무덕 화상이 어느 날 대중에게 말씀하셨다.

"지난 밤 꿈속에서 돌아가신 부모님께서 술과 고기와 지전(紙錢)을 찾으시며 속세를 벗어나지 못하니 그것들을 마련하여 제사를 지내야겠다."

그리고 나서 고당(庫堂)에서 차비를 차리게 하고 위패를 설치하고 세속의 예를 따라서 술을 올리고 고기를 쌓아 놓고 지전을 만들었다. 지사(知事)와 두수(頭首)를 모두 모이게 하여 그 남은 음식들을 흩어놓게 하니 지사들이 이를 거절하였다.

그러자 무덕 화상이 혼자 그 자리에 앉아 태연하게 먹고 마셨다. 이에 대중이 모두 말했다.

"술 마시고 고기 먹은 스님을 어찌 스승으로 모실 수 있겠는가?"

비웃으면서 모두 가버리고 자명, 대우, 전, 대도 등 예닐곱 명만 남았다. 무덕 화상이 그 다음 날 법단에 올라 말했다.

"많은 쓸모없고 천박한 귀신들이 한 상의 술과 고기를 먹어 치우고 두 덩이의 지전을 없애기에 쫓아버렸다. 《법화경》에서 '이 대중 가운데는 가지와 잎사귀는 없고 오직 하나의 진실만이 있다'라고 말씀하셨다."

그리고 곧바로 법좌에서 내려왔다.

해설 ∝∝∝∝

분양 무덕(汾陽無德) 화상의 꿈속에 돌아가신 부모님이 나타나셔서 술과 고기와 지전을 찾으셨던 겁니다. 그래서 자식된 도리로 절에 계신 스님들을 모이게 해서 제사를 지내드리고 제사 음식을 대중에게 공양을 하려고 했는데 대중이 술과 고기를 보고 도망을 가버린 겁니다. 오늘날도 재가 불자님들께서 그렇게 생각하시는 분들이 많으리라 생각됩니다. 그런데 진짜 도를 닦기 위해 무심에 마음을 두었다면 분별할 게 없습니다. 계율을 무시한다고도 하겠지만 선(禪)에서 보면 계율이라는 것이 따로 있지 않습니다.

무덕 화상께서는 겉모습만 보고 떠난 대중을 향해서 "많은 쓸모없고 천박한 귀신들이 한 상의 술과 고기를 먹어치우고 두 덩이의 지전을 없애기에 쫓아버렸다고 말씀하셨습니다. 여러분 귀신과 사람하고 다른 게 무엇일까요? 전혀 다르지 않습니다. 진여(眞如)자리에서 봐도 전혀 다르지 않고 현상에서 보더라도 화장하고 매장을 하면 육신은 없지만 집착하는 마음은 그대로 있습니다. 우리 육신도 껍데기예요. 사실이 아닙니다. 시간적으로 보았을 때 일초 전과 일초 후가 같지 않기 때문에 사실이 아닙니다. 사실이 아닌 것을 가지고 살고 있는 우리와 몸이 없는데도 있다고 생각하는 죽은 자와 조금도 다르지 않습니다. 착각하고 있는 것은 마찬가지입니다.

텔레비전이나 영화에 나오는 귀신을 보면 피를 흘리고 머리를 풀고 상당히 거부감이 들도록 표현을 하고 있는데 사실 영가들은 살아있던 모습 그대로 형상에 집착하고 있어요. 그래서 저는 산 자와 죽은 자가 전혀 다르지 않다고 봅니다. 부처님 눈으로 보았을 때도 차별이 없는 중생이었기 때문에 당연히 제도할 대상으로 보셨던 겁니다. 영가(靈駕)라는 말은 '신령 영(靈)' 자에 '멍에 가(駕)' 자를 쓰는데 '업에 묶인 존재'라는 표현입니다. 육신에 집착하고 사는 우리들도 영가라고 할 수 있어요. 전혀 다르지 않습니다.

대중이 떠난 후 무덕 화상께서 예닐곱 명만 남은 법상에 올라서 법문을 하시는 내용입니다. 여러분이 하나의 도리를 이해한다면 술이나 고기나 지전이 진리 실상차원에서 보면 하나라는 것을 아실 겁니다. 육식과 채식 또한 분별하고 보지만 육식이나 채식은 하나에서 나왔으며 한 뿌리에서 나왔으니까 결국 하나라는 얘깁니다. 큰 의미에서 보면 어떤 표현을 해도 '용(用)' 차원에서 보면 다르지 않습니다. 마찬가지로 역사적으로 출현했던 부처님이나 달마 대사나 여러분 또한 다르지 않다는 것입니다. 우리는 하나이며 한 몸 한 뿌리인 것입니다.

무덕 화상이 보았을 때 겉모습만 보고 떠난 대중은 천박한 사람들입니다. 왜냐하면 도를 모르고 있기 때문입니다. 무덕 화상께서는《법화경》에서 '이 대중 가운데는 가지와 잎사귀는 없고 오직 하나의 진실만이 있다'라고 말씀하셨다." 는 법문을 하시고는 법좌에서 내려오셨습니다. 이 우주는 한 몸, 한 뿌리인데 가지나 잎사귀도 모두 하나입니다. 이 부분에 대해 하나의 진실만이 있다고 말씀하고 계십니다.

20. 보름에는 나타나고 그믐에는 숨어버린다

동사 여회(東寺如會)

동사 화상이 앙산 스님에게 물었다.

"그대는 어디 사람인가?"

앙산 스님이 대답했다.

"광남 사람입니다."

"나는 광남(廣南)에 진해명주(鎭海明珠)가 있다고 들었는데 그 소문을 들은 적 있는가?"

"들어본 적 있습니다."

"그 구슬은 어떤 색깔인가?"

"보름에는 나타나고 그믐에는 숨어버립니다."

동사 화상이 말했다.

"어찌하여 노승에게 보여주지 않는가?"

앙산이 두 손을 마주 잡고 앞으로 다가가서 말했다.

"제가 어제 위산에 도착했을 때 위산 선사께서도 역시 제게 그 구슬에 대해 물으셨으나 말로도 바로 대답해 드릴 수가 없었고, 그 이치를 설명할 수도 없었습니다."

해설 ⚮⚮⚮

진해명주(鎭海明珠)란 흙탕물을 맑히는 구슬을 말하는데, 진여실상 자리를 말합니다. 지혜를 상징하는 문수보살이 칼을 든 모습을 보셨을 겁니다. 칼은 반야 즉 지혜를 의미합니다. 우리 의식에서는 마음밖에 대상이 따로 있다고 착각하기 마련입니다. 진여실상, 하나의 마음자리인 반야에서 본다면 모든 대상이 한 순간에 무너집니다. 이것을 칼로 비유한 겁니다. 마찬가지로 명주(밝은 구슬)는 진여실상인 하나의 마음자리를 말합니다. 부처님은 문자 · 언어로 표현할 수 없는 진여실상을 법신불(法身佛)이라고 했습니다. 대부분 불자님들께서는 보통 화신불이나 보신불을 보고 신행생활을 하실 겁니다. 수차 말씀드렸지만 이것은 진정한 불교가 아닙니다.

부처님께서는 법신 차원에서 말씀하신 것이지 형상이나 보이는 부분은 철저히 부정을 하셨는데, 부정한 부분을 우리는 집착하고 있다는 말입니다. 이것은 잘못된 믿음입니다. 하나의 마음자리인 진해명주는 누구든지 다 갖추고 있어요. 볼펜도 하나의 마음자리에서 나왔다고 할 수 있는데, 이 볼펜도 하나의 마음자리와 하나이겠죠. 볼펜이 우주와 하나라는 생각으로 볼펜을 찾는다면 '볼펜 선'이 됩니다. 간화선을 한다면 간화선 하는 그 놈이 우주와 하나가 되면 되는 것이겠죠. 이렇게 최상승 수행법으로 가야 됩니다. 하나의 마음자리에서 모든 것이 나왔기 때문에 하나의 작용 아닌 것이 없다는 얘깁니다.

어떤 분께서 숭산 스님은 콜라를 생각해도 선(禪)이 된다는 말씀을 하셨는데, 이것이 맞냐고 질문을 하셨어요. 그래서 맞다고 대답을 해 드렸습니다. 콜라 역시도 마음의 작용에 의해 나타난 것이거든요. 그렇다면 둘이 아닌 하나입니다. 선을 바르게 이해한다면 크게 의심할 부분은 아닐 것입니다.

"그 구슬은 어떤 색깔인가?"

이 질문은 진여실상 자리를 묻고 있는 겁니다. 점검차원에서 묻는다고 봐야겠습니다. 동사 화상이 앙산 스님이 알고 있는 진해명주라는 진여실상에 대해 선문답으로 확인을 하는 겁니다.

"보름에는 나타나고 그믐에는 숨어버립니다."
"어찌하여 노승에게 보여주지 않는가?"

구슬의 색깔을 묻자 보름에는 나타나고 그믐에는 숨어버린다는 대답을 하셨는데 문자에 끄달려 가면 안됩니다. 본래는 색이 있습니까?

색을 물은 것은 '용'의 차원에서 물었습니다. 보름에는 나타나고 그믐에는 숨어버린다는 표현도 본래마음에서 나온 마음의 작용입니다. '용'에서 물었을 때 '용'에서 대답한다면 하나의 마음에서 나오지 않은 것이 없습니다. 어떤 표현을 해도 '용'에서는 답이 된다는 애깁니다. 이 부분에 대해서는 오직 정진을 통해서 알 수 있는 자리이지 이론적으로 쉽게 와 닿지는 않을 겁니다. 보름이나 그믐이라는 문자를 보면 그 문자에 대해서 생각하게 될 것입니다. 보름이나 그믐이나 모두 마음의 파동입니다. 그래서 하나라고 하는 겁니다. 그렇기 때문에 보여줄 수가 없는 것입니다.

앙산이 두 손을 마주 잡고 앞으로 다가가서 말했다.
"제가 어제 위산에 도착했을 때 위산께서도 역시 제게 그 구슬에 대해 물으셨으나 말로도 바로 대답해 드릴 수가 없었고, 그 이치를 설명할 수도 없었습니다."

진여실상, 하나의 마음자리 차원에서 하신 말씀입니다. 그래서 말로 표현할 수도 없고 설명할 수도 없다는 것입니다.

21. 이 이치는 어떠한가?

원오 극근(圓悟克勤)

원오 근(圓悟勤) 화상이 불감(佛鑑) 선사에게 물었다.

"이 이치는 어떠한가?"

불감 선사가 그때는 아무 말도 하지 않다가 어느 날 문득 원오 화상에게 말했다.

"앙산이 동사 화상을 만났던 인연을 내가 말하리라. 동사에서 당시에 명주 한 알만을 찾았기 때문에 앙산이 당장에 하나의 그릇을 내놓았던 것이다."

원오는 그 말에 깊이 수긍하였다.

해설 ❧❧❧❧

오늘날 조계종의 간화선은 원오 극근 선사를 통해 원오 선사의 제자이신 대혜 종고(大慧宗杲) 선사의 영향을 받았다고 봐야 되겠습니다. 원오 선사는 송나라 때의 스님인데 도인이었습니다. 이 분은 역대 조사 스님들의 선문답을 어디를 가든 설명해주셨다고 합니다. 그때 당시 많은 스님들이 원오 선사가 선문답을 풀이한 것을 외우고 문자반야에 빠졌다고 합니다. 이것은 문자로써 반야를 알고자 한 것입니다. 그때 원오 선사의 제자들이 스승의 참뜻을 모르는 것이 안타까워서 스승이 돌아가신 후 원오 선사가 선문답을 풀이한 것을 엮은 것이 오늘날 《벽암록》입니다. 《벽암록》은 여섯 권으로 묶여져 있는데 1700 공안에 대해서 모두 설명하고 있어요. 풀이한 것을 보면 심지어 욕까지도 나오며 거침없이 풀이를 해 놓으셨습니다. 그러나 대혜 종고 선사는 스승의 참뜻은 모르고 외우기만 하니까 그것은 외우는 것이 아니라 뜻을 깨달아야 한다고 말씀하셨습니다. 그래서 그것들을 수거해서 모두 태워버리고 그 뜻을 스스로 깨달으라고 하신 것이 오늘날 간화선의 화두가 된 겁니다. 이렇게 대혜 선사가 간화선의 체계를 세웠다고 봐야 됩니다. 그때 당시의 시대 상황에 따라서 간화선이 나올 수밖에 없었던 것입니다.

지금 전해지고 있는 《벽암록》을 보면 소각시켰다고 하는데 어떻게 전해졌을까 하고 생각되시겠지만, 어떤 거사님이 나름대로 정리를 해서 세상에 다시 빛을 보게 된 것입니다. 《벽암록》을 보게 되면 선사들의 선문답이 자세하게 설명이 되어 있습니다. 물론 쉽게 이해되지는 않을 것입니다.

원오 화상이 불감 선사에게 물었다.

"이 이치는 어떠한가?"

원오 선사는 앞서 말씀 드린대로 도인스님이었는데, 느닷없이 이치를 물은 것은 진여실상에 대해 물은 것입니다.

불감 선사가 그때는 아무 말도 하지 않다가 어느 날 문득 원오 화상에게 말했다.

"앙산이 동사 화상을 만났던 인연을 내가 말하리라. 동사에서 당시에 명주 한 알만을 찾았기 때문에 앙산이 당장에 하나의 그릇을 내놓았던 것이다."

당시에 불감 선사는 진리실상에 대해서 몰랐습니다. 명주 한 알이란 우리의 본래마음자리를 의미합니다. 앙산이 "당장에 하나의 그릇을 내놓았다"는 말씀은 '하나의 도리를 일러주었다' 는 말입니다. 원오 화상은 그 말에 깊이 수긍하였다는 부분은 이심전심(以心傳心)이라고 할 수가 있습니다.

22. 어떻게 하면 모든 인연을 쉴 수 있는가?

천태 덕소(天台德韶)

천태 덕소 국사는 지자 대사의 후신이다. 15살이 되었을 때 어떤 인도 스님이 그를 보고 출가시켰다. 당나라 동광(同光) 연간에 서주(舒州)로 가서 투자 암주(投子菴主)를 친견한 뒤에 용아 소산(龍牙疎山)을 차례로 친견했다. 이와 같이 하여 무려 54인의 선지식을 두루 참학했지만 모두 다 법의 인연을 맺지 못했다. 임천으로 가서 정혜(淨惠)를 알현했는데, 거기에서는 그저 대중과 함께 지낼 뿐 따로 나아가서 법을 여쭙지는 않았다.

어느 날 한 스님이 법안 화상에게 물었다.

"온종일 어떻게 하면 모든 인연을 쉴 수 있겠습니까?"

법안 화상이 말했다.

"공이 그대와 인연이 되던가, 색이 그대와 인연이 되던가? 공이 인연이 된다고 하면 공은 본래 인연이 없는 것이며, 색이 인연이 된다고 하면 색과 마음은 둘이 아닌 것이다. 그렇다면 과연 날마다 쓰는 것 중에 어떤 물건이 그대와 인연이 되겠는가?"

덕소 국사는 이 대화를 듣고 전율이 일 만큼 기이하게 느꼈다.

해설 ◈◈◈◈

어느 날 한 스님이 법안 화상에게 물었다.

"온종일 어떻게 하면 모든 인연을 쉴 수 있겠습니까?"

이 부분은 모든 수행자들의 발원이라고 할 수 있겠습니다. 어떻게 하면 번뇌 망상이 끊어질까요? 여러분은 어떻게 해야 모든 번뇌를 끊을 수 있다고 생각하십니까? 《직지》 내용에 나오는 선지식들도 마찬가지지만 달마 대사나 임제 스님이나 혜능 스님은 실상을 체험하시고 모든 대상 경계가 끊어졌다고 할 수 있습니다. 이 분들은 당신들이 깨달은 경지에서 말씀을 하고 계십니다. 깨닫고 보니 닦을 것이 없다는 것을 아셨던 겁니다.

돈오돈수(頓悟頓修) 또한 같은 의미입니다. 한번 깨쳐서 둘이 아닌 하나의 소식을 깨닫게 되면 의심할 것도 없고 공부할 것도 없습니다. 그 자리에서는 공부를 한다는 생각을 일으켜도 번뇌입니다. 우리가 그 경지에 가기 위해서는 끊임없는 정진의 끈을 놓아서는 안될 것입니다. 하나의 마음자리에서 본다면 어려운 것은 없습니다. "어떻게 하면 모든 인연을 쉴 수 있겠습니까?" 하는 부분은 그 마음자리에 들어가야 가능한 것입니다. 앉아서 정진을 한다고 해도 온갖 번뇌 망상은 다 일어납니다. 오직, 하나의 경지에 들어갔을 때 모든 인연을 쉴 수가 있습니다.

공이 그대와 인연이 되던가?

'실상과 하나가 되었느냐?' 고 물은 겁니다.

색이 그대와 인연이 되던가?

'아직도 경계에 끄달려 가느냐?' 는 질문입니다.

공이 인연이 된다고 하면 공은 본래 인연이 없는 것이며, 색이 인연이 된다고 하면 색과 마음은 둘이 아닌 것이다.

공(空)은 진여실상, 하나의 마음자리를 의미합니다. 그 자리는 물질이 아니니까 모든 경계가 끊어졌기 때문에 어떤 표현도 할 수 없는 자리입니다. 그 자리에 가면 인연이 없는 것인데, 그 자리에 가기 위해서는 깨달아야만 합니다. 여러분이 공이나 마음이나 색은 무엇인지 혼란스러울 수 있습니다. 공은 물질이 아니며 텅 비었으니까 공이라고 하며 그 자리를 마음이라고 이름붙인 것입니다. 공이나 선(禪)이나 부처님이나 마음이나 똑같은 자리를 표현만 다르게 할 뿐입니다. 공과 마음이 다르다는 생각으로 분별한다면 이해가 안되는 부분이나 마음, 부처님, 공 등의 말은 우주의 근본 실상자리 차원에서 표현하고 있는 용어입니다. 색의 경계에 끄달려서 마음을 안정시키지 못한다면 집착하고 있는 세계가 모두 마음의 파동(波動)이라는 것을 알 수가 있습니다. 마음과 물질은 둘이 아닌 하나입니다. 그렇기 때문에 색과 마음은 둘이 아닌 것입니다.

그렇다면 과연 날마다 쓰는 것 중에 어떤 물건이 그대와 인연이 되겠는가?

일체를 마음으로 본다면 따로 대상이 없는데 어떤 물건이 그대와 인연이 있겠습니까? 덕소 국사는 이 대화를 듣고 마음에 전율을 느끼셨다고 합니다. 15살의 어린 나이에 이렇게 마음에 전율을 느꼈다는 것은 전생에 공부를 많이 하신 분이기 때문에 가능하며, 다시 태어나 불도(佛道)를 만나게 되면 바로 마음에 와닿게 됩니다.

또 다른 어느 날 한 스님이 법안 선사에게 물었다.
"어떤 것이 조원의 물 한 방울입니까?"
법안 선사가 말했다.
"조원의 물 한 방울이 바로 그것이다."
그 스님은 어리둥절해 하였지만 덕소 국사는 법안 화상 곁에 있다가 활연히 크게 깨달았고 평생 동안에 엉기고 막혔던 것이 얼음 녹듯 풀어졌다. 그리하여 깨달은 내용을 법안 선사에게 말씀드리니, 법안 선사가 말하였다.

"그대는 나중에 국왕의 스승이 될 것이요, 나아가 조사가 되어 그 도의 빛이 광대하여 나는 그보다 못하리라."

이로부터 온 세상의 제각기 다른 주장과 고금의 현묘한 관건을 모두 해결하였고 미미한 흔적조차도 남기지 않았다.

해설 ❧❧❧❧

'조원의 물 한 방울'은 육조 혜능 스님의 가풍을 물은 것입니다. 조원(曹源)이란 혜능 스님께서 주석하던 조계산을 말합니다. 혜능 스님께서는 《금강경》과 《육조단경》을 강의하셨습니다. 그런데 주로 《금강경》을 많이 강조하셨습니다. 《금강경》의 핵심은 일원상(一圓相)으로 표현합니다. 통도사 방장을 지내신 월하 스님께서도 일원상을 신도 분들께 많이 그려 주셨다고 합니다. 일원상은 동그라미를 하나 그리는데, 동그라미는 하나의 마음자리를 표현한 것입니다. 그 자리는 어떤 표현도 할 수 없지만 부득이 하나의 자리, 진여실상을 일원상으로 표현한 겁니다. 혜능 스님께서 《금강경》 해설이나 《육조단경》에서 말씀하신 것은 일상삼매와 일행삼매입니다. 일상(一相)은 하나의 자리를 표현한 겁니다. 항상 하나의 마음자리에 두고 한 생각 놓치지 않고 정진하는 것이 핵심입니다. 이것이 혜능 스님의 가풍입니다.

법안 선사가 말했다.

"조원의 물 한 방울이 바로 그것이다."

혜능의 가풍이 바로 물 한 방울이라는 것입니다. 물 한 방울이라는 문자의 뜻을 생각하면 안됩니다. 물 한 방울은 진여실상을 상징합니다. 물 한 방울이 곧 우주와 하나라는 의미입니다.

그 스님은 어리둥절해 하였지만 곁에서 모시고 있던 덕소 국사가 깨달은 내용을 법안 선사에게 말씀드리니, 법안 선사가 말했다.

"그대는 나중에 국왕의 스승이 될 것이요, 나아가 조사가 되어 그 도의 빛이 광대하여 나는 그보다 못하리라."

조사(祖師)가 된다는 것은 하나의 가풍을 이루는 것을 말합니다. 한 종단을 창종할 경우 조사라는 칭호를 쓰기도 하는데 위 내용에서는 부처님의 법맥을 이은 분에게 조사라는 칭호를 씁니다. 같은 도를 깨달았는데도 차이가 나는 것은 수행의 차이입니다. 견성을 해도 초견성이 있고 견성을 토대로 끊임없이 정진하게 되면 본래 갖추고 있는 불성이 소소영영(昭昭靈靈)하게 드러납니다.

이로부터 온 세상의 제각기 다른 주장과 고금의 현묘한 관건을 모두 해결하였고 미미한 흔적조차도 남기지 않았다.

덕소 국사가 법안 선사로부터 인가를 받은 후 다른 스님들이 주장하는 모든 것을 해결했다는 말입니다. 달마 스님도 중국에 오실 때 당시 인도에도 종파가 굉장히 많이 생겼어요. 각 종파의 수장들을 찾아다니며 선문답을 통해서 정도를 설하신 후 마지막 중국으로 오셨던 겁니다. 지금 현재 우리나라의 경우도 많은 종파가 있는데, 진리 차원에서 보면 둘이 아닌데 주장하는 내용은 모두 다릅니다.

예를 들어, 천태종의 경우는 관세음보살님을 주로 모십니다. 여러분도 문자에 속으면 안됩니다. 진여실상 차원에서 관세음보살님을 봐야하는데 실체로 보고 매달리고 있다는 말입니다. 그렇다면 완전히 기복 신앙이 될 것입니다. 마음 밖에 대상이 따로 있으면 불교라고 할 수 없습니다. 일체를 '하나'로 보고 종지를 삼는다고 했을 때 부처님을 바로 보는 것이며, 관세음보살님이나 지장보살님이 따로 있다는 생각으로 신앙을 하신다면 스스로 외도행을 짓는 겁니다. 임제 스님께서는 "관음을 만나면 관음을 죽이라!"는 표현을 쓰셨는데, 관음이라는 것이 따로 있는 것이 아니잖아요. 진여실상 차원에서 모양이 없는 자리에서 '관음'이라는 이름을 붙여놓았을 뿐이에요. 이름에 속지 말며 관음에 집착하지 말라는 말씀입니다. 관음이라는 생각을 갖고 있다면 그 생각은 삿된 생각입니다. 관세음보살님은 우주의 근본실상 '하나' 차원에서 한 몸이니까 자비를 베풀 수 밖에 없는 것입니다. 그렇게 자비 차원에서 관세음보살님이라는 이름을 붙여 놓은 겁니다. 심성이 고운 분들을 흔히 법이 없어도 산다고 하는데, 그 사람의 성품을 보고 이렇게 저렇게 이름이 붙겠죠. 마찬가지로 진여실상의 자리도 이름붙일 수 없는 자리이기에 이러쿵 저러쿵 이름을 붙여 놓았을 뿐입니다. 그러니 문자와 개념에 속으면 안됩니다.

서옹 스님께서 펼치신 '참사람 운동'도《임제록》에 나오는 무위진인(無位眞人)에서 인용해 쓰신 말씀입니다. 무위는 지위가 없는, 경계가 끊어진 하나의 마음자리를 말하며 하나의 마음자리를 쓰고 있는 사람이 참사람[眞人]입니다. 그것이 참다운 부처님의 길로 가는 것이라는 말씀입니다. 부처님께서도 마지막 법문에서 '자등명 법등명(自燈明 法燈明)'을 말씀하셨습니다. 바로 둘이 아닌 하나의 자리를 법이라고 하신 것이며 그 법을 등불로 삼으라고 말씀하셨던 겁니다. 그 법 만나기가 어렵기 때문에 백천만겁난조우(百千萬劫難遭遇)라고 합니다.

어느 날 덕소 국사가 법당에 올라 설법했다.

"영산의 부촉은 분명한 것이었으니, 여러 상좌들은 일시에 체득하라. 만약 체득하면 다시 별다른 이치가 없을 것이니 그저 지금과 같을 뿐이리라. 마치 허공에 떠있는 밝은 해와 어두운 구름, 산하대지와 일체 유위 세계가 모두 다 밝게 나타나는 것과 같을 것이다. 나아가 무위의 법 또한 이와 같을 것이다. 세존께서 가섭 존자에게 부촉하신 이래로 오늘에 이르기까지 또한 털끝만큼이라도 차별이 없었고, 다시 다른 누군가에게 법을 부촉하지도 않으셨다. 그러므로 조사에서 '마음은 본래부터 마음이며, 본래의 마음은 법이 없다. 법이 있고 본래 마음이 있다면 마음도 아니요 본래의 법도 아닌 것이다'라고 말씀하셨으니, 이것이 바로 영산에서 부촉하신 방법이다.

상좌들이여! 철저하게 깨달아야 한다. 국왕의 은혜는 보답하기 어렵고 여러 부처님들의 은혜도 보답하기 어려우며, 부모와 스승의 은혜도 보답하기 어렵고 시주의 은혜도 보답하기 어렵다. 그 은혜에 보답하고자 한다면 도안(道眼)을 밝게 꿰뚫어 바다 같은 반야의 성품에 들어야만 할 것이다. 오랫동안 서있느라 애썼다. 잘들 있어라."

해설 ∞∞∞

영산의 부촉은 분명한 것이었으니, 여러 상좌들은 일시에 체득하라.

부처님께서 영산회상(靈山會上)에서 제자들에게 부촉하신 마지막 법문의 내용이 '자등명 법등명(自燈明 法燈明)' 입니다. 이 부분만 보더라도 부처님께서 말씀하신 불교의 핵심이 무엇인지를 알 수 있습니다. 자신의 마음을 등불로 삼고 부처님께서 설하신 법을 의지하라는 말씀입니다. '자신을 등불로 삼으라' 는 말씀은 자신은 법을 통해서 알 수가 있는 것이며, 하나의 마음자리로 돌아가서 그 법을 의지해야 함을 말합니다.

우리가 지금 하는 삼귀의(三歸依), 거룩한 부처님께 귀의한다고 하는 것은 나의 본래자리로 돌아간다는 얘깁니다. 불교는 내가 부처이며 나의 본래자리로 돌아가는 것이기 때문에 본래자리에 돌아가 의지한다는 말입니다. 본래자리로 돌아가면 그 자리는 마음이기 때문에 모양이 없습니다. 거기서 봤을 때는 우주는 하나의 마음으로 되어있는 자리를 말합니다.

실상(實相) 차원에서 봤을 때는 어떤 표현도 할 수 없기 때문에 진리는 '언어도단 심행처멸(言語道斷 心行處滅)'이라고 합니다. 그 자리를 '법'이라고 하고 진리, 부처 등 이름을 붙이다 보니 불교가 어렵다고 생각하게 되는 겁니다. 진리나 선이나 공이나 똑같은 자리를 표현만 다르게 하고 있을 뿐입니다. 그렇다면《반야심경》의 내용도 다 이해하게끔 되어 있어요. 두려움이 없다는 것은 대상이 모두 끊어졌으니 두려울 존재가 없잖아요. 그 자리에 마음을 두면 언젠가는 본래자리로 돌아간다는 얘깁니다. 그 자리를 말로써 표현하다보니 듣는 분들의 입장에서는 답답한 거죠. 그러나 전혀 답답할 것이 없어요. 하나의 마음, 일심(一心)으로 본다면 어느 경이든 어려울 것이 없습니다.

여러 상좌들은 일시에 체득하라. 만약 체득하면 다시 별다른 이치가 없을 것이니 그저 지금과 같을 뿐이리라.

부처님께서 말씀하신 그 자리를 일시에 느껴보라는 말씀입니다. 그 자리를 우리가 체득했다고 해도 별 다른 것은 아니에요. 한 생각 돌리면 그 자리였거든요. 진리를 체험한다는 것은 결국 한 생각 돌리는 겁니다. 이제까지의 나와 진리에서의 나는 생각에서 조금의 차이만 있을 뿐입니다. 지금까지의 나는 육신을 위주로 살아온 삶입니다. 눈을 뜨고 보면 육신이 아닌 마음에서 보니까 우주가 다 마음으로 된 것으로 보입니다. 그 자리는 없었던 것이 새로 생겨난 자리가 아니라 본래 있었는데 우리가 단지 몰랐을 뿐입니다. 한 생각 돌리면 그 자리이기 때문에 전혀 다른 것이 없고 변하는 것이 아니라는 말입니다. 우리는 '하나'라는 것은 알지만 전혀 쓰지를 못하기 때문에 하나가 되기 위해서 끊임없는 정진이 필요하다는 얘깁니다.

마치 허공에 떠있는 밝은 해와 어두운 구름, 산하대지와 일체 유위 세계가 모두 다 밝게 나타나는 것과 같을 것이다.

유위의 세계는 형상의 세계를 말합니다. 깨달음의 눈을 뜨고 보면 유위의 형상세계가 순간적으로 무너지는 겁니다. 그러나 우리는 무시이래 익혀온 습 때문에 '하나'로 보지 못하고 하나로 쓰지 못합니다. 그러나 눈을 뜨게 되면 태양보다도 더 밝은 세계로 들어가는 겁니다. 태양은 겉모습만 환히 비추지만 마음자리에서 보면 안과 밖이 없는 경지로 들어가는 것입니다. 그렇기 때문에 태양보다도 더 밝은 빛으로 들어가게 됩니다.

나아가 무위의 법 또한 이와 같을 것이다.

무위의 법은 물질을 떠난 하나의 마음, 정신세계를 말합니다. 무위의 법 또한 조금도 다르지 않다는 것입니다.

세존께서 가섭 존자에게 부촉하신 이래로 오늘에 이르기까지 또한 털끝만큼이라도 차별이 없었고, 다시 다른 누군가에게 법을 부촉하지도 않으셨다.

그 하나의 법은 이심전심으로 스승이 깨달은 일심의 세계를 제자가 깨닫게 되면 눈짓만으로도 서로 통하게 됩니다. 가섭에게 부촉하신 하나의 법은 지금까지도 이어져 오고 있다는 얘깁니다. 그것은 서로가 마음과 마음으로 통하는 것이지 그 자리는 부촉하고 전해줄 수도 없습니다. 그렇기 때문에 다른 누군가에게 법을 부촉하지도 않으셨다고 하신 겁니다. 이 도리를 모르는 아난 존자는 25년 동안 부처님을 모셨지만 깨닫지 못했기 때문에 부처님께서 가섭 존자에게 무언가를 전해 주었을 것이라고 생각을 했던 겁니다. 가섭 존자가 아난 존자에게 "문 앞의 찰간(깃발)을 꺾어버리라"고 하신 것은 마음속의 가지가지의 상(相)을 없애라는 말씀입니다. 부처님께서 가섭 존자에게 전한 것은 부처님께서 깨달으신 세계를 가섭 존자도 깨달았기 때문에 마음으로 법이 이어진 것입니다.

오늘날은 선지식을 찾아다니며 인가를 받는 일이 드문 것이 현실입니다. 성철 스님 당시까지만 해도 수좌스님들이 나름대로 체험을 하고 성철 스님께 찾아가서 인가를 받으려고 많은 노력을 하셨다고 합니다. 그러나 성철 스님 자신은 누구에게 인가를 받지는 않으셨어요. 누군가에게 인가를 받았다고 하더라도 내 마음에 아직 탐·진·치가 남아있다면 인가를 받은들 무슨 소용이 있겠습니까? 부처님께서 말씀하신 그런 힘을 내가 쓸 수 있는지는 자기 자신만이 알 수 있는 것입니다.

깨달음의 세계가 따로 있는 것이 아니라 본래 자기 자신에게 돌아가는 일이기 때문에 누구에게 자랑을 하고 인가를 받고 하는 부분은 아니라는 얘깁니다. 토굴수행을 오랫동안 하고 나온 한 스님이 "달마 스님이 9년 동안 소림굴에서 면벽하신 것은 보임수행이 아닌 혜가를 기다렸을 뿐"이라고 한 적이 있습니다. 9년 동안 벽만 바라보고 앉아계신 것을 정진한다고 해야겠습니까? 정진하지 않는다고 해야겠습니까? 분명 수행을 하는 것인데 달마 자신은 수행 한다는 생각 없이 하고 있었어요. 이것이 돈오돈수(頓悟頓修)입니다. 본래자리로 돌아가는 것이기 때문에 수행할 것도 없습니다. 수행 할 것이 더 있다고 생각한다면 아직 본래자리로 돌아가지 못한 겁니다. 과거의 습을 녹이기 위해서 정진을 한다면 돈오점수(頓悟漸修)입니다. 돈오돈수나 돈오점수는 다른 것이 아니며 명칭을 가지고 시시비비할 것이 없습니다.

마음은 본래부터 마음이며, 본래의 마음은 법이 없다.

부처님으로부터 가섭 존자가 법을 받은 후 가섭 존자로부터 조사들에게 법이 계속 이어집니다. 조사께서 말씀하시길 마음은 본래부터 마음이며 본래자리에서는 어떤 이름도 붙일 수 없기 때문에 본래의 마음은 법이 없다고 하는 겁니다. '하나'의 자리를 법이라고 하는데 그 하나에 있어서는 어떤 표현도 할 수 없습니다.

법이 있고 본래 마음이 있다면, 마음도 아니요 본래의 법도 아닌 것이다.

법이니, 마음이니 하는 것은 부득이 이름을 붙여야 되니까 '용' 차원에서 말씀하는 부분이고, '체' 차원에서는 마음도 아니요 본래의 법도 아닌 것입니다. 부처님께서 영축산에서 부촉하신 것은 별도로 전하신 것은 없고 이심전심으로 이어졌습니다. 이것이 영산회상에서 부촉하신 방법이라는 말씀입니다.

그 은혜에 보답하고자 한다면 도안을 밝게 꿰뚫어 바다 같은 반야의 성품에 들어야만 할 것이다.

만약 우리가 수행을 하면서 나라의 은혜나 부모와 스승의 은혜를 따지고 있다면 수행을 제대로 하지 못할 겁니다. 그래서 빨리 정진을 통해 하나의 본래자리에 돌아가면 그 길이 은혜를 갚는 길입니다. 바다 같은 반야의 성품은 하나의 마음자리를 말하는데 그 자리는 물질이 아니기 때문에 어떤 이름도 붙일 수가 없습니다.

23. 그는 이제 내가 아니고,
나는 지금 바로 그 사람이네

설봉 의존(雪峰義存)

설봉 선사가 암두 선사와 예주 오산진에 갔다가 폭설로 길이 막혔다. 암두 선사는 매일 잠만 잤고 설봉 선사는 언제나 좌선을 하였다. 그러던 어느 날 설봉 선사가 암두 선사를 깨웠다.

"사형, 사형! 일어나십시오."

"무슨 일인가?"

"금생에 너무 편히 지내지 마십시오. 문수란 놈과 행각하는 곳마다 다른 이들에게 폐만 끼쳤는데 이번에는 사형과 이곳에 도착했는데 또 잠만 주무시고 계시는구려."

그러자 암두 선사가 꾸짖으며 말했다.

"잠이나 자라. 잠이나 자라. 일곱 집 마을의 토지신처럼 매일 평상 위에 앉아 있더니 다른 날 다른 사람들의 집에 찾아가 남녀들을 홀리겠구나."

설봉 선사가 자기의 가슴을 치면서 말했다.

"저는 마음이 매우 편치 못하고 감히 저 자신을 속일 수도 없습니다."

암두가 말했다.

"나는 그대가 나중에 높은 산봉우리에 암자를 짓고 진리를 크게 펼칠 것으로 여겼는데, 아직도 그런 말을 하는가?"

"그렇지만 저는 마음이 매우 편치 않습니다."

"정말 그렇다면 그대가 깨달은 것을 낱낱이 말해 보라. 내가 그대에게 옳은 곳은 증명해 보이고, 옳지 않은 곳은 다듬어 주겠노라."

설봉 선사가 말했다.

"제가 처음 염관 스님이 계신 곳에 당도하였을 때 염관 스님이 법당에 오르셔서 색과 공의 이치를 말씀하시는 것을 듣고서 도리를 깨달았습니다."

암두가 말했다.

"이로부터 30년 후에라도 절대 문제를 제기하지 말게나."

해설 ❧❧❧

암두 선사는 매일 잠만 잤고 설봉 선사는 언제나 좌선을 하였다.

제가 경험을 해보니 와선(臥禪)을 하게 되면 굉장히 편안함을 느낄 수 있습니다. 잠이 오지 않을까 하고 걱정할 수 있겠지만 모로 누워서 굉장히 빠른 속도로 한 번 해보세요. 한 생각이 성성히 깨어있다면 잠이 오지 않습니다. 위 내용에서도 설봉 선사는 외형적으로 보았을 때 언제나 좌선을 하고 있고 암두 선사는 매일 잠만 자고 있었던 겁니다. 그런데 겉모습만 보고 누워 있다고 해서 잠만 잔다고 생각하면 안됩니다. 수행에 득력(得力)이 되어 있다면 앉아 있건 누워 있건 항상 정진이 됩니다. 그렇게 했을 때 수행 자체가 행복한 겁니다.

성철 스님께서도 경을 굉장히 많이 보셨던 분이셨지만 제자들에게는 경을 보지 못하게 하셨답니다. 선방에서 참선을 할 때도 잠깐 쉬는 시간을 이용해 떠들고 있다면 언제 깨달을 수 있겠느냐고 수좌들을 꾸짖으셨다고 합니다. 깨달음에 원을 세운 수행자라면 해제, 결제가 따로 있을 수가 없어요. 결제 때는 앉아 있다가 해제가 되었을 때 막행막식 한다면 절대로 깨달음을 이룰 수가 없습니다. 수행은 언제 어디서 무엇을 하든 마음 속에서 한 생각 놓지 않는 순간으로 깊이 들어갈 때 깨달음에 이를 수가 있습니다.

"사형, 사형! 일어나십시오."

설봉 스님은 사형인 암두 스님이 누워만 있으니 불안했던 겁니다. 그래서 일어나시라고 깨우는 겁니다.

"금생에 너무 편히 지내지 마십시오. 문수란 놈과 행각하는 곳마다 다른 이들에게 폐만 끼쳤는데 이번에는 사형님과 이곳에 도착했는데 또 잠만 주무시고 계시는구려.

문수는 지혜를 상징하는데, 지혜는 본래 실상, 진여당체에서 나옵니다.

암두가 꾸짖으며 말했다. "잠이나 자라. 잠이나 자라."

잠이나 자라는 말씀은 부지런히 정진하라는 뜻입니다. 잔다는 것은 그 순간 모든 것을 놓는 것입니다. 당신이 자고 있는 것으로만 알고 일어나라고 깨웠는데, 너나 좌선이니 뭐니 다 놓으라고 하시는 겁니다. 바로 '하나'에 마음을 두고 있는 정진을 의미합니다. 이러한 정진에는 좌선을 하고 안 하고 하는 분별이 없습니다.

일곱 집 마을의 토지신처럼 매일 평상 위에 앉아 있더니 다른 날 다른 사람들의 집에 찾아가 남녀들을 홀리겠구나.

《약찬게》에 보면 신중(神衆)에는 토지신이나 목신이나 화장신, 주성신 등 많은 신이 있습니다. 여러분은 신이 있는 것이냐 없는 것이냐 어떻게 생각하십니까? 여기에 나오는 신(神)은 유교에서 쓰는 말이라고 보는데, 불교에서는 신이라는 말을 쓰지 않습니다. 불교에서는 신이라는 말을 써도 '몸 신(身)' 자를 씁니다. 토지신은 흙을 말하는데 흙은 생명을 의미합니다. 나무나 풀 또한 생명입니다. 겉만 보고 무정물이라고 하지만 모두 생명으로 가득 차 있어요. 이렇게 큰 의미로 접근한다면 신 아닌 것이 없어요. 그래서 범신론사상으로 기독교에서는 이 우주를 하나의 신으로 본 것이고 불교는 하나의 마음으로 본 겁니다. 유교에서는 '귀신 신'자를 써서 신으로 본 겁니다. 생명 아닌 것이 없는 겁니다.

석가모니부처님은 열두 살 어린 나이에 들에 나가 일을 하다가 죽은 벌레를 보고 번민에 빠지셨다고 하는데 부처님께서는 전생에 수행을 많이 하셨기 때문에 종교성이 바뀌어 있던 분이셨습니다. 우리는 어린 시절 개구리나 물고기를 돌로 쳐서 죽인 경험들도 많이 있을 것입니다. 이런 부분은 큰 견해 차이입니다. 어떻게 실상을 보느냐에 따라서 생각이나 행동이 달라질 수밖에 없습니다. 지금 우리가 사는 이 공간도 생명으로 가득 차 있어요. 이것을 생명으로 볼 것인가 신으로 볼 것인가가 관건인데, 불자님들은 신으로 보면 안된다는 겁니다. "매일 평상 위에 앉아 있더니 다른 날 다른 사람들의 집에 찾아가 남녀들을 홀리겠구나." 하는 말씀은 우리가 앉아 있는 것만이 수행이라고 한다면 남을 속이는 일이며 자기 자신조차도 속이는 일입니다. 수행 자체를 남을 의식해서 한다면 그것은 수행이라고 할 수가 없어요. 암두 스님은 이미 모든 형식과 시공을 초월해 있는 상태입니다.

설봉 선사가 말했다.

"제가 처음 염관 스님이 계신 곳에 당도하였을 때 염관 스님이 법당에 오르셔서 색과 공의 이치를 말씀하시는 것을 듣고서 도리를 깨달았습니다."

색과 공의 이치를 듣고 실상을 깨달았다는 말입니다. 색은 물질의 세계를 말합니다. 색이 공한 도리를 깨달았다는 겁니다. 우리가 이론적으로는 색이 공이라고 이해한다고 해도 현실에서는 도저히 잘 실감이 나지 않고 그 도리를 잘 쓸 수도 없을 것입니다.

암두가 말했다. "이로부터 30년 후에라도 절대 문제를 제기하지 말게나."

깨달았다면 깨달은 도리에 대해서 30년 후에라도 문제를 제기하지 말라고 하십니다. 색과 공의 이치를 깨달은 것에 대해서 잊지 말라는 말씀입니다. 이것은 이론으로 알 수 있는 것이 아니라 내가 직접 수행을 통해 체험을 했을 때 내 것이 되기 때문입니다.

또 설봉 선사가 동산 선사의 게송을 인용했다.

절대 남을 따라서 찾지 말아야 하니
나와는 아득하게 멀기 때문이네.
나 이제 홀로 가려 하니
곳곳에서 그 사람을 만나리라.

그 사람은 이제 내가 아니고
나는 지금 바로 그 사람이네.
이렇게 알아야만

여여함에 계합하리라.

이에 대해 암두 선사가 말했다.

"그와 같이만 알고 있다면 자기 자신도 구제하지 못하게 될 것이네."

해설 ∞∞∞

절대 남을 따라서 찾지 말아야 하니, 나와는 아득하게 멀기 때문이네.

수처작주(隨處作主: 어느 곳에서든지 주인이 되라.)라는 말을 들어 보셨을 겁니다. 이미 색을 통해서 공의 이치를 깨달았다면 대상이 모두 끊어져서 나 아닌 것이 없는 거예요. 하나의 마음으로 된 자리이기 때문에 분별이 다 끊어진 겁니다. 무아(無我)라는 뜻도 나가 없다는 것이 아니라 보고 듣고 있는 나는 있지만, 나라고 할 수 있는 것은 아무 것도 없다는 것입니다. 모두 공한 것이며 물질이 아니라 마음으로 된 자리이기 때문에 나눌 수도 없어요. 그러니까 하나라고 하는 겁니다. '하나'라는 이치는 무아 차원에서 말하는 나가 없는 자리가 아니라, 나[열반경의 대아 · 大我]가 있는 자리이며 나라고 할 수 있는 것은 아무 것도 없다는 차원인 하나의 마음자리를 말합니다. 하나의 마음자리를 통해서 나타난 현상계 또한 나 아닌 것이 없다는 얘깁니다. 불교적 차원에서는 나 아닌 것이 없어요. 어디를 가든지 주인공이 되어야 됩니다.

마음 밖에 대상이 따로 있다면 그것은 사실이 아니며 사실이 아닌 것을 쫓는 것을 마음 밖에서 구한다고 해서 달마 스님께서도 외도(外道)라고 하셨습니다. 여러분이 관세음보살이나 지장보살을 찾아도 찾는 그 놈은 나 아닌 것이 없어요. 그렇게 찾을 때 정도로 가는 것이며 마음 밖에 있다고 생각하면 외도가 되는 겁니다. 그것은 불교가 아닙니다. 불교는 알고 보면 쉬운 공부예요. 과거로부터 우리가 나라는 것에 집착해서 살아온 습 때문에 멀게 느껴지는 것이지 밥 먹고 잠자고 나 하고 항상 같이 있었던 거예요. 만약에 마음 밖에 대상을 두고 있다면 나와는 아득하게 멀며 진정한 내가 아니라는 말씀입니다.

나 이제 홀로 가려 하니, 곳곳에서 그 사람을 만나리라.

홀로는 하나라는 뜻입니다. 하나의 행을 하겠다는 말은 우주를 하나로 보고 간다는 얘깁니다. 곳곳에 나 아닌 게 없다는 말입니다.

그 사람은 이제 내가 아니고, 나는 지금 바로 그 사람이네.

그 사람이라고 생각한다면 이미 내가 아니라는 말입니다. 왜냐하면 그 사람이라는 것은 대상이기 때문입니다. 모든 대상이 나라는 얘깁니다.

이렇게 알아야만 여여함에 계합하리라.

여여(如如)함은 '같을 여(如)' 자를 두 번 씁니다. 결국 하나라는 애기죠. 본래 우주와 내가 하나인데 여여라고 한 것은 확실하게 우주와 내가 하나가 된 것을 의미합니다.

암두가 말했다. "그와 같이만 알고 있다면 자기 자신도 구제하지 못하게 될 것이네."

대상이 나라는 생각만 해도 이미 진리하고는 어긋난다는 말입니다. 왜냐하면 진리인 실상에 있어서는 물질이 아니기 때문에 어떤 문자와 언어도 붙일 수가 없습니다. '나다, 너다' 하는 생각조차도 모두 끊어져야 됩니다. 어떤 생각을 일으켜도 이미 번뇌입니다. 하나의 마음자리를 말하지만 그 자리는 물질이 아니기 때문에 진여실상 자리에 있어서는 언어도단입니다. 문자나 언어로 표현 할 수 없는 그 자리로 뛰어넘어 들어가는 것을 피안(彼岸)이라고 하고, 이분법 사고를 쓰고 사는 세계를 차안(此岸)이라고 합니다. 실상은 입을 떼면 그르치기 때문에 이런 표현을 하기도 합니다.

설봉 선사가 말했다.
"제가 훗날에 덕산 스님에게 '대대로 이어 내려온 종승(宗乘: 깨달음의 극치)의 일에 관해서 저에게도 배울 자격이 있겠습니까?' 하고 여쭈니, 덕산께서 방망이로 한 대 때리시면서 '뭐라 하였는가?' 하고 대답하셨는데, 그때 활연히 통 밑이 쑥 빠지는 것과 같았습니다."

암두 선사가 큰 소리로 꾸짖으며 말했다.

"그대는 '문으로 들어오는 사람은 집안의 보물이 아니다'라고 하신 말씀을 듣지도 못하였소?"

설봉 선사가 물었다.

"그 후에는 어떻게 해야 하겠습니까?"

암두 선사가 대답했다.

"참으로 잘 물었소. 그 후에 위대한 가르침을 널리 펼치고자 한다면 하나같이 자신의 가슴에서 흘러나온 것을 가지고서야 나와 더불어 천지를 덮을 수 있을 것이오."

설봉 선사는 이 말을 듣는 순간 크게 깨닫고 일어나 절을 올린 뒤에 말했다.

"오늘에야 오산(鰲山)에서 도를 성취하였습니다."

해설 ∾⧫∾⧫∾

불자님들 가운데도 질문을 많이 하시는 분들이 있어요. 이런 분들은 질문을 통해서 발전이 있게 됩니다. 《직지》의 내용은 처음부터 끝까지 똑같은 말씀을 하고 있는 거예요. 왜냐하면 실상의 세계란 누구나 똑같은 세계를 깨닫는 것이지 깨달은 자리가 모두 다를 수는 없습니다. 《직지》를 처음부터 끝까지 공부를 하신다면 《반야심경》을 독경하더라도 내용을 다 이해하실 수가 있을 겁니다. 《반야심경》만 제대로 이해한다면 어떤 경이라도 이해하실 수가 있습니다.

설봉 선사가 말했다.

"제가 훗날에 덕산 스님에게 '대대로 이어 내려온 종승의 일에 관해서 저에게도 배울 자격이 있겠습니까?' 하고 여쭈니, 덕산 스님께서 방망이로 한 대 때리시면서 '뭐라 하였는가?' 하고 대답하셨는데, 그때 활연히 통 밑이 쏙 빠지는 것과 같았습니다."

덕산 스님께서는 누구든지 와서 법을 물으면 방망이를 휘두르셨다고 합니다. 때린다는 것은 방편을 쓰는 겁니다. 진리의 실상은 입을 떼면 그르치는 자리인데 그 자리를 묻고자 왔어요. "불교의 적적대의(的的大義)가 무엇입니까?" 하고 묻는다면 본래자리를 묻고 있는 겁니다. 질문에 답을 해주기는 해야 되는데 본래자리는 입을 뗄 수 없으니까 주장자로 내려치는 겁니다. 질문에 맞는 답을 제대로 한 것인데, 상대가 알아듣지를 못할 뿐입니다. '왜 때렸을까?' 하는 의심을 유도해 낸 겁니다. 이 방법은 아무나 쓰는 것이 아니라 선지식만이 수행자를 제도하기 위해 쓸 수 있는 방편입니다.

"그때 활연히 통 밑이 쏙 빠지는 것과 같았습니다."는 말씀에 대해 깨친 것인가 하고 생각할 수 있을 겁니다. 가끔 큰스님들한테 법문을 듣다가 순간적으로 확 와 닿는 경우가 있어요. 이런 경우 깨쳤다고 생각하면 안됩니다. 제 경우도 행자시절에 문득 산을 바라보다가 죽은 나무, 병든 나무, 옆으로 휜 나무 등 여러 가지 다양한 모양을 하고 있는 나무를 보고 인간들이나 자연이나 똑같구나 하고 크게 느꼈던 것이 있었어요. 그 후에는 전보다 더 열심히 궂은일도 마다하지 않고 열심히 수행해야겠다는 발심을 일으키게 된 계기가 되었는데, 그때 당시에 저는 그것이 깨친 것이라고 생각을 했었습니다. 하지만 훗날 공부를 더 해보니 그것은 깨친 것이 아니었음을 알게 되었습니다. 깨치는 순간은 마음의 문이 확 열려서 삼라만상의 모양이 없는 자리를 순간적으로 느끼는 겁니다. 다만 깨치지 못했을 때는 본래 있던 것을 모르고 있었을 뿐이에요. 한 생각 돌리고 나니까 보고 듣고 있는 놈이 바로 나였어요. 그 순간 답답한 부분들도 모두 풀려나가는 겁니다. 우리가 부처님 법에 인연이 되었다면 열심히 정진을 해서 이런 체험을 해보아야 할 것입니다. 중국 같은 경우는 재가자 분들 중에 눈을 뜨신 분이 상당히 많았다고 합니다.

암두가 큰 소리로 꾸짖으며 말했다.
"그대는 '문으로 들어오는 사람은 집안의 보물이 아니다'라고 하신 말씀을 듣지도 못하였소?"

문이 없어야 됩니다. 진리에는 안과 밖이 없기 때문에 문이 없습니다. 한마음으로 된 자리는 안과 밖이 없고 모든 경계가 다 끊어진 자리입니다. 돈오(頓悟)라는 것은 스스로 진여실상을 깨달았다는 말인데 법문을 듣다가도 스스로 눈이 열리는 경우도 많이 있습니다. 그러나 법문을 듣는 것으로 그치는 것이 아니라 법문을 들으면서도 항상 마음속에 의심이 있다면 가능합니다. 성철 스님께서도 "법문을 들으면서도 항상 한 생각 놓치지 말아야 한다"고 하셨습니다. 그렇게 했을 때 눈을 뜰 수 있는 것입니다.

"위대한 가르침을 널리 펼치고자 한다면 하나같이 자신의 가슴에서 흘러나온 것을 가지고서야 나와 더불어 천지를 덮을 수 있을 것이다."

가슴으로 흘러나온 것이란 결국 마음에서 스스로 실상에 눈을 떠야 된다는 애깁니다. 눈을 뜨는 순간 삼라만상이 하나라는 것을 알게 됩니다.

설봉 선사는 이 말을 듣는 순간 크게 깨닫고 일어나 절을 올린 뒤에 연달아서 말했다. "오늘에야 오산에서 도를 성취하였습니다."

설봉 선사는 항상 공부의 자세가 되어 있던 거예요. 그래서 공부를 하면서 궁금한 부분에 대해 질문을 했던 겁니다. 공부를 열심히 하시는 분들은 의심난 부분에 대해서 질문을 하게 되어 있어요. 이렇게 했을 때 큰 발전이 있게 됩니다.

설봉과 암두, 흠산 세 스님이 소상강에서 강남으로 들어가 신오산(新吳山) 아래에 이르렀다. 흠산 스님이 시냇가에서 발을 씻다가 채소 잎 하나를 발견하고서 기뻐하며 두 사람에게 말했다.
"이 산에는 반드시 도인이 살고 있을 것이오. 물을 따라 내려가서 그분을 만나 뵈어야겠소."

이에 설봉 스님이 화를 내면서 말했다.

"그대는 지혜의 눈이 그토록 흐리니 훗날 어떻게 사람을 판별할 수 있겠소? 그대가 이처럼 복을 아끼지 않으니 산 속에 머무는 것이 무슨 이익이 있겠소?"

해설 ✕✕✕✕

세 분이 산속을 가게 되었는데, 개울가에 배춧잎 하나가 떠내려 왔던 겁니다. 이것을 보고 한 분이 이곳에 도인이 살고 있을 것이라고 하시자, 설봉 선사가 이 분을 꾸짖습니다. 설봉 선사께서는 '배춧잎 하나를 아끼지 않으니 산속에 머무는 것이 무슨 이익이 있겠느냐'고 말씀하셨던 겁니다. 이렇게 꾸짖고 있는데 어떤 스님이 맨발로 배춧잎을 따라서 내려오고 있었다고 합니다. 내용에는 나오지 않지만 세 분이 노인을 따라가서 공부를 했다고 합니다.

옛 스님들께서는 음식에 대한 소중함을 뼛속 깊이 사무치도록 가르치셨습니다. 오늘날 보면 배가 부르기 때문에 음식의 소중함을 모를 겁니다. 세속에 사시는 분들은 한 끼를 안 먹으면 큰일이라도 나는 것처럼 생각하시는 분들이 많은데, 부처님께서도 한 끼를 안 먹으면 안 먹은 것만큼 복이 쌓인다고 말씀하셨습니다. 음식을 버리게 되면 버린 만큼 다음 생에 복이 감해진다는 겁니다. 오늘날에도 지구촌 어딘가에는 하루에 한 끼도 못 먹는 사람들이 많이 있다고 합니다. 그러니까 여러분들도 음식을 소중하게 생각해야 될 것입니다.

어떤 스님이 산속에 암자를 짓고 여러 해 동안 머리도 깎지 않고 살고 있었는데 그가 직접 나무 표주박 하나를 만들어 개울가에서 물을 떠 마시고 있을 때 다른 어떤 스님이 그를 보고서 물었다.

"어떤 것이 조사께서 서쪽에서 오신 뜻이오?"

암주가 표주박 자루를 세우면서 대답했다.

"개울이 깊으면 표주박 자루도 길다오."

이에 질문을 한 스님이 그 내용을 설봉 선사에게 돌아와서 전하자 선사가 말했다.

"참으로 기이하다. 참으로 기이하다."

해설 ❧❧❧❧

어떤 스님이 산속에 암자를 짓고 머리를 깎지 않고 살았다고 합니다. 도인들 같은 경우 이렇게 산속에서 나오지 않고 사는 분들이 적잖이 있다고 합니다. 직접 표주박 하나를 만들어 개울가에서 물을 떠 마시고 있을 때 다른 어떤 스님이 "어떤 것이 조사께서 서쪽에서 오신 뜻이오?" 하고 물었습니다. '달마 스님이 서쪽에서 오신 뜻이 무엇인가?' 하고 물은 것입니다. 그러자 표주박 자루를 세우면서 "개울이 깊으면 표주박 자루도 길다오."라고 대답하셨습니다.

이 질문은 문구에 끄달려가면 절대 답을 할 수가 없을 겁니다. 질문을 하는 요지가 '체'에서 묻는 건지 '용'에서 묻는 건지를 정확하게 판단하셔야 됩니다. '달마 스님께서 서쪽에서 오신 뜻이 무엇이냐?'는 질문은 '용'에서 묻고 있는 겁니다. 사실 달마 스님은 오고 가지도 않았어요. 오고 가지도 않았는데 오신 뜻이 무엇이냐고 물었습니다. 그래서 '용' 차원에서 물은 겁니다. 진리의 실상에 있어서는 어떤 표현도할 수 없지만 표현할 수 없는 자리에서 나타난 현상계는 모두 하나라고 했습니다. 하나이기 때문에 어떤 표현도 마음의 작용에 의해서 나타나지 않는 게 없는 겁니다. "개울이 깊으면 표주박 자루도 길다"는 대답은 '용' 차원에서 물은 부분에 대해 '용'으로 대답하신 겁니다. '용' 차원은 어떤 표현을 해도 하나의 마음에서 나왔기 때문에 하나입니다. 우리가 눈을 깜박이고 말을 하는 것도 마음의 작용 아닌 것이 없어요. 시계나 요령도 하나의 마음에서 나왔기 때문에 '용'에서는 시계나 요령이라는 대답도 답이 되는 겁니다.

운문 스님께서도 "불교의 대의가 무엇이냐?"고 물었을 때 "마른 똥막대기"라고 답을 하셨습니다. 마른 똥 막대기와 진리는 하나라는 얘깁니다. 이름에 속지 말고 문자에 속지 말고 형상에 속지 말라는 소립니다. '하나'라는 답을 놓고 보면 모두 답이 되는 것인데, 사람들은 문자를 보고 생각을 하거든요. 물이 깊은 것도 없고 표주박 자루가 길다는 것도 없으며 단지 이름일 뿐입니다. 우리는 이름에 자꾸 속기 때문에 깨달음의 세계에 대해서 쉽게 이해를 하지 못하는 겁니다.

질문을 한 스님이 그 내용을 설봉 선사에게 돌아와서 전하자 선사가말했다. "참으로 기이하다. 참으로 기이하다."

질문을 한 스님이 이해를 못하고 설봉 선사에게 말씀을 드리자 "참으로 기이하다. 참으로 기이하다."라고 하셨어요. 왜 이렇게 말씀하셨을까요? 머리도 깎지 않은 속인이 이런 말을 하는 것에 대해서 참으로 기이하다고 하신 겁니다.

어느 날 설봉 선사가 시자에게 머리 깎는 칼을 들려서 가다가 문득 그 스님을 만나 말했다.
"말을 잘 하면 그대의 머리를 깎지 않으리라."
그러자 암주인 그 스님이 얼른 머리를 감고 선사 앞에 꿇어앉았다. 이에 설봉 선사는 그의 머리를 깎아 주었다.

해설 ⚜⚜⚜

설봉 선사가 진리를 잘 표현하면 머리를 깎지 않겠다고 하시자 암주(庵主)인 그 스님이 얼른 머리를 감고 선사 앞에 꿇어앉았습니다. 이것은 진리를 말없이 잘 표현한 부분입니다.

24. 진흙소가 바다로 들어간 도리

장로(長蘆) 화상

    장로 화상이 이 이야기와 더불어 동산 스님이 행각했을 때의 일을 예로 들어서 말했다.

    "동산 스님이 한 암주에게 '어떤 도리를 보아서 이 산에서 머무는 것인가?' 하고 묻자, 그 암주는 '저는 두 마리 진흙소가 싸우면서 바다로 들어가는 것을 보았는데 아직까지도 아무 소식이 없습니다.' 하고 대답했다."

    이에 장로 화상은 말했다.

    "여러분 가문을 잘 만들어내는 것은 저 동산 스님의 말씀이고, 옛부터 이어온 참 가풍은 모름지기 설봉의 암주로다."

해설 ❦❦❦

동산 스님이 행각했을 때의 일을 예로 들어서 법문한 부분입니다.

동산 스님이 한 암주에게 "어떤 도리를 보아서 이 산에서 머무는 것인가?" 하고 물었습니다. 암주(庵主)는 산내에 있는 사찰을 지키는 주인을 말합니다. 동산 스님이 암주에게 "어떤 도리를 보아서 이 산에서 머무는 것인가?" 하는 질문은 '용' 차원에서 물은 겁니다. 본래 '체' 차원에서는 어떤 도리를 보는 것도 머무는 것도 없습니다.

그러자 그 암주는 "저는 두 마리 진흙소가 싸우면서 바다로 들어가는 것을 보았는데 아직까지도 아무 소식이 없습니다." 라고 '용' 차원에서 대답했습니다. 하나의 진여실상에서 마음의 작용에 따라 나타난 현상계는 어떤 표현을 하던지 마음에서 나온 겁니다. '두 마리 진흙소가 싸우면서 바다로 들어가는 것이 무얼까?' 하고 문자에 끄달려가면 안됩니다. 선문답을 동문서답이라고 하는 이유도 이런 경우를 말합니다. '용'에서 물은 부분은 어떤 표현을 해도 답이 됩니다. 우리가 안과 밖이 없는 하나의 도리를 체험하게 되면 이 도리를 알게 됩니다. '두 마리 진흙소가 싸우면서 바다로 들어갔는데 지금까지 왜 아무 소식이 없을까?' 하고 의심이 생긴다면 화두가 될 수는 있습니다.

이에 대해서 장로 화상이 말하길 "여러분 가문을 잘 만들어내는 것은 저 동산 스님의 말씀이고, 옛부터 이어온 참 가풍은 모름지기 설봉의 암주로다." 라고 하셨습니다. 가문이란 가풍(家風)을 말합니다. 동산 스님께서 암주에게 질문한 내용을 볼 때 그 분은 이미 경지에 오르신 분입니다. 때문에 가문을 잘 이은 분을 암주로 표현하셨습니다. 옛부터 이어온 참 가풍은 모름지기 설봉의 암주라고 하신 것은 가풍을 잘

이었다는 말씀입니다. 바로 이심전심이 된 겁니다. 가풍을 이었다는 것은 '법의 등불[慧命]'을 이었음을 말합니다.

25. 눈에 보이는 모든 것이 깨달음이다

설봉(雪峯) 화상

어떤 스님이 설봉 스님에게 물었다.
"어떤 것이 촉목보리(觸目菩提)입니까?"
설봉 스님이 대답했다.
"그럼 등롱(燈籠)은 보았소?"

해설 ❧❧❧❧

　'촉목보리'란 눈에 보이는 모든 것이 보리(菩提: 깨달음)라는 말입니다. 어떤 스님이 '눈에 보이는 대상 중 어떤 것이 부처입니까?' 하고 설봉 스님께 물은 겁니다. 그러자 설봉 스님이 "그럼 등롱은 보았소?" 하고 다시 물으셨습니다. 등롱(燈籠)은 법당 앞에 놓인 밝은 석등처럼 밝은 등불 같은 것을 말하는데, '네 불성을 보았느냐?'는 질문입니다. 이것도 일종의 공안입니다.

26. 영원히 무너지지 않는 '이것'

대수 법진(大隨法眞)

어떤 스님이 대수 법진 선사에게 물었다.

"겁화(劫火)가 활활 타올라서 삼천대천세계가 모두 무너질 것이라 하였는데, 이것도 무너집니까?"

선사가 대답했다.

"무너질 것이다."

"그렇다면 저것을 따라야겠습니다."

"저것을 따라가라."

그 스님이 다시 수산주(修山主)에게 가서 똑같은 질문을 하자 수산주가 대답했다.

"무너지지 않을 것이다."

"어찌하여 무너지지 않겠습니까?"

"삼천대천과 같기 때문이다."

해설 ✖✖✖✖

똑같은 질문인데 답이 서로 달랐습니다. 이 부분도 공안을 그대로 인용한 겁니다. 《전등록》을 보면 1700 공안이 나와 있습니다. 그 공안 가운데 중요한 화두들이 《벽암록》에 실려있는데, 위 내용은 《벽암록》에 나오는 내용을 실은 문답니다.

겁화(劫火)란 세상이 파멸할 때 일어난다고 하는 큰불을 말합니다. '겁'은 시간을 말하고 '화'는 욕심이나 이기심을 상징합니다. 모든 생명체는 본능적으로 살려고 하는 욕망을 가지고 있습니다. 우리는 느끼지 못하지만 나무들도 햇빛을 먼저 보려고 서로 싸움을 벌이고 있어요. 세월은 인간들의 이기심으로 인해 변하고 성주괴공(成住壞空)의 4주기를 반복하는데 한번 만들어진 것은 시간에 따라 변화해서 언젠가는 없어짐을 말합니다.

이 우주 삼라만상도 결국 성주괴공의 네 가지 원칙에 따라 생멸을 피할 수는 없어요. 우리도 피부로 느끼고 있지만 지금 지구에 지각 변동이 일어나고 있잖아요. 지구는 수없이 많은 세월을 변화에 의해서 요동을 친다는 애깁니다. 인간들은 지구에 붙어사는 것인데 우리는 오늘날 환경파괴로 인해 지구를 갉아 먹고 있어요. 이렇게 되면 지구는 망가지게 되어있습니다. 인간의 이기심으로 인해서 환경파괴가 되면 지구도 생명체이기 때문에 지구의 건강한 흐름이 깨지는 것입니다. 지구에 큰 변화가 오게 되면 그 영향이 육욕천(六欲天)까지 미친다고 합니다. 육욕천은 욕계(慾界)에 속한 여섯 하늘로 사천왕천(四天王天), 야마천(夜摩天), 도리천(利天), 도솔천(兜率天), 낙변화천(樂變化天), 타화자재천(他化自在天)을 말합니다. 결국 '겁화' 는 형상으로 이루어진 모든 존재는 시시각각 변하는 것이기 때문에 언젠가는 무너짐을 상징하는 말입니다.

"이것도 무너집니까?" 하는 질문은 대상이 있는 '용' 차원에서 묻고 있는 겁니다. 그러자 선사가 대답하길 "무너질 것이다." 라고 하셨습니다. 왜냐하면 이것이라는 생각이 있었기 때문입니다. 본래 실상은 어떤 지칭도 할 수가 없어요. 그런데 '이것' 이라는 대상을 지칭했으니까 '이것' 이라는 것도 무너질 것이라 답한 것입니다. 질문한 분이 참뜻을 모르고 "그렇다면 저것을 따라야겠습니다." 하자 "저것을 따라가라." 고 하신 겁니다.

그 스님이 다시 수산주에게 가서 똑같은 질문을 하자 "무너지지 않을 것이다." 라고 하셨습니다. 이 대답은 일체를 하나로 보고 '체' 의 입장에서 답을 한 겁니다. '체' 는 마음으로 된 자리이며 물질이 아닌 세계이기 때문에 절대 무너질 수가 없습니다. "어찌하여 무너지지 않겠습니까?" 라고 다시 질문을 했습니다. 그러자 수산주가 "삼천대천과 같기 때문이다." 라고 하셨습니다. 삼천대천과 같다는 것은 일체가 하나이기 때문입니다. 나눌 수 없는 그 자리를 '하나' 라고 하고 일원상으로도 표현합니다.

지금 우리는 육안의 눈을 가지고 살기 때문에 대상을 경계로 삼고 살아갑니다. 그렇다면 마음을 깨달은 분들은 무엇을 깨달은 겁니까? 바로 실상을 깨달은 것입니다. 내 본래 자리를 깨닫고 마음에서 비춰보니까 경계와 대상이 모두 마음이라는 뜻입니다. 일체의 존재는 시간적으로 변하는 것이기 때문에 사실이 아니며 텅 비었다고 말합니다. 진여실상 자리는 있다, 없다, 입을 떼면 그르치는 자리입니다. 부처님께서 "나는 법을 한번도 설한 적이 없다"고 하신 것은 그 자리는 어떤 표현도 할 수 없기 때문에 부처님 역시도 말로 표현할 수 없었기 때문입니다. 그 자리를 '체'라고 하고 모양이 없는 자리에서 인연 따라 작용에 의해서 나온 현상계는 '용'으로 보는 것입니다.

어떤 스님이 대수 법진 선사에게 물었다.

"대수산(大隨山) 속에도 부처님 법이 있습니까?"

선사가 대답하였다.

"있지."

"어떤 것이 대수산 속에 있는 부처님 법입니까?"

"큰 돌은 크고, 작은 돌은 작으니라."

【백운 화상 주】 ━━━

마치 "긴 것은 긴 법신(法身)이고 짧은 것은 짧은 법신이다"라고 말한 것과 같다. 또한 "가파른 언덕을 무너뜨리면 본래의 진실[本眞]을 잃게 되고 그 나머지는 나그네의 눈앞의 티끌에 지나지 않게 되니 바라건대 그대들은 이를 타산지석으로 여겨서 스스로의 법신만을 공부하는 데에 허비하지 말라"는 말과 같다.

해설 ✖✦✧✦

어떤 스님이 대수 법진 선사에게 "대수산속에도 부처님 법이 있습니까?" 하고 물은 것은 '용' 차원에서 물은 겁니다. '용'에서 물었기 때문에 "있소"라고 했습니다. 그렇다면 "어떤 것이 대수산 속에 있는 부처님 법입니까?" 하고 물으니 "큰 돌은 크고, 작은 돌은 작으니라" 하고 답하셨습니다. 여러분들이 큰 돌은 크고 작은 돌은 작다는 문자에 끄달려가면 안됩니다. 큰 돌이든 작은 돌이든 이름만 그렇게 붙여놓은 겁니다. 《법성게》에 나오는 '무명무상 절일체(無名無相絶一切)'라는 말은 이름도 없고 형상이 모두 끊어진 실상자리를 말하는 겁니다. 우리가 이름에 속고 형상에 끄달린다면 중생 놀음을 벗어나지 못합니다. 큰 돌은 크고, 작은 돌은 작은 돌 그대로가 실상을 그대로 드러내고 있다는 소식입니다.

27. 비구니는 원래 여인이 그리 된 것이다

지통(智通) 선사

지통 선사가 귀종(歸宗) 선사 아래에 있었을 때이다. 어느 날 밤 승당을 돌면서 갑자기 고함쳤다.

"나는 크게 깨달았다!"

이 소리를 듣고 대중이 모두 놀랐다.

다음 날, 귀종 선사가 법당에 올라 대중에게 물었다.

"어젯밤에 크게 깨달았다고 소리친 스님은 나오너라."

지통 선사가 앞으로 나서며 말했다.

"접니다."

귀종 선사가 물었다.

"그대는 어떤 도리를 보았기에 크게 깨달았다고 하였는가?"

"비구니 스님은 원래 여인이 그리 된 것입니다."

해설 ✖✖✖✖

금당은 부처님이 모셔져 있는 곳, 법당은 법을 설하는 곳, 승당은 스님들이 공부하는 공간을 말합니다. 지통 선사가 귀종 선사 아래에 있던 어느 날 밤 승당을 돌면서 갑자기 "나는 크게 깨달았다!" 하고 외치고 다녔던 겁니다. 사실 깨달은 분은 자신이 깨달았다고 자랑할 것이 아닙니다. 왜냐하면 본래자리로 돌아가는 것이기 때문입니다. 깨달음은 없던 게 생겨난 것이 아닙니다. 밥 먹을 때 잘 때 항상 같이 있었던 것인데 몰랐을 뿐입니다. 그 몰랐던 것을 알게 된 겁니다. 본래자리로 돌아간 것이니 얻은 것도 아니고 깨달았다고 해도 깨달았다고 말하지 않는 분들이 많아요. 그러나 지통 선사는 나는 크게 깨달았다고 외치고 다녔던 겁니다. 이 소리에 대중이 모두 놀랐던 것입니다.

다음 날, 귀종 선사가 지통 선사에게 "그대는 어떤 도리를 보았기에 크게 깨달았다고 하였는가?" 하고 묻자, "비구니 스님은 원래 여인이 그리 된 것입니다." 라고 하셨습니다. 이 질문은 '용' 차원에서 물은 겁니다. '용'에서 물었으니 "비구니 스님은 원래 여인이 그리 된 것입니다." 라고 '용'차원에서 답을 제대로 한 것입니다. 이것 또한 공안이 될 수 있는 대답입니다. 비구니가 됐든 여인이 됐든 본래실상은 이름붙일 수 없는 자리입니다. 다만 마음의 작용을 통해서 나타난 형상이라는 얘깁니다. 이름과 형상에 속는다면 절대 뜻을 알 수 없습니다. 보고 들리는 있는 그대로가 실상을 드러내고 있습니다.

28. 참된 성품 중에 연기(緣起)한다

현정(玄挺) 선사

어느 날 현정 선사가 오조 스님을 모시고 있었는데 《화엄경》을 공부하는 어떤 스님이 5조 스님께 와서 여쭈었다.

"참된 성품 중에 연기한다는 말은 무슨 뜻입니까?"

그런데 오조께서 아무 말도 하지 않고 잠자코 있으니 현정 선사가 말했다.

"대덕(화엄승)께서 바로 한 가지 생각을 일으켜서 여쭈러 왔을 때, 그것이 바로 참된 성품 중에 연기한다는 것이오."

그 스님은 이 말을 듣는 순간 크게 깨달았다.

해설 ✄✄✄✄

여기서 오조 스님은 중국 당대의 스님으로서 우두종(牛頭宗)의 제 5조를 말합니다. 《화엄경》을 공부하던 스님이 5조 스님께 "참된 성품중에 연기 한다는 말은 무슨 뜻입니까?" 하고 질문을 했습니다. 이 부분은 '진여 연기설'과 '법계 연기설'에 대해서 이해를 하셔야 됩니다. 우리가 교리를 공부하는 것은 법계 연기설인데, 이는 업에 의해서 나타난 현상계를 말합니다. 부처님께서 초기에는 '법계 연기설'을 말씀하셨지만 후에는 '진여 연기설'을 말씀하셨습니다. 화엄승의 질문은 진여연기 차원에서 물었던 겁니다. 본래 실상, 진여당체는 밥을 먹는 것도 잠을 자는 것도 아니고 죽는 것도 사는 것도 아닙니다. 왜냐하면 물질이 아니기 때문입니다. 그렇다면 우리가 먹는 행위는 무엇일까요? 진여연기에서 먹어야 된다는 생각을 일으킨 것입니다. 이 질문은 진여당체(眞如當體)에서 작용을 일으키는 것이 무엇인가를 물은 겁니다. 진여실상은 생사가 다 끊어진 자리여서 어떤 표현도 할 수 없지만, 그 자리에서 작용을 통해 나타나는 것은 '쓸 용(用)'자를 써서 '용'이라고 하는 겁니다.

　　이 질문에 대해 5조께서 아무 말도 하지 않고 잠자코 있으니, 대신 현정 선사가 "대덕께서 바로 한 가지 생각을 일으켜서 여쭈러 왔을 때, 그것이 바로 참된 성품중에 연기한다는 것이오."라고 설명했습니다. 한 생각을 일으켰을 때 이미 진여당체의 연기라는 말씀입니다. 질문한 스님이 이 말씀을 듣는 순간 깨달으셨다고 합니다.

29. '면목 없다' 는 말에 깨닫다

보수(寶壽) 화상

    보수 화상이 어느 날 시장에서 두 사람이 다투고 있는 것을 보았다. 한 사람이 다른 사람의 멱살을 잡고 주먹으로 얼굴을 한방 갈기자 맞은 사람이 소리 질렀다.
    "그렇게도 면목이 없느냐?"
    선사는 이 말을 듣는 순간 크게 깨달았다.

【백운 화상 주】

    이 말을 생각하건대, 면목이 없다는 말이 무슨 뜻인가? 천자가 입고 있던 옷의 소매가 벗겨지면 온 몸이 고스란히 드러나는 것이다.

해설 ❧❧❧❧

옛날에 수행을 하시던 스님들 중에는 시장에 들어가 시끄러운 가운데 정진을 하시는 분들이 계셨다고 합니다. 내가 어떤 경계에 부딪혔을 때 끄달려갈 것인지, 끄달려가지 않을 것인지 자기 자신을 점검하는 겁니다.

보수 화상이 어느 날 시장을 갔는데 두 사람이 다투다가 한 사람이 다른 사람의 먹살을 잡고 주먹으로 얼굴을 한방 갈기자 맞은 사람이 "그렇게도 면목이 없느냐?"하고 소리를 질렀습니다. 이 한마디를 듣는 순간 보수 화상이 깨달은 겁니다.

도를 깨닫는 것이 이렇게 어렵지 않습니다. 다만 일념으로 열심히 수행했을 때 가능한 일입니다. 초심 때는 조용한 공간에서 공부를 해야겠지만 수행이 잘 된다면 어느 곳을 가던 한 생각 놓치지 않고 정진할 수 있어야 됩니다. 그렇게 한다면 공부가 익어가는 것이며 경계에 끄달려가지 않을 수 있습니다.

30. 무슨 도리가 있겠습니까?

신안(神晏) 국사

신안 국사가 어느 날 설봉 선사를 친견하러 갔는데, 설봉 선사는 인연이 무르익었음을 알고서 느닷없이 일어나 멱살을 잡고 물었다.

"이것이 무엇인가?"

국사는 그 말에 시원스레 깨달았다. 하지만 그 깨달은 마음마저 잊어버리고 그저 손을 들어 흔들고만 있을 뿐이었다.

그러자 설봉 선사가 물었다.

"그대는 무슨 도리를 얻었는가?"

"무슨 도리가 있겠습니까?"

설봉 선사가 이에 국사를 어루만지며 인가했다.

해설 ✺✺✺✺

　상대의 공부가 무르익었나를 볼 수 있는 것이 선지식입니다. 신안 국사가 어느 날 설봉 선사를 친견하러 갔는데, 신안 국사의 공부가 많이 된 것을 알고 느닷없이 일어나 멱살을 잡고 "이것이 무엇인가?" 하고 물으셨습니다. 이 질문은 '체'에서 물은 겁니다. 국사는 그 말에 시원스레 깨달았다고 합니다. 공부가 익었기 때문에 설봉 선사가 제자를 깨닫게 해주기 위해 방편을 쓴 겁니다. 이렇게 혜안이 열려있어야만 상대방의 근기를 알 수가 있는 겁니다.

　오늘날 간화선에서 무조건 '무자(無字)', '이 뭣꼬?' 화두를 공부하라고 하는 것은 일방적인 겁니다. 상대방의 마음을 읽고 상대의 근기에 맞는 의심에 대해 문제 제기를 해주어야 되는 것이지, 일방적으로 해서는 안된다는 얘깁니다.

　설봉 선사가 "그대는 무슨 도리를 얻었소?" 하는 질문은 '용' 차원에서 물은 겁니다.

　국사가 "무슨 도리가 있겠습니까?" 하고 '용' 차원에서 대답하자, 설봉 선사가 국사를 인가했습니다.

31. 복숭아꽃을 보고 도를 깨닫다

영운 지근(靈雲志勤)

영운 지근 선사가 위산 선사의 회하에 있을 때 복숭아꽃을 보고 도를 깨닫고서 게송으로 노래했다.

검을 찾아 삼십 년을 떠돌던 나그네여.
몇 차례나 낙엽 지고 가지가 돋았던가.
한번 복숭아꽃을 보고 난 후로는
지금까지 다시는 의심하지 않네.

이를 위산 선사에게 말씀드리니, 선사가 당부했다.
"인연을 따라서 깨달아 통달하게 되었으니 영원히 잃지 말아라. 스스로를 잘 지키고 간직하라."

검을 찾아 삼십 년을 떠돌던 나그네여. 몇 차례나 낙엽 지고 가지가 돋았던가.

검은 지혜를 의미합니다. 지혜를 찾기 위해, 도를 깨닫기 위해서 삼십 년을 떠돌던 나그네는 자기 스스로를 말하는 겁니다. 깨달은 뒤에는 하나였지만 깨닫기 전에는 나그네였던 것입니다. 그동안 얼마나 오랜 세월 나그네의 삶을 살았던가요.

한번 복숭아꽃을 보고 난 후로는 지금까지 다시는 의심하지 않네.

복숭아꽃을 보고 도를 깨달은 후에는 의심이 다 끊어졌다는 겁니다. 바로 안심(安心)의 경계에 들어간 것을 말합니다. 체험을 하지 못했을 때는 수행자로서 마음이 조급해지는 경우가 많습니다. 어록을 보거나 부처님 말씀에 대해 이해를 하지 못할 때는 굉장히 답답할 것입니다. 그러나 진여실상을 체험하게 되면 어록이든 부처님 말씀이든 아무런 문제 될 것이 없습니다. 왜냐하면 모든 말씀은 마음으로 보는 세계의 차원에서 설하셨기 때문입니다. 그러면 답답함도 벗어나고 조급한 마음도 사라져 편안한 안심을 얻게 되는 것입니다.

그렇다고 해서 공부가 다 된 것은 아닙니다. 계속 그 자리에 마음을 두고 보임수행을 해 나가야 됩니다. 그래서 위산 선사께서 "인연을 따라서 깨달아 통달하게 되었으니 영원히 잃지 말아라. 스스로를 잘 지키고 간직하라."고 하신 겁니다. 어떤 분은 '견성성불'이라고 해서 한 번 체험을 하면 이것이 곧 실제적인 부처가 된 것으로 착각을 해서 수행은 하지 않고 막행막식 하는 분들이 있습니다. 이렇게 되면 또 업(業)에 매이게 되기 때문에 그 자리를 맑히기 위해서 계속 보임수행을 해 나가야 됩니다.

32. 인식의 대상이 될 법이 단 하나도 없다

앙산 혜적(仰山慧寂)

어느 날 앙산 선사가 향엄(香嚴) 스님을 만나 이렇게 물었다.

"요즈음 사형께서 깨달은 경지는 어떻습니까?"

향엄 스님이 대답했다.

"내가 깨달은 경지는 '인식의 대상이 될 법은 단 하나도 없다'는 것이지."

"그대의 견해는 아직 경계에 머물러 있구려."

향엄 스님이 말했다.

"나는 그렇다고 치고, 그럼 사형께서는 어떻소?"

앙산 선사가 말했다.

"그대는 어찌 인식의 대상이 될 법이 단 하나도 없다는 것을 모르오?"

해설 ✕❀✕❀✕

앙산 선사가 향엄 스님을 만나 "요즈음 사형께서 깨달으신 경지는 어떻소?" 하고 탁마 차원에서 물었습니다. 그러자 향엄 스님이 "내가 깨달은 경지는 '인식의 대상이 될 법은 단 하나도 없다' 는 것이오." 라고 대답했습니다. 인식할 대상이 없다는 말씀인데, 이것이 깨달은 것입니까? 정말 깨달았다면 있다, 없다는 생각조차 끊어져야 됩니다. 왜냐하면 진여실상, 깨달은 당체에서는 어떤 표현도 할 수 없기 때문입니다. 무념(無念) 경지에 들어가야 됩니다.

앙산 선사가 "그대의 견해는 아직 경계에 머물러 있구려."라고 점검하셨습니다. 아직도 없다는 생각을 했기 때문에 경계에 머물러 있다고 하신 겁니다. 향엄 스님이 "나는 그렇다고 치고, 그럼 사형께서는 어떻소?"하고 묻자, 앙산 스님이 "그대는 어찌 인식의 대상이 될 법이 단 하나도 없다는 것을 모르오?" 라고 대답했습니다.

앞에 말씀하신 "없다"는 것과 "없다는 것을 모르오?"하고 묻는 것은 전혀 다릅니다. 진여실상에서는 있다, 없다고 단정을 지으면 안됩니다. 단정을 짓는다면 아직도 경계에 매여있는 겁니다. 깨달은 진여실상자리는 어떤 표현도 할 수 없기 때문에 '하나'에 마음을 두고 정진할 때 어떤 것이라도 선(禪)이 됩니다.

33. 젓가락 한 짝을 세운 뜻

경조 미호(京兆米胡)

경조 미호 화상이 왕 상시(王 常侍)를 만나러 갔는데 상시가 집무를 보다가 붓을 들어보였다.

미호 화상이 물었다.

"허공도 판결하십니까?"

상시는 붓을 던지고 집으로 들어가서 다시는 선사를 만나려 하지 않았다.

미호 화상이 매우 의아해 하였는데 다음 날 빙화엄(憑花嚴) 화상이 상시와 차를 마시는 자리에서 물었다.

"어제 미호 화상이 무슨 말을 하셨기에 만나려 하지 않았소?"

상시가 대답했다.

"사자는 사람을 물고, 한(韓) 나라의 개는 흙덩이를 쫓아다니는구려."

미호 화상이 이 말을 듣고 얼른 나가서 쾌활하게 웃으면서 말했다.

"내가 이제 알겠구나. 내가 이제 알겠구나."

"깨달으신 바가 없지는 않을 것이니, 스님께서 한번 말씀해 보시오."

"상시께서 먼저 말해 보시오."

상시가 이에 젓가락 한 짝을 세우자 미호 화상이 말했다.

"이 여우같은 사람아!"

상시가 말했다.

"이 사람이 이제야 알았구나."

해설 ◦◦◦◦◦

미호 화상이 왕 상시를 만나러 갔는데, 상시가 붓을 들어보였어요. 붓을 들어보인 이유는 선문답을 하고자 함입니다. 여러분께 제가 볼펜을 들어보이면 볼펜을 몰라서 들어보이겠습니까? 볼펜의 실상자리를 일러보라는 얘깁니다. 그런데 여기에 대해서 입을 떼면 답이 아니거든 요. 이와 마찬가지로 왕 상시라는 분이 붓을 들어 보이며 실상을 일러 보라고 했는데, 미호 화상이 처음에는 그 뜻을 모르고 "허공도 판결하시오?" 하고 물었습니다. 붓의 본래 자리를 일러보라고 한 것인데, 답을 제대로 하지 못한 겁니다. '붓의 본래자리가 무엇입니까?' 그 자리는 입을 뗄 수 없는 자리입니다.

상시는 붓을 던지고 집으로 들어가서 다시는 선사를 만나려 하지 않았다.

선문답을 시도 했는데 미호 화상이 상시의 참 뜻을 알아차리지 못하자, 집으로 들어가서 다시는 선사를 만나려 하지 않았습니다.

빙화엄 화상이 상시와 차를 마시는 자리에서 물었다.
"어제 미호 화상이 무슨 말을 하셨기에 만나려 하지 않았소?"
"사자는 사람을 물고, 한 나라의 개는 흙덩이를 쫓아다니는구려."

상시가 미호 화상을 개로 비유했습니다. 사자는 사자에게 돌을 던지면 사람에게 대들어 사람을 문답니다. 그런데 개는 돌을 던지면 먹을 것인 줄 알고 돌을 쫓아 갑니다. 상시가 생각하기에 형상에 끄달려가는 개처럼 미호 화상이 어리석다는 이야기입니다.

미호 화상이 이 말을 듣고 얼른 나가서 쾌활하게 웃으면서 말했다.
"내가 이제 알겠구나. 내가 이제 알겠구나."

미호 화상이 이 말을 듣고 그때서야 뜻을 알아차리고는 웃으면서 이렇게 말했습니다. 상대가 붓을 들어 보이거나, 주먹을 내보인다면 처음에는 뜻을 모르겠죠. 상시라는 분이 미호 화상에 대해서 저울질을 한 번 해본 겁니다.

상시가 젓가락 한 짝을 세우자 미호 화상이 말했다.
"이 여우같은 사람아! "

상시가 말했다.

"이 사람이 이제야 알았구나."

젓가락 한 짝을 보인 것은 본래자리를 일러보라는 말씀인데, 젓가락 한 짝은 우주와 하나라는 이치를 담고 있습니다. 어리석은 사람은 젓가락의 형상만 보고 대답을 하겠지만, 지혜로운 사람은 형상이나 개념에 속지 않을 것입니다.

미호 화상이 어떤 스님을 시켜서 앙산 스님에게 여쭈었다.

"요즘 사람도 짐짓 깨닫는 바가 있습니까?"

앙산 스님이 대답했다.

"깨닫는 바가 없지는 않으나 제이두(第二頭)에만 빠져드는 것을 어찌하겠소."

미호 화상이 이 말에 깊이 수긍하였다.

해설 ✿✾✿

제이두는 한 발 늦은 것을 말하거나 지극하고 완전한 이치가 아닌 두 번째 이치를 뜻합니다. 여기서는 문자에만 빠져 있는 것을 말합니다. 이 당시만 해도 중국에는 전쟁중이었기 때문에 스님들이 도망을 다니며 숨어서 공부를 하던 시기였다고 합니다. 그래서 수행은 하지 않고 문자에만 집착하는 분들이 많았던 겁니다. 그렇게 하면 깨닫는 분이 많이 나올 수가 없습니다. 끊임없이 정진하는 과정에서 경을 보다가 깨치는 경우는 있을 수가 있는데, 수행은 하지 않고 문자와 언어를 통해서는 깨닫기가 어렵습니다. 경은 우주의 근본 실상, 하나의 마음자리를 일러주시기 위해서 하신 말씀이며, 일체가 마음으로 된 도리를 일러준 나침반이자 지름길입니다.

34. 형상으로 나를 보지 말라

경산 법흠(徑山法欽)

경산 선사가 대종(代宗)의 부름을 받고 궁궐에 도착하니 황제가 친히 예를 올렸다.

하루는 경산 선사가 궐 안에 있다가 황제를 보고 자리에서 일어나니 황제가 물었다.

"스님께서 어찌 자리에서 일어나십니까?"

경산 선사가 대답했다.

"단월(檀越: 시주)께서는 어째서 네 가지 위의 중에서 저를 보려 하십니까?"

대종이 크게 기뻐했다.

단월이란 시주자를 말합니다. 네 가지 위의(威儀)란 행주좌와(行住坐
臥)의 행동거지 즉 겉모습을 말합니다. 겉모습만 보고 저를 보려 하지
말고 진짜 나를 보시라는 말씀입니다. 황제가 크게 기뻐했다는 것은
그 말뜻을 알아차렸다는 말입니다. 우리의 삶은 주객이 전도된 삶을
살고 있습니다. 형상으로 이루어진 모든 것은 텅 비었으니까 텅 빈 것
을 보고 행한다면 집착할 대상이 따로 없는 것입니다. 그런 삶이 바로
부처의 삶입니다.

35. 그림의 떡으로는 주린 배를 채울 수 없다

덕산 선감(德山宣鑑)

덕산 선감 선사가 처음으로 용담(龍潭)에 와서 말했다.

"오래도록 용담을 동경해 왔었는데 막상 도착해서 보니 연못도 보이지 않고 용도 나타나지 않는구나."

용담 선사가 말했다.

"그대가 친히 용담에 도착하였구나."

덕산 선사는 절을 하고 물러갔다.

덕산이 용담의 방에서 늦게까지 입실하고 있으니 용담 선사가 말했다.

"그대는 이제 돌아가거라."

덕산 선사가 조심스럽게 발을 들어 올리고 나오다가 밖을 바라보니 너무 어두웠다. 그래서 다시 돌아서서 말하였다.

"화상이시여, 밖이 너무 어둡습니다."

용담 선사가 지촉(紙燭)에 불을 켜서 덕산 선사에게 건네주었는데 그가 막 받아든 순간, 용담 선사가 불어서 불을 꺼버렸다.

그러자 덕산 선사는 자기도 모르게 찬탄했다.

"이제부터 저는 천하 노화상의 말씀을 절대로 의심하지 않겠습니다."

그리고서 덕산 선사는《금강경 소초(金剛經 疏鈔)》를 꺼내들고 법당 앞으로 가더니 횃불 한 자루를 들고 말했다.

"온갖 현란한 말솜씨를 다 부리더라도 털 하나를 큰 허공에 두는 것과 같으며, 세상의 온갖 중요한 일들을 이루더라도 물 한 방울이 넓은 바다에 던진 것과도 같다."

그리고 다시《금강경 소초》를 들고 말했다.

"그림의 떡으로는 주린 배를 채울 수 없다."

그리고서 이내《금강경 소초》에 불을 지른 뒤에 용담 화상에게 절을 하고 떠났다.

해설 ∽∾∾∾

이 당시는 선종과 교종이 서로 나뉘어서 교(敎)를 닦는 분들은 선(禪)을 닦는 분들을 무식하다고 하고, 선을 하시는 분들은 경을 공부하시는 분들을 껍데기 공부라고 하며 아무리 공부를 해도 깨닫기 어렵다고 했습니다. 용담 스님은 선을 하신 분이고 덕산 스님은 경을 공부하던 스님이셨습니다. 덕산 스님께서는 그 당시에《금강경》만큼은 자기가 최고라고 생각을 했어요. 그래서 바랑에《금강경 소초》를 항상 짊어지고 다니셨다고 합니다. 그런데 선사들이 경 공부를 껍데기 공부라고 하는 것에 대해 야단을 한번 쳐야 되겠다고 마음을 먹고 용담 스님을 찾아가게 된 겁니다.

가는 도중에 시장을 들리게 되었는데 노파 한 분이 떡을 팔고 있었습니다. 떡이 굉장히 먹음직스러워서 노파에게 "떡을 좀 파십쇼" 하니 노파가 "스님 뒤에 짊어진 것은 무엇입니까?" 하고 물었습니다. 덕산 스님이《금강경 소초》라고 대답했습니다. 노파가 "《금강경》에 대해 질문할 테니 옳은 답이면 떡을 그냥 드리고 답을 하지 못하면 떡을 팔지 않겠다"고 했습니다.《금강경》만큼은 자신 있었기 때문에 덕산 스님께서는 흔쾌히 허락을 했습니다.

노파께서 "《금강경》에 나오는 과거심불가득, 현재심불가득, 미래심불가득(過去心不可得 現在心不可得 未來心不可得)이 무슨 뜻입니까?" 하고 질문하셨어요. 과거의 마음도 얻을 게 없고, 현재의 마음도 얻을 게 없고, 미래의 마음 역시 얻을 게 없다는 말이 무슨 뜻이냐고 물은 것입니다. 마음은 물질이 아니기 때문에, 그리고 마음은 본래 갖추고 있는 것이기 때문에 얻어지는 게 아닙니다. 그런데 덕산 스님께서는 이 질문에 대해서 대답을 못하고 꽉 막혀버렸어요. 문자로 풀이 하려다 보니 앞뒤가 꽉 막혀버렸던 겁니다. 덕산 스님께서는 창피하고 부끄러워서 땀을 뻘뻘 흘렸던 겁니다. 이 노파께서는 용담 선사께 법을 배우고 계셨습니다.

덕산 스님은 노파에게 혼쭐이 난 후 부랴부랴 용담 선사가 계시는 절에 도착하게 된 겁니다. 위의 내용은 여기부터 시작된 겁니다. 덕산 스님께서 "오래도록 용담을 동경해 왔었는데 막상 도착해서 보니 연 못도 보이지 않고 용도 나타나지 않소이다." 하고 외쳤습니다. 용담 선 사는 덕산 스님이 올 것을 미리 아시고는 "그대가 친히 용담에 도착하 였구려." 라고 하셨습니다. 덕산 선사는 절을 하고는 물러갔습니다. 그 날 밤 용담 선사의 방에 든 덕산 스님은 꼼짝을 하지 못했어요. 노파한 테 당하고 보니 용담 선사의 기운을 감당할 수 없었던 겁니다. 그래서 밤늦게까지 용담 선사에게 선 법문을 듣게 된 겁니다. 덕산 스님께서 밤 늦게까지 법문을 듣다가 잠을 자기 위해 방을 나서는데 밖이 너무 캄캄했습니다. 다시 들어와 밖이 너무 어둡다고 하자 용담 화상께서 종이를 말아서 불을 붙여주었던 겁니다. 불이 붙은 그 순간 용담 선사 가 확 불어서 불을 꺼버렸어요. 그 순간에 덕산 스님께서 확철대오를 하고 "이제부터 저는 천하 노화상의 말씀을 절대로 의심하지 않겠습 니다." 라고 말했습니다. 그리고 나서 덕산 스님은 《금강경 소초》를 꺼 내들고 법당 앞으로 가더니 횃불 한 자루를 들고 "온갖 현란한 말솜씨 를 다 부리더라도 털 하나를 큰 허공에 두는 것과 같으며, 세상의 온갖 중요한 일들을 이루더라도 물 한 방울이 넓은 바다에 던진 것과도 같 다." 라고 말씀했습니다. 진여실상은 학문적으로는 털끝만치도 알지도 못한다는 얘깁니다.

　문자에 끄달려가면 실상을 보지 못하기에, 문자의 참뜻을 알아야 합 니다. 덕산 스님께서는 《금강경》에 대해서 당대의 최고라고 생각했었 지만 깨닫고 보니 자기가 알고 있는 지식은 허공 가운데 티끌도 안되더라는 얘깁니다. 이와 마찬가지로 세속에서 많은 재물을 소유하고 명예를 얻는 일들도 바다의 물 한 방울에 지나지 않는다는 겁니다. 덕산 스님은 경을 통해서만 자신이 최고인줄 알고 그것이 불교인지를 알았는데 깨닫고 보니까 우주 삼라만상이 하나라는 도리를 알았습니다. 나 자신이나 내가 알고 있는 것은 우주로 보면 티끌도 안되는 것을 알았던 겁니다. 그래서 《금강경 소초》에 불을 지른 뒤 용담 화상에게 절을 하고 떠났습니다. 자신의 공부가 확실히 되었기 때문에 《금강경 소초》가 필요 없게 된 겁니다.

우리는 경을 굉장히 소중하게 여기지만 경허 선사 같은 경우도 도를 깨친 후 보임수행을 하던 중 경을 찢어서 벽에 붙이셨다고 합니다. 그 모습을 본 대중이 깜짝 놀랐겠죠. 그 당시는 종이가 굉장히 귀해서 책 구하기도 어려운 때였다고 합니다. 깨닫지 못한 입장에서는 길을 알아야만 제대로 갈 수 있기 때문에 경이 굉장히 소중한 것이죠. 그러나 깨닫고 보니 경이란 게 필요가 없더라는 겁니다. 깨닫고 난 후 경을 들여다 보면 바로 '그 자리'에서 말씀하신 것이기 때문에 다 보이게 된다는 말씀입니다. 의사가 아픈 환자에게 알맞은 약을 처방해 주듯이 부처님께서도 올바른 길을 일러주셨던 겁니다.

인생은 고통의 연속이며 우리의 잠재의식 속에는 과거 전생의 괴로운 기억들이 있습니다. 그래서 태어날 때 운다고 합니다. 앞으로 살아갈 것을 생각하니 괴롭겠죠. 삶이 행복하다면 태어날 때 벙긋벙긋 웃을 겁니다. 우리는 끊임없이 윤회를 해왔습니다. 윤회를 벗어난다는 것은 과거생에 얽히고 설킨 인연들이 끊어져 나가야지 업에서도 벗어날 수가 있어요. 윤회의 굴레에서 벗어나기 어려운 것이 남녀관계입니다. 자식이 생기면 또 얽히게 돼서 벗어나기가 어려운 겁니다. 부모 · 자식간은 지중한 인연으로 만났기 때문에 쉽게 끊을 수 있는 것이 아니라고 합니다. 따라서 출가를 한다는 것은 정말 어려운 일입니다. 어렵게 출가를 한 분들이 정말 열심히 정진해야 되는데 그것을 망각하고 사는 분들이 많습니다. 출가를 했다면 열심히 정진해서 마음의 문이 열려 부처님 은혜를 갚아야 될 것입니다. 그렇다고 해서 출가한 분만 깨닫는 것은 아니고 재가 불자님들도 마찬가지입니다. 지금 부처님 법을 공부하는 인연도 과거생에 분명히 부처님 법과 인연이 있었던 분들입니다. 누구든지 열심히 정진할 때 업을 맑힐 수도 있고 순간순간 나를 일깨워 깨달음에 한 발 다가설 수가 있을 것입니다.

36. 백년 후 나의 모습

동산 양개(洞山 良价)

동산 양개 선사가 운암(雲巖) 화상에게 물었다.

"백년 후에 갑자기 어떤 사람이 '그대의 모습을 그릴 수 있겠소?' 라고 묻는다면 어떻게 대답하시겠습니까?"

운암 화상은 잠시 말이 없다가 대답했다.

"그저 이것일 뿐이다."

동산 선사가 우두커니 생각에 잠기니 운암 화상이 말했다.

"이 일을 이해하려면 자세히 살펴야 할 것이오."

동산 선사는 여전히 의심을 풀지 못하였다. 그 후 동산 선사가 개울을 건너다가 물에 비친 그림자를 본 순간 앞서 운암 화상의 말씀을 떠올리며 크게 깨달음을 얻었다. 이에 동산 화상이 게송으로 노래했다.

애타게 다른 곳에서 찾지 말 것이니
그러면 나와는 더욱더 멀어지리라.
나 홀로 이제 스스로 가려 하나니
곳곳에서 그것을 만날 수 있으리라.

저것이 지금 바로 나이고
나는 지금 저것이 아니네.
이렇게 알아야만
여여한 이치와 하나가 되리라.

해설 ❧❧❧

동산 양개 스님은 조동종을 창건하신, 묵조선을 닦으셨던 분입니다. 동산 스님은 아버님이 일찍 돌아가시고 삼 형제 중에 막내로 태어나셨는데 굉장히 총명하셨다고 합니다. 서당에서 한문 공부를 하였는데 어느 날 길을 가다가 어떤 스님을 만나게 됩니다. 그 스님께 부모님께 가장 큰 효도가 무엇이냐고 질문을 하니, 스님께서 대답하시길 물질로 보답하는 것도 효도가 되겠지만 물질로써는 백년을 넘기지 못하며 부모님의 마음을 일깨워 주는 것이 최고의 효라고 하시는 겁니다. 물질이라는 것은 없어지지만 마음이란 없어지는 것이 아니기 때문입니다. 마음을 깨닫게 해주는 것이 최고의 효라는 말씀에 감동을 받았어요. 그래서 어머니께 출가를 하겠다고 하자, 어머니께서는 3년만 있다가 집으로 오라고 하셨어요. 그러나 동산 스님은 출가를 하면서 10년 내에 반드시 도를 깨치겠다는 신념으로 출가를 했습니다.

총명했던 막내아들이 출가를 하자 어머니는 매일 그 아들을 기다렸습니다. 3년을 기다리다가 어머니는 실명이 되어 버렸어요. 실명이 된 후에도 스님들의 발을 씻겨 드리며 아들을 찾았습니다. 동산 스님의 발가락이 다른 사람과 다르게 여섯 발가락이었던 겁니다. 스님들께 공덕을 지으며 아들을 만나야 되겠다고 생각했던 것이죠. 큰 절 밑에 천막을 쳐 놓고 스님들의 발을 씻겨 드리던 어느 날 동산 스님을 만나게 됩니다. 동산 스님은 어머니를 만나게 되지만 자신이 아들이라는 것을 밝힐 수가 없었어요. 왜냐하면 아직 효도를 할 수 있는 도에 눈을 뜨지 못했기 때문입니다. 여섯 발가락인 발은 다쳐서 씻을 수가 없다고 하시고는 한 쪽 발만 씻어 달라고 했던 겁니다. 그날 밤 밤새도록 인과에 대한 법문을 해드렸지만 어머니께서는 아들에 대한 집착을 끊지 못하셨어요.

그래서 동산 스님은 배를 타고 강을 건너서 떠나게 됩니다. 그 후에 어머니께 다른 스님이 금방 그 스님이 아들이라는 말을 전해주자 어머니는 강을 건너는 아들을 향해 달려가다가 물에 빠져서 돌아가시게 됩니다. 그런데 시신을 건져내자 시신에서 방광이 비쳤다고 합니다. 그 순간 동산 스님이 도를 깨치게 됩니다. 동산 스님이 관(觀)을 해서 보니 빛을 따라서 어머니가 극락세계로 들어가시더랍니다. 《직지》 하권의 마지막 부분에 보면 동산 스님이 어머니를 얼마나 생각하고 있었는지 어머니께 쓴 동산 스님의 편지가 나옵니다. 위의 내용은 동산 스님께서 도를 깨닫기 전의 내용입니다.

　동산 양개 선사가 운암 화상에게 물었다.
　"백년 후에 갑자기 어떤 사람이 '그대의 모습을 그릴 수 있겠소'라고
묻는다면 어떻게 대답하시겠습니까?"

　갑자기 어떤 사람이 백년 후에 그대의 모습을 그릴 수 있겠냐고 한
다면 여러분들은 그릴 수 있겠습니까? 이것은 사후 세계를 묻는 것입
니다. 이것 또한 공안입니다. 문자나 소리나 형상에 끄달리면 안됩니
다. 여러분은 위의 질문에서 육신이란 껍데기를 보고 나라고 생각하기
때문에 백년 후의 내 모습을 생각하고 있겠죠? 그렇다면 답이 안 나오
는 겁니다. 본래자리가 마음이라면 백년 후의 나의 모습과 다르지 않
습니다. 껍데기는 시시각각 변하여 무상한 것이며 본래자리의 나는 백
년 후의 모습이나 지금의 모습이나 똑같은 겁니다. '나'는 본래마음
[本來心]을 말합니다. 동산 스님은 그때까지 깨닫지 못했기 때문에 운
암 화상은 "그저 이것일 뿐이다." 라고 일러주셨던 겁니다.

　동산 선사가 우두커니 생각에 잠기니 운암 화상이 말했다.
　"이 일을 이해하려면 자세히 살펴야 할 것이오."

　자세히 살피라는 말씀은 나의 본래자리를 바로 보라는 말씀입니다.
참나는 물질로 이루어진 나가 아닌 본래마음을 나라고 하는 것입니다.

이 뜻을 오랫동안 깨닫지 못한 동산 스님은 개울을 건너다 물에 비친 자기의 그림자를 본 순간 운암 스님의 말씀을 떠올리며 크게 깨달으셨다고 합니다. 깨닫고 난 후 다음과 같은 오도송으로 표현하셨습니다.

애타게 다른 곳에서 찾지 말 것이니 그러면 나와는 더욱더 멀어지리라.

깨닫고 보니 내 마음은 항상 같이 있었습니다. 밥을 먹거나 잠을 자거나 나와 항상 함께 있었는데 단지 몰랐을 뿐입니다. 깨닫고 보니 지금의 나가 바로 나였다는 겁니다. 애타게 다른 곳에서 찾지 말라는 것은 내 마음 밖에서 찾지 말라는 말씀입니다. 만약 다른 곳에서 찾는다면 진짜 나와는 더욱더 멀어지게 된다는 것입니다.

나 홀로 이제 스스로 가려 하나니 곳곳에서 그것을 만날 수 있으리라.

이제는 하나라는 것을 알았기 때문에 나 홀로 이제 스스로 가겠다는 말씀입니다. 우주의 삼라만상이 나 아닌 것이 없음을 알았던 겁니다. 우주가 다 하나의 마음으로 되어 있으니 나눌 수 없으며 하나라는 것을 알았습니다. 그러니 곳곳마다 나 아닌 것이 없다는 말입니다.

저것이 지금 바로 나이고 나는 지금 저것이 아니네.

하나라는 것을 깨닫게 되면 나 아닌 것이 없게 되니 저것이 지금 바

로 나이고, 저것이라고 했을 때는 이분법 사고가 되니 저것이 아니라
는 얘깁니다. 본래 실상에 있어서는 저것이 본래 나이고 나는 지금 저
것이 아니라는 것은 '체'와 '용'을 둘로 보고 하신 말씀입니다. '저것'
이라고 했을 때는 대상이 됩니다.

이렇게 알아야만 여여한 이치와 하나가 되리라.

여여(如如)함은 '같을 여'자를 두 번 쓰는데 하나로 쓴다는 차원에서
하신 말씀입니다. 그러나 눈을 떴다고 해서 하나를 바로 쓸 수 있는 것
은 아닙니다. 깨달은 경지에서 말씀을 하셨더라도 하나로 쓸 수 있는
것은 어려운 일이기 때문에 계속 보임수행을 해나가야 되는 겁니다.
깨달은 이후에도 과거에 지은 업력을 맑혀 나가기 위한 수행이 계속
이어져 나가야 되는 것입니다.

동산 선사가 어떤 스님에게 물었다.
"세상에서 가장 괴로운 것이 무엇이겠소?"
그 스님이 대답했다.
"지옥이 가장 괴로울 것입니다."
"그렇지 않소. 이렇게 가사를 입고 있으면서도 큰일을 밝히지 못하는
것이 가장 괴로운 일이오."

해설 ❧❧❧

수행자나 재가자 분들도 마찬가지입니다. 우리가 괴로움이라고 생각하는 부분들은 마음자리에서 보면 괴로움이라는 것은 있을 수 없는 겁니다. 왜냐하면 진짜 나는 물질이 아니기 때문에 고통이 있을 수 있는 것이 아닙니다. 결국 괴로움은 내가 대상을 만들어 놓았기 때문에 대상에게 내가 당한다는 생각을 스스로 만드는 것입니다. 일체를 '하나'로 본다면 괴로움은 있을 수가 없습니다.

37. 이 대나무는 이만큼 길게 자랐구나

청평 영준(淸平令遵)

영준 선사가 취미(翠微) 화상에게 물었다.

"조사께서 서쪽에서 오신 정확한 뜻이 무엇인지요?"

취미 화상이 대답했다.

"아무도 없을 때 말해 주겠소."

잠시 후 영준 선사가 말했다.

"아무도 없으니 스님께서는 말씀해 주십시오."

취미 선사가 선상(禪床)에서 내려오더니 영준 선사를 대나무 숲으로 데리고 갔다. 영준 선사가 다시 가르침을 청했다.

"아무도 없으니 스님께서는 말씀해 주십시오."

취미 선사가 대나무를 가리키면서 말했다.

"이 대나무는 이만큼 길게 자랐고, 저 대나무는 저만큼 짧게 자랐구나! "

영준 선사는 이 말을 듣는 순간 크게 깨달았다.

해설 ∞∞∞

상황을 생각하면 아주 재미있는 이야기입니다. 위 내용은《벽암록》에도 나와 있는 공안입니다.

영준 선사가 취미 화상에게 "조사께서 서쪽에서 오신 정확한 뜻이 무엇입니까?" 하고 물었습니다. 질문을 한 영준 선사는 '진리란, 깨달음이란 무엇인가?' 하고 질문하고 있습니다.

이에 취미 화상은 "아무도 없을 때 말해 주겠다."고 하셨습니다. 마음 가운데 모든 경계가 끊어졌을 때 일러주겠다는 뜻을 담고 있습니다. 영준 선사의 마음에 모든 분별심이 끊어졌을 때 일러주겠다는 뜻으로 이해하셔야 됩니다. 아무도 없을 때 말해주겠다는 뜻이 아님은 물론입니다. 그러나 영준 선사는 그 뜻을 모르고 주위에 아무도 없으니 스님께 말씀을 해달라고 거듭 청했습니다.

"이 대나무는 이만큼 길게 자랐고, 저 대나무는 저만큼 짧게 자랐구나! "

영준 선사는 취미 선사의 말을 듣는 순간 크게 깨달았다.

달마 스님께서 서쪽에서 오신 참뜻에 대해 취미 선사는 "이 대나무는 이만큼 길게 자랐고, 저 대나무는 저만큼 짧게 자랐다."고 답을 해주셨습니다. 여러분이 이 뜻을 이해하신다면 마음의 문이 열렸다고 봅니다. 이해를 하지 못하신다면 아직도 형상에 끄달리고 있다는 애깁니다. 《반야심경》에 보면 색과 공이 다르지 않다고 하는데, 마음과 물질은 둘이 아닙니다. 작은 대나무나 큰 대나무나 달마 스님의 마음이나 하나입니다. 모든 물질은 하나의 마음자리에서 작용을 통해서 나타난 것이니, 모양이 아니라는 애깁니다. 수차 말씀드렸듯이, 물과 얼음은 둘인 것 같지만 하나인데 물이 차가운 기운을 만나서 얼음이 되었을 뿐입니다.

깨달음이란 이런 세계를 깨달은 겁니다. 수행을 통해서 도를 깨쳤다는 것은 안과 밖의 경계가 끊어진 도리를 깨달았다는 겁니다. 깨닫게 되면 속지 않는다는 얘기죠. 깨닫지 못한 입장에서 보면 선문답의 내용이 엉뚱한 소리를 한다고 생각할 수 있겠지만, 그것은 형상에 끄달려 속고 있는 것입니다. 지금 이 앞에 있는 마이크도 텅 빈 마음으로 보면 공한 것입니다. 《금강경》에서도 일체 유위법(有爲法)은 그림자 같고, 아침 이슬과 같고, 번갯불과 같다고 표현하고 있습니다. 이름이나 문자나 형상에 끄달려가지 않는 것이 부처의 삶입니다. 달마 스님께서 서쪽에서 오신 뜻을 물었는데 실질적으로 달마 스님의 자성(自性)은 오고 감이 없어요. 물질이 아니니까 오는 것도 가는 것도 아닙니다. 그러니까 달마 스님의 마음과 대나무는 둘이 아닌 하나라는 애깁니다. 이 질문은 '용'의 차원에서 물었던 겁니다.

취미 선사가 "이 대나무는 이만큼 길게 자랐고, 저 대나무는 저만큼 짧게 자랐구나!"하신 말씀에 대해서 길다는 생각이나 짧다는 생각에 끌려가면 속는 겁니다. 긴 대나무나 짧은 대나무나 하나의 마음에서 나왔다는 것을 아셔야 됩니다. 긴 대나무는 긴대로, 짧은 대나무는 짧은 그대로, 있는 그대로의 실상을 드러내고 있습니다.

38. 부채로 부르는 손짓을 보고 깨닫다

고정 간(高停簡) 선사

고정 간 선사가 처음에 강 건너에 있는 덕산 스님을 보고 멀리서 합장하고 큰 소리로 인사를 건네었다.

"안녕하십니까?"

덕산 스님이 손에 쥐고 있던 부채로 선사를 부르는 손짓을 하자, 고정 간 선사는 홀연히 크게 깨닫고서 강을 따라 가던 길을 그냥 가며 다시는 돌아보지 않았다.

해설 ✖✖✖✖

덕산 선사는 용담 선사를 만나면서 성품을 밝히신 분이며《금강경》

의 대가로 많이 알려졌던 분이었습니다. 강 건너에 있는 덕산 스님을 보고 고정 간 선사가 인사를 했던 것입니다. 그러니 덕산 스님이 손에 쥐고 있던 부채를 펴서 답을 했던 겁니다. 이것은 선문답입니다. "안녕하십니까?" 하는 인사 겸 질문에 덕산이 입을 떼면 답이 아니기 때문에 부채를 펴서 답을 해준 겁니다. 예를 들면 제가 볼펜을 들어보이며 "일러 보십시오!" 했을 때 볼펜의 본래 자리를 일러보라고 하는 경우와 마찬가지입니다. 실상(實相)인 '체'를 묻고 있는 것입니다. 볼펜도 분석해 들어가면 물질이 아닌 마음의 파동입니다. 마음자리에서 본다면 답을 어떻게 해야겠습니까? 실상은 모양이 없는 마음자리이기 때문에 있고 없고를 초월한 자리입니다. 그러니까 입을 떼면 그르칩니다.

고정 간 선사가 인사를 하자 덕산 스님이 부채를 펴서 답을 했을 때 고정 간 선사가 도를 깨쳤습니다. 그리고는 강을 따라 가던 길을 그냥 가며 다시는 돌아보지 않았다고 합니다. 왜 그랬을까요? 석가모니부처님께서 새벽 별을 보고 깨치시고는 "별을 보고 도를 깨달았는데 깨닫고 보니 별이 아니더라"고 하셨습니다. 도를 깨친다는 것은 하나의 마음자리를 깨달은 것이기 때문에 마음에서는 형상을 초월해 있습니다. 별이라는 이름이 끊어지는 순간이에요. 별도 역시 모양이 없는 마음이더라는 겁니다. 고정 간 선사가 깨닫고 보니 덕산 스님의 도(道)도 별 게 아니더라는 겁니다. 그래서 강을 따라가던 길을 가며 다시는 돌아보지 않았던 겁니다.

선문답에 있어서는 이렇게 위·아래가 없어서 목숨 걸고 싸우기까지도 합니다. 스님들께서 자신이 체험한 부분에 대해서는 조금의 양보도 없는데 보통 싸우는 것과는 다른 차원이라고 보시면 되겠습니다.

39. 형상 없는 불경

운암 담성(雲嵓曇晟)

운암 스님이 어떤 스님에게 물었다.

"그대가 외고 있는 것이 무슨 경인가?"

그 스님이 대답했다.

"《유마경》입니다."

"《유마경》을 물은 것이 아니라 외우고 있는 것이 무슨 경인지를 물었
던 것이네."

그 스님은 이 말을 듣고 크게 깨달았다.

해설 ❦❦❦

운암 스님께서 어떤 스님에게 "그대가 외고 있는 것이 무슨 경이
오?"라고 물으시자 그 스님이 《유마경》입니다."라고 대답했습니다.
경(經)은 도를 깨닫기 위한 길을 일러주는 것입니다. 운암 스님께서 말
씀하신 길이라는 것은 심경(心經)을 말씀하시는 겁니다.

《유마경》은 불이(不二) 법문이라고 합니다. 《유마경》의 핵심은 둘이
아닌 가르침입니다. 경을 부처님 말씀이라고 한다면 부처님 말씀을 통
해서 일러주시고자 하는 자리가 바로 진여실상인 하나의 마음자리입
니다. 어떤 경이든 하나의 마음자리를 일러주시기 위해서 말씀하신 겁
니다. 경을 묻고자 했을 때는 하나의 마음자리를 묻고 있기에, 그렇다
면 하나의 마음으로 돌아가야 할 것입니다.

운암 스님께서 "《유마경》을 물은 것이 아니라 외우고 있는 것이 무
슨 경인지를 물었던 것이오." 라고 말씀하시자 그 스님이 크게 깨달으
셨다고 합니다.

40. 천신의 눈을 피하다

운거 도응(雲居道膺)

운거 선사가 동산의 삼봉(三峯)에 있으면서 암자에 머물러 있을 때 여러 날 동안 승당으로 나가서 공양을 받지 않았다.

동산 스님이 물었다.

"그대는 어찌하여 승당에 나와서 공양을 하지 않는가?"

운거 선사가 답했다.

"매일 천신(天神)이 식사를 보내 주었습니다."

"그대가 될성부른 사람인 줄 알았는데 아직도 그런 견해를 품는 것인가? 이따가 저녁이 되거든 나에게 오너라."

운거 선사가 늦게 동산 스님을 찾아오자 동산 스님이 그를 불렀다.

"도응 사리(道膺闍梨)여!"

운거가 "예!"하고 대답하니, 동산 스님이 물었다.

"선(善)도 생각하지 말고 악(惡)도 생각하지 말라고 하신 말씀이 무슨 뜻이겠는가?"

운거 선사는 곧장 암자로 돌아와서 가부좌를 맺고 앉아 선정에 들었다. 천신이 여러 날 동안을 왔어도 운거 선사를 보지 못하여 울면서 돌아갔다.

해설 ❧❧❧

천신에게 공양을 받는다는 것이 결코 쉬운 일은 아닐 겁니다. 가섭 존자도 처음에 천신에게 공양을 받았다고 합니다. 걸식(乞食)을 하던 어떤 여인이 부처님께 공양을 올리는 게 원이었던 겁니다. 어느 날 죽을 얻었는데 먹고 싶었지만 공양을 올리기 위해서 참다가 죽이 쉬어 버렸습니다. 가섭 존자가 그곳을 지나가게 되는데 그 여인이 가섭 존자께 죽을 올리고 싶은데 죽이 쉬어서 망설이자 가섭 존자가 그 쉰 죽을 달라고 하셨습니다. 그 쉰 죽을 가섭 존자가 먹었지만 그 여인은 배고픔에 쓰러져서 일어나지를 못하게 됩니다. 이 여인은 이 공덕으로 인해서 천신으로 태어납니다. 천신으로 태어난 후 가섭 존자의 은혜를 갚기 위해 공양 때가 되면 나타나서 가섭 존자에게 공양을 베풀게 됩니다. 그러나 부처님께서는 절대 그렇게 하면 안된다고 꾸짖으셨다고 합니다. 그 후 가섭 존자는 천신께 더 이상 공양을 받지 않았다고 합니다.

위의 내용에서 운거 선사도 동산의 삼봉에 있으면서 암자에 머물러 있을 때 여러 날 동안 승당으로 나가서 공양을 받지 않고 천신의 공양을 받았던 겁니다. 이 사실을 동산 스님이 아시고 "그대가 될성부른 사람인 줄 알았는데 아직도 그런 견해를 품는 것인가? 이따가 저녁이 되거든 나에게 오너라."라고 말씀을 하셨어요. 그래서 저녁 늦게 동산 스님을 찾아 가자 "도웅 사리여!"하고 부르셨습니다. 이 말은 "도웅 아사리(阿闍梨)여!"를 줄인 말이며 아사리는 강원에서 학인들을 가르치는 교수를 말합니다. 운거 선사가 "예"하고 대답하자 "선도 생각하지 말고 악도 생각하지 말라고 하신 말씀이 무슨 뜻이겠는가?" 하고 동산 스님이 물으셨습니다.

운거 선사는 이 말씀을 듣고 곧장 암자로 돌아와서 가부좌를 맺고 선정(禪定)에 들었던 겁니다. 그러자 천신이 여러 날 동안을 왔지만 운거 선사를 찾을 수가 없어서 울면서 돌아갔다고 합니다. 우리 생각은 한 곳에 머물지 않고 이 생각 저 생각에 끄달려가고 있습니다. 이 생각은 파동으로 작용해서 영가의 세계에서 볼 수가 있는 겁니다. 그러나 운거 선사가 선정에 들어 마음에 동요가 없었기 때문에 천신이 왔어도 운거 선사의 자취를 볼 수 없었던 겁니다.

해인삼매(海印三昧)는 바다에 도장을 찍었을 때 바닷물에 도장이 찍힌 것을 말합니다. 그런 경지까지 들어가야 됩니다. 바다가 잔잔하다고 해도 미미한 파동이 항상 있습니다. 생각이 끊어진 자리에 들어갔을 때 우리의 마음자리를 무념의 경지에 있다고 합니다. '나' 라는 것도 끊어졌기 때문에 형상이 모두 끊어진 자리이며 영가의 세계에서도 볼 수가 없는 자리입니다. 수행을 한다고 했을 때는 그 경지까지 들어가야 됩니다. 그 경지에 들어가면 굉장히 편안합니다. 이 경지는 그냥 들어가는 것이 아니고 매일 밥을 먹듯이 열심히 정진했을 때 들어갈 수가 있습니다. 정진해서 법미(法味)를 느꼈을 때 저절로 수행의 길로 들어가는 겁니다. 정진하는 그 순간이 행복한 순간이 되는 것입니다.

41. 보신이나 화신은 진짜가 아니다

천복 승고(薦福承古)

천복 고 선사가 이 이야기를 듣고 말했다.

"상좌들이여, 저 옛 어른들은 몸과 마음의 경지가 그러하였는데도 귀신에게 들키셨거늘 하물며 그대들이겠는가. 요즘 사람들은 하루가 다 가고 밤이 지새도록 스스로를 속이고 있으니 천신과 토지신에게 그대들의 일거수일투족, 좋고 나쁨을 낱낱이 들키고 있는 것이오. 저들에게 들킨 것은 그대들이 한 가지만 생각하는 마음을 잊지 못했기 때문이다.

지금 내 말의 큰 뜻은 모든 수행자들이 참구하고 배우려는 마음도 쉬고 수행하는 마음도 쉬어서 마치 하나의 딱딱한 돌멩이와도 같아져야 하고, 불이 꺼져 싸늘하게 식은 재와도 같아져야 한다는 말이다. 이와 같이 할 수만 있다면 그에 상응하는 대가를 얻을 것이다. 그렇지 못한다면 설령 그대들이 육도만행(六度萬行)을 미래가 다하도록 닦는다 하더라도 겨우 보신불이나 화신불 밖에는 되지 못할 것이다. 보신이나 화신은 진짜가 아니고, 부처 또한 법을 설하는 자가 아니라는 말을 들어본 적이 없는가! "

해설 ✖✖✖

천복 고 선사가 말했다.

"저 옛 어른들께서는 몸과 마음의 경지가 그러하였는데도 귀신에게 들키셨거늘 하물며 그대들이겠는가."

우리 마음이 삼매에 들어 있지 않는다면 천신이나 토지신에게 마음을 들킨다는 말입니다. 제사를 지내는 일도 여러분 마음에서 마지못해서 하거나 형제들의 불화 속에서 지낸다면 영가들도 다 알 것입니다. 그런 마음으로 제사를 지낸다면 지내지 않는 것만 못합니다. 육안의 눈으로 보는 세계에서는 잘 모르겠지만 영가의 세계에서는 우리의 마음을 다 읽는다고 합니다. 예전 스님들과 달리 요즘은 보고 듣는 것이 밝고 화려한 환경으로 인해 수행자들이 경계에 쉽게 끄달릴 수가 있습니다. 앞서 나온 천인들로부터 공양을 받던 운거 스님을 들어 말씀하시는 장면입니다.

"요즘 사람들은 하루가 다가고 밤이 지새도록 스스로를 속이고 있으니"

스스로 속인다는 것은 무엇입니까? 수행자라면 항상 정진의 끈을 놓지 말아야 되는데 그렇지 못할 때는 자신을 죽이는 순간입니다. 재가 불자님들도 마찬가지로 내 마음자리를 떠난 순간은 죽은 순간입니다. 살생을 하지 말라는 것도 내 생명을 죽이지 말라는 것입니다. 경계에 끄달려 내 생명자리를 잊고 있다면 죽는 순간입니다. 겉모습이 설령 수행자의 모습이더라도 모두를 속이고 있는 겁니다. 무언가 얻고자 절에 다닌다면 아직도 불교를 모르고 있는 겁니다. 얻을 수 있는 것이 아닙니다. 하나의 마음자리가 실상이라면 그 자리에서 얻을 게 무엇이 있겠습니까? 참다운 본래 자리로 돌아가기 위해서 불교를 공부하는 겁니다.

우리가 지금 살림살이를 하는 것은 우주적인 차원에서 본다면 티끌 같은 것을 가지고 살림살이 하는 겁니다. 여러분이 그것을 다 놓으면 우주와 하나가 되기 때문에 그때는 우주를 가지고 살림살이를 하게 됩니다. 끊임없는 수행으로 인해 깨달음의 뜻을 이룰 수만 있다면 위대한 세계로 들어가는 겁니다. 이 가르침은 과학을 초월한 가르침입니다.

"천신과 토지신에게 그대들의 일거수일투족 좋고 나쁨을 낱낱이 들키고 있는 것이오."

삼매의 경지에 들어가지 않는 한 모든 생각은 천신과 토지신 뿐만 아니라 인연이 있는 영가들에게도 일거수일투족 좋고 나쁨을 낱낱이 들키고 있습니다. 수행자라면 타심통(他心通)까지 들어가서 상대를 교화하고 상대의 마음까지도 읽을 수 있어야 됩니다. 그래야지 선문답에 있어서도 막힘이 없는 무애행을 할 수가 있는 겁니다. 어설프게 아는 것만으로는 큰 어른스님들의 질문에 말 한마디조차도 제대로 할 수 없습니다.

"저들에게 들킨 것은 그대들이 한 가지만 생각하는 마음을 잊지 못했기 때문이다."

한 가지만 생각하는 마음이란 염불을 하거나 화두를 든다면 오직 그 한 생각에만 몰두해 있어야 됨을 말합니다.

"지금 내 말의 큰 뜻은 모든 수행자들이 참구하고 배우려는 마음도 쉬고 수행하는 마음도 쉬어서 마치 하나의 딱딱한 돌멩이와도 같아져야 하고, 불이 꺼져 싸늘하게 식은 재와도 같아져야 한다는 말이다."

무념 경지에 있어야 된다는 말입니다. 모든 경계를 초월해야 됩니다. 모든 대상이 끊어져서 딱딱한 돌멩이와 같아져야 하고 불이 꺼져 싸늘하게 식은 재와도 같아져야 한다는 말씀입니다. 수행을 통해서 삼매의 경지에 들어갔을 때 마음이 맑아지게 되면 마음자리가 드러나게 됩니다. 화두를 들지 않아도 일념으로 염불 정진했을 때 눈이 열리게 됩니다. 오직 한 생각으로 무념 경지까지 들어가야만 가능합니다.

"이와 같이 할 수만 있다면 그에 상응하는 대가를 얻을 것이다. 그렇지 못한다면 설령 그대들이 육도만행을 미래가 다하도록 닦는다 하더라도 겨우 보신불이나 화신불 밖에는 되지 못할 것이다. 보신이나 화신은 진짜가 아니고, 부처 또한 법을 설하는 자가 아니라는 말을 들어본 적이 없는가! "

육도만행은 육바라밀을 말합니다. 교학에서는 육바라밀을 통해서 성불할 수 있다고 하지만 선(禪)에서는 육바라밀조차 초월해 있습니다. 보시를 행하고 계를 지키고 선정을 닦는다는 생각조차도 끊어져 나가야 됩니다. 교학에서는 초선, 이선, 삼선, 사선을 뛰어넘어야 성불할 수 있다고 하지만 선에서는 사선의 경지를 뛰어 넘은 겁니다. 선을 통해서 도를 깨쳤다면 이후에는 우주를 있는 그대로 하나로 보는 보살행이 되어야 합니다. 부처님께서도 아라한도(阿羅漢道)를 익혔다고 하시는데 불도(佛道)하고 아라한도는 다릅니다. 아라한도 삼계를 뛰어넘고 신통은 자유자재로 부리지만 덕은 갖추지 못했습니다. 덕을 갖추지 못한 것은 바로 육바라밀의 행을 갖추지 못했기 때문입니다. 베푸는 것만이 보시바라밀이 아닙니다. 하나의 마음을 두고 행했을 때 바라밀행이 됩니다. 그렇다면 마음 밖에 대상이 있으면 안됩니다. 대상이 따로 있으면 이분법적인 사고이기 때문에 바라밀행이 아닙니다. 누군가 배고픔에 괴로워하고 있다면 무심에서 베풀어야 됩니다. 우주를 상대로 베풀었을 때 바라밀행이 되는 겁니다. 즉 모든 경계를 초월한 자리에 이르지 못한다면 선종에서는 육도만행을 미래가 다하도록 닦는다 하더라도 겨우 보신불이나 화신불 밖에는 되지 못할 것이라고 말씀하셨습니다.

새벽종송에 "보화비진요망연 법신청정광무변(報化非眞了妄緣 法身淸淨廣無邊: 보신·화신 참이 아니고 망연으로 인함이니, 법신은 청정해서 가이 없구나)"이라는 게송이 있습니다. 극락세계의 주불은 아미타 부처님입니다. 극락이라는 공간에 있다면 이분법적인 사고가 되니까 가짜 부처라고 하는 것입니다. 화신불이란 중생을 제도하기 위해서 방편으로 출현하신 분을 말하는데, 이 역시도 가짜입니다. 선에서 보았을 때는 제도할 중생이 끊어진 겁니다. 하나의 마음자리에서 본다면 제도할 대상이 없는 거잖아요. 제도할 대상이 있다고 했을 때 자비라는 표현을 하지만 부처의 경지에서 본다면 아직 부처의 경지에 들어가지 못한 겁니다. "보신이나 화신은 진짜가 아니고, 부처 또한 법을 설하는 자가 아니라는 말을 들어본 적이 없는가!" 하고 말씀하시는 부분을 보면 알 수가 있습니다. 진여실상의 마음자리는 어떤 표현도 할 수 없는 자리이기 때문에 부처님 또한 법을 설하는 자가 아닙니다. 그 자리는 설할 것도 없고 대상도 없습니다. 석가모니부처님께서도 49년 동안 고구정녕 말씀하시고도 "나는 한마디도 설하지 않았다"고 하셨습니다. 진여실상 차원에서 하신 말씀입니다. 입을 뗄 수 없는 이 자리에 들어갔을 때 모든 업이 맑아지고 녹아진다는 겁니다. 끊임없이 정진할 때 하나의 길로 들어가는 것이며 우리는 진정한 자유인이 될 수 있습니다. 대상과 경계가 있으면 말이나 문자나 형상에 끄달려 윤회를 벗어날 수 없습니다.

42. 만법은 한 마음에 통하는 것

운거(雲居) 선사

어떤 스님이 운거 선사에게 물었다.

"어떤 것이 한 가지 법입니까?"

선사가 반문했다.

"어떤 것이 여러 가지 법[諸法]인가?"

"잘 모르겠습니다. 어떻게 해야 그것을 알 수 있겠습니까?"

선사가 답했다.

"한 가지 법은 그대의 본래 마음이요, 여러 가지 법은 그대의 본래 성품이다. 그렇다면 말해 보게나. 마음과 성품은 하나인가, 둘인가?"

그 스님이 절을 올리자 운거 선사가 게송을 읊었다.

한 가지 법은 모든 법의 근본이고
만법은 한 마음에 통하는 것이네.
마음만이 오직 그대의 성품이니
다르다거나 같다고 말하지 말라.

해설 ❦❧

어떤 스님께서 운거 선사에게 "어떤 것이 한 가지 법입니까?"하고 이치를 물으셨어요. 한 가지 법이란 하나의 마음자리를 말합니다. 그 실상에 대해서는 입을 떼면 그르치는 자리라는 것을 모르고 어떤 스님이 한 가지 법을 묻는 겁니다. 그러자 선사가 "어떤 것이 여러 가지 법인가?"하고 반문하셨습니다. 한 가지를 물었다는 것은 여러 가지 중에 한 가지를 물었다는 의미이기에, 이와 같이 물으셨던 겁니다.

이 질문은 '용' 차원에서 물었기 때문에 그렇게 답을 해준 겁니다. 질문하신 스님이 한 가지 법이나 여러 가지 법에 대한 뜻을 잘 모르기 때문에 "잘 모르겠습니다. 어떻게 해야 그것을 알 수 있겠습니까?" 하고 다시 가르침을 청했습니다.

그러자 선사가 "한 가지 법은 그대의 본래 마음이요, 여러 가지 법은 그대의 본래 성품이다. 그렇다면 말해 보아라. 마음과 성품은 하나인가, 둘인가?" 하고 말씀하셨습니다. 우리가 보고 듣고 생각하는 것도 마음이라고 하지만 대상에 따라 마음의 작용을 일으킨 것은 본래 마음 자리에서 보면 번뇌입니다. 어떤 경계에 끄달려 좋은 생각을 하고 봉사를 한다고 해도 모두 업(선업 또는 악업)을 짓는 일입니다. 왜냐하면 내가 본 것 들은 것이 사실이 아니기 때문입니다.

한 가지 법이란 생각하기 이전의 자리를 말합니다. 생각하기 이전의 자리에서 보면 우주는 하나의 마음으로 되어있습니다. 그 자리에서 보면 삼라만상이 다 마음으로 된 것입니다. 눈을 감고 집안 구석구석을 비춰보거나 마음의 눈으로 보면 벽도 걸림이 없는 겁니다. 그렇다면 내 마음과 네 마음을 둘로 보면 안됩니다. 그 자리는 나눌 수 없는 자리입니다. 여러 가지 법은 현상계를 말합니다. 현상계는 마음의 작용에 의해서 나타난 것이어서 물거품 같은 겁니다. 여러 가지 법이란 '용'에서 말씀하는 것이며 한 가지 법은 '체'에서 말씀하신 것입니다.

'체'와 '용'은 하나이기 때문에 여러 가지 법은 그대의 본래 성품이라고 말씀하셨으며, 성품과 마음이 둘인가 하나인가를 되물었습니다. '얼음과 물이 하나인가, 둘인가?' 하는 질문과 똑같습니다. 마음과 성품 또한 하나입니다. 이 도리를 알면 질문에 대해 이해할 수 있습니다. 질문했던 스님이 하나의 도리를 알고는 감사의 절을 올리자 운거 선사가 실상에 대해서 다음과 같이 게송으로 말씀하셨습니다.

한 가지 법은 모든 법의 근본이고

모든 현상계는 '하나의 마음[一心]'에서 작용을 통해 나타난 것입니다.

만법은 한 마음에 통하는 것이네.

만법귀일(萬法歸一)이라는 공안을 들어보셨을 겁니다. 만법이 하나로 돌아가는 소식을 말합니다. 만법은 현상계인 용(用)을 말하는 겁니다. 기독교처럼 하나님이라는 말로 표현했다면 어렵지 않았을 텐데 그래서 불교가 어렵다고 합니다. 불교는 실상에 대해서 표현할 수 없는 부분이기 때문에 이러쿵 저러쿵 온갖 이름을 붙여놓게 된 겁니다.

하나의 마음과 현상계는 둘이 아닌 하나라는 얘깁니다. 《법성게》에 "하나가 전체요, 전체가 하나"라는 말씀과 같은 겁니다. 하나란 '체' 차원에서 하나의 마음자리에서 하신 말씀이며, 전체는 하나의 마음에서 작용을 통해 나타난 현상계인 '용'을 말합니다. 그러니까 하나와 전체는 곧 하나입니다. 이렇게 이론으로는 알더라도 현실에서는 여기서 속고 저기에서 속고 속고만 살거든요. 속지 않기 위해서는 열심히 정진해 나가야 합니다.

마음만이 오직 그대의 성품이니 다르다거나 같다고 말하지 말라.

모든 것은 오직 하나의 마음으로 되어 있다는 말입니다. 그 자리는 입을 뗄 수 없으며 어떤 표현도 할 수 없지만 부득이 방편상 마음이라고 하는 겁니다. '일체유심조(一切唯心造)'도 일체가 이 마음에 의해서 지어진다고 하는데 일체가 내 마음에 달렸다고 하면 안됩니다. 여기서의 마음[佛心]은 하나의 마음자리를 말하며, 내 마음[衆生心]은 내가 쓰고 있는 마음을 말합니다. 견성한 입장에서 내 마음이 우주와 하나이니까 하나로 쓰면 걸림이 없지만. 아직 공부를 하는 입장에서는 본래 마음과 내 마음은 분명 다릅니다. 하나의 마음인 이 마음을 써야 됩니다. 하나이기 때문에 하나와 전체가 다르다거나 같다고도 하지 말라는 말씀입니다. 입을 떼면 그르치니까 모양이 없는 진여실상 차원에서 하신 말씀입니다.

43. 우물이 나귀를 보는 도리

조산 본적(曹山本寂)

경청(鏡清) 스님이 조산 본적 선사에게 물었다.

"맑고 깨끗한 이치는 결국 몸이 없을 때 어떻게 해야 합니까?"

조산 선사가 반문했다.

"이치는 그렇다 치고, 일은 또한 어떠해야 하는가?"

"이치도 그러하고 일도 그렇습니다."

해설 ✖✖✖✖

  경청 스님이 조산 선사에게 "맑고 깨끗한 이치는 결국 몸이 없을 때
어떻게 해야 합니까?"하고 물었습니다. 이 질문은 '용' 차원에서 묻고

있습니다. 맑다, 깨끗하다, 몸이다 하는 것은 하나로 보아야 됩니다. 이 질문에 대해서 조산 선사가 "이치는 그렇다 치고, 일은 또한 어떠해야 하는가?" 하고 반문했습니다.

문자의 뜻에 자꾸 끌려가면 안됩니다. 상대가 문자에 끄달려서 속고 있는가를 점검하는 차원에서 질문을 하고 있는 것입니다. 모양이 없는 하나의 마음자리에서는 어떤 표현을 해도 절대 둘이 아닙니다. 그래서 여러분께 말이나 문자나 형상에 속지 말라고 거듭 말씀드리는 것입니다. 이치[理]란 실상을 의미하며 일[事]이란 용에서 표현하신 겁니다. 경청 스님은 "이치도 그러하고 일도 그렇습니다." 하고 용으로 답을 했습니다. 이치나 일을 둘로 보면 안됩니다. 두 분께서 선문답을 하신 이 내용은 일종의 공안입니다. 이 부분에 대해서 의심이 되면 화두가 될 것입니다.

조산 선사가 덕(德) 상좌에게 물었다.

"부처님의 진실한 법신은 허공과 같으며, 물 속의 달처럼 어떤 사물에라도 응하여 그 모습을 나타낸다고 하셨는데 그 응하는 도리를 어떻게 설명하겠는가?"

덕 상좌가 대답했다.

"나귀가 우물 속을 들여다보는 것과도 같습니다."

"대답은 매우 빨리 하였으나 팔할만 터득했구나."

덕 상좌가 물었다.

"스님께서는 어떻게 말씀하시겠습니까?"

"우물이 나귀를 보는 것과 같다."

해설 ⚬⚬⚬⚬⚬

조산 선사가 덕 상좌에게 물었다.

"부처님의 진실한 법신은 허공과 같으며, 물 속의 달처럼 어떤 사물에
라도 응하여 그 모습을 나타낸다고 하셨는데 그 응하는 도리를 어떻게
설명하겠는가?"

부처님의 진실한 법신은 '체'를 묻는 것입니다. 법신, 공, 불성, 진공,
진여는 똑같은 자리를 말합니다. 물속의 달은 하나의 달이 천개의 강
에 비춰진다면 똑같은 모습으로 떠 있을 겁니다. 이와 마찬가지로 본
래마음은 인연따라 온갖 것으로 나타나지 않은 것이 없습니다. 지금
여러분의 얼굴이나 옷도 마음의 작용으로 인해 모두 다르죠? 그러니
까 묘하다는 것입니다. 나타나는 모든 것이 마음의 작용 아닌 것이 없
습니다. 이 부분에 대해서 물속의 달로 비유를 한 겁니다. 그 응하는 도
리라는 것은 마음이 물질을 통해서 나타남을 말합니다.

'심즉시불(心卽是佛)'이란 마음이 곧 부처라는 말씀인데 그 마음이 법
신부처님입니다. 법신부처님이 인연따라 다양하게 나타난 것입니다.
대승에서 보았을 때는 지금 여기에 계신 여러분이 모두 화신부처님입
니다. 마음이 부처라면 마음이 작용을 통해서 나타난 것 또한 부처님입
니다. "두두물물(頭頭物物)이 부처 아닌 게 없다"는 말과 같습니다.

석가모니부처님을 천백억 화신(化身)이라는 표현을 하는데 천백억이란 이 현상계가 모두 석가모니부처님의 화신 아닌 것이 없다는 말입니다. 지금 당장 우리의 눈으로는 모두 부처로 볼 수 없지만 한마음으로 보고 끊임없이 공부하면 그 마음이 부처로 보인다고 합니다.

덕 상좌가 대답했다.
"나귀가 우물 속을 들여다보는 것과도 같습니다."

조산 선사가 "그 응하는 도리를 어떻게 설명하겠는가?" 하는 용 차원의 질문에 덕 상좌가 "나귀가 우물 속을 들여다보는 것과도 같다"고 용 차원에서 대답을 하셨습니다. '나귀가 우물 속을 들여다보는구나!' 하고 문자에 끄달려 갈 수가 있지만, 나귀나 우물 속이나 하나의 마음입니다. 교학적으로 경을 아무리 읽고 외운다고 하더라도 경을 통해서는 이 도리를 알 수가 없어요.

"대답은 매우 빨리 하였으나 팔할만 터득했구나."

이 말만 보면 '백 프로에서 팔십 프로만 터득했구나' 하고 문자에 휘둘릴 수 있습니다. 다시 한번 질문한 스님에 대한 점검차원으로 응수(應手)하시는 겁니다.

덕 상좌가 물었다.

"스님께서는 어떻게 말씀하시겠습니까?"

"우물이 나귀를 보는 것과 같다."

질문 했던 덕 상좌가 다시 "스님께서는 어떻게 말씀하시겠습니까?" 하고 반문을 하셨어요. 그러자 우물이 나귀를 보는 것과 같다고 똑같이 말씀을 하셨습니다. 공부를 하는 과정에서 내가 공부 점검을 받아야겠다고 생각하고 선지식을 찾아갔을 때 용에서 질문하면 용으로, 체에서 질문하면 체에서 대답을 제대로 하게 되면 인가를 해주시는 겁니다. 결국 이 장면에서 스승과 제자가 마음이 통한 것입니다.

44. 뱀이 개구리를 무는 소리

경청(鏡淸) 선사

경청 선사가 어떤 스님에게 물었다.

"문 밖에 무슨 소리인가?"

스님이 대답했다.

"빗방울 떨어지는 소리입니다."

"중생이 전도되어 자기를 잃고 대상을 쫓는구나."

다시 경청 선사가 그 스님에게 물었다.

"문 밖에 무슨 소리인가?"

스님이 대답했다.

"뱀이 개구리를 무는 소리입니다."

"장차 중생의 괴로움을 말하려 하였더니 벌써 괴로워하는 중생이 있구나."

경청 선사가 어떤 스님에게 "문 밖에 무슨 소리냐?"하는 질문은 '체' 차원에서 묻고 있는 겁니다. 이때는 아마 비가 와서 처마 끝에 빗방울이 떨어졌던 것 같습니다. 물방울의 본래자리를 물었지만 그 스님은 "빗방울 떨어지는 소리입니다"라고 대답했습니다. 이 스님은 지금 소리와 형상에 끌려간 겁니다. 경청 선사께서 빗방울을 몰라서 물었겠습니까? 답이 틀린 것이죠. 그러자 경청 선사가 "중생이 전도(顚倒)되어 자기를 잃고 대상을 쫓는구나."라고 하셨습니다. 주인과 객을 모르며 살고 있을 때를 전도된 삶이라고 합니다. 현상은 꿈과 같은 환상이어서 사실이 아니며 텅 빈 것인데 현상에 끄달려서 살고 있는 것이 중생입니다. 그 물방울이 사실이 아닌데 물방울 소리에 끄달려갔기 때문에 전도된 삶이라고 했습니다. 본래자기는 오고 감이 없고 대상이 없는데 이 뜻을 모르고 있으니까 자기를 잃고 대상을 쫓는다고 하시는 겁니다. 본래의 마음에 있어서는 대상이 따로 없습니다.

이런 경우 죽었다는 표현을 하기도 합니다. 살아있다는 것은 경계에 끄달려가지 않았을 때 살아 있다고 합니다. 자기를 잃고 대상을 쫓는다는 것은 물방울에 끄달려가는 것을 역으로 표현한 겁니다.

말뜻을 알아듣지 못하니까 다시 경청 선사가 그 스님에게 "문 밖에 무슨 소리인가?" 하고 물으셨습니다. 그러자 그 스님이 "뱀이 개구리를 무는 소리입니다."라고 대답을 하였습니다. 경청 선사가 중생이 전도되어 자기를 잃고 대상을 쫓는구나 하는 말씀에 이 스님이 눈이 열렸기 때문에 이와 같은 대답을 한 겁니다. 경청 선사가 "장차 중생의 괴로움을 말하려 하였더니 벌써 괴로워하는 중생이 있구나."라고 하셨습니다. 이 스님이 눈을 떴기 때문에 중생을 제도하고자 하는 마음을 일으킨다는 것입니다. 깨친 입장에서는 본래 괴로워할 대상도 없습니다. 벌써 괴로워하는 중생이 있다는 말씀은 도를 깨쳤기 때문에 중생을 제도해야 할 것이라는 말입니다. 선사가 인가를 해주는 내용입니다.

처진(處眞) 선사가 대중에게 법문을 설했다.

"한 조각 고요한 빛이 찬란히 빛나는데 망설이고 따지려 하면 결국 보지 못하리라. 밝게 던져 사람의 감정이 툭 터지니 큰일은 분명하여 모든 것을 갖추고 있구나. 쾌활하여 얽매임이 전혀 없으니 황금 만 냥으로도 바꿀 수 없다. 천 명의 성인이 난다 해도 모두 저 그림자에서 나타난 것이다."

해설 ◇◇◇◇◇

이 내용은 진여실상을 표현한 부분입니다. 위와 같은 법문은 상당법문(上堂法門)이라고 합니다. 상당법문은 상대가 알아듣든 알아듣지 못하든 당신이 하고 싶은 말을 하고 법상을 내려가는 겁니다. 많은 말을 하게 되면 시끄러운 소리에 지나지 않으므로 짧게 하는 것입니다. 어떤 경우는 더 이상 입을 뗄 수 없기 때문에 주장자를 세 번만 치고 내려가시는 경우도 있습니다.

한 조각 고요한 빛이 찬란히 빛나는데 망설이고 따지려 하면 결국 보
지 못하리라.

한 조각 고요한 빛이란 하나의 마음자리를 말합니다. 분별하고 따진
다면 그 자리는 절대 깨달을 수 없습니다. 흙탕물을 맑히기 위해서 자
꾸 젓는다면 물이 더욱더 더러워진다는 원리는 묵조선 수행을 말합니
다. 묵조선은 고요히 그 자리에 마음을 두고 있는 수행법입니다. 이렇
게 고요히 마음을 두게 되면 온갖 번뇌·망상이 다 일어나게 됩니다.
오늘날의 수행법을 보면 간화선 일변도라고 볼 수 있는데 화두를 통해
서 깨칠 수 있다고 주장하는 분들이 많이 있습니다. 부처님 이후에는
주로 조사선과 여래선을 하였고 그 이후에 묵조선 등 여러 수행법이
나누어져 있었습니다. 화두를 하는 분들이 다른 수행은 인정을 안 하
고 오로지 화두를 타파해야 된다는 생각만 갖고 있거나 《금강경》을 몇
천 번 읽고 법집(法執)에 빠져서 다른 사람을 무시하거나 한다면 그것
은 집착하고 있는 겁니다. 왜냐하면 《금강경》이든 어떤 경이라도 핵심
은 입을 뗄 수 없는 자리를 일러주고 계시기 때문입니다. 경에 집착하
고 있다면 문자에 끄달려가고 있는 모습입니다.

불교는 참선수행이라고 아셔야 됩니다. 하나의 마음자리를 깨닫기
위해서 참구하는 것입니다. 앉아 있는 것만이 참선이 아니라 행주좌와
가 되어서 일념으로 '지장보살'이나 '관세음보살' 염하는 그 놈을 우
주와 하나로 보고 정진할 때 최상승 수행이 되는 겁니다. 이것이 조사
선 수행입니다. 청주에 있는 한마음선원이라는 곳에서 실험을 했는데

화분을 두 개 놓고 한 개는 염불을 해주고 다른 한 개는 욕을 해서 화초를 키웠더니 염불을 해준 화초가 훨씬 더 아름다운 꽃을 피웠다고 합니다. 식물도 우리의 생각을 파동으로 느낀다고 합니다. 이렇듯 염불은 굉장히 좋은 기운입니다. 숭산 스님께서는 코카콜라를 생각해도 '코카콜라 선(禪)'이 된다고 하셨습니다. 코카콜라 또한 하나의 마음에서 나왔기 때문에 하나라는 것을 믿고 행할 때 선이 될 수 있는 겁니다. 하나의 선(禪)을 알고 바르게 행한다면 어떤 것이든 집착할 필요는 없는 것입니다.

밝게 던져 사람의 감정이 툭 터지니 큰일은 분명하여 모든 것을 갖추고 있다.

우리 마음에 이 생각, 저 생각 일으키지 않는다면 본래 실상이 그대로 드러나게 된다는 의미입니다. 감정이 툭 터진다는 것은 한 생각이 열리는 것입니다. 수행을 통해 깨치는 경우를 표현한 부분입니다. 큰일은 생사문제를 말합니다. 툭 터지게 되면 생사 문제를 해결하게 되는 겁니다. 경을 보다가 깨치는 분들도 있지만 정진을 열심히 하신 분들이 공부가 익었을 때 열리는 것입니다. 생사문제는 누가 해결해 주는 것이 아니라 본인 스스로 해결할 수밖에 없습니다. 하나의 마음자리로 돌아가게 되면 이 우주가 하나로 된 도리를 알게 되는데 그때는 우주와 내가 하나이기 때문에 모든 것을 갖추게 되는 것입니다.

쾌활하여 얽매임이 전혀 없으니 황금 만 냥으로도 바꿀 수 없다.

하나의 마음자리에서 보면 대상이 따로 없으니까 쾌활하여 얽매임이 전혀 없습니다. 진여실상, 하나의 마음자리를 깨닫게 되면 이 세상에 아무것도 부러울 것이 없어요. 깨달은 입장에서 보면 빌딩을 몇 채 가지고 있는 분도 우주 차원에서 보면 티끌도 안되는 겁니다. 그러면 부러운 게 없어지는 것이죠. 마음이 얼마나 편하겠습니까?

천 명의 성인이 난다 해도 모두 저 그림자에서 나타난 것이다.

천명의 도인이 나온다고 해도 모두가 마음의 그림자에서 나타난 것이라는 말씀입니다. 부처님이나 성인이라 하더라도 모양이 없는 그 자리에서 작용을 통해 나타남에 지나지 않기 때문입니다. 외국에서도 석학들이 불교가 위대한 종교라는 것을 알고 놀라움을 금치 못한다고 합니다. 왜냐하면 불교는 과학을 초월한 종교입니다. 현대 과학에서도 우주의 근본 실상을 밝혀내지 못했는데 이미 삼천년 전에 석가모니부처님께서는 말씀을 하셨습니다. 그러니 과학자들이 봤을 때 얼마나 놀라운 일입니까? 이 지구를 지키기 위해서는 불교가 유일한 대안입니다. 불교는 우주를 하나로 보고 상생(相生)으로 가잖아요. 파괴하는 것이 아니라 같이 가는 겁니다. 한 생명으로 보았을 때 이 지구를 살릴 수가 있습니다. 그게 아닌 지구를 파괴나 정복의 대상으로 본다면 결국이 지구는 망가져서 빨리 종말이 올 수밖에 없습니다.

45. 전단나무를 쪼개면 조각마다 모두 향이다

신라 대령(大領) 선사

어떤 스님이 신라 대령 선사에게 물었다.

"모든 곳이 청정하다는 것은 무엇입니까?"

선사가 대답했다.

"옥의 가지를 자르면 마디마디가 보석이고, 전단나무를 쪼개면 조각마다 모두 향이다."

대령 선사가 게송으로 설했다.

온 세상이 모두 황금의 나라요,

모든 생명이 그대로 깨끗하고 아름다운 몸을 나타내네.

해설 ᏇᏇᏇ

지금 제가 죽비를 세 번 쳤는데 이 죽비 소리가 있습니까? 없습니까? 있다고 해도 맞지 않고 없다고 해도 맞지 않다는 중도차원에서 답을 해야 맞습니다. 우리는 소리나 형상에 끄달려서 평생 속고 사는 겁니다. 그래서 눈을 떠야 된다는 얘깁니다. 내외명철(內外明徹) 했을 때 선문답의 뜻을 이해할 수 있습니다.

어떤 스님이 대령 선사에게 물었다.
"모든 곳이 청정하다는 것은 무엇입니까?"

이 질문은 '용' 차원에서 묻고 계십니다. 청정하다는 것을 물으셨는데 본래 '체' 차원에서는 청정하다, 오염되었다는 게 없습니다. 질문한 스님이 '체'를 몰랐기 때문에 청정이 무엇인가를 물었습니다.

선사가 대답했다.
"옥의 가지를 자르면 마디마디가 보석이고, 전단나무를 쪼개면 조각마다 모두 향이다."

'용'은 하나의 모양이 없는 마음의 작용을 따라 인연에 의해 나타나는 현상계를 말합니다. '용' 차원에서는 육신 뿐 만 아니라 모든 대상이 진실한 모양은 아닌 것입니다. 중생의 지견으로는 사실이 아닌 것을 사실인 것처럼 형상이나 소리에 끄달려가서 속고 있다는 얘깁니다. 여러분도 각기 다른 옷을 입고 다양한 모습으로 있지만 관(觀)을 통해 마음의 눈으로 보면 모양이 없는 겁니다. 대령 선사는 옥의 가지나, 보석이나, 전단나무나 모두 하나로 본 겁니다. 모두 부처님 법신이라는 얘기죠. 육안의 눈으로 보았을 때는 물질로 보는데 마음의 눈으로 보면 모두 부처님입니다. 왜냐하면 본래마음으로 보는 자리를 부처님이라고 했으니까 부처님이 인연 따라 나타낸 현상계도 역시 부처님입니다. 그것을 달리해서 옥의 가지를 자르면 마디마디가 보석이고, 전단나무를 쪼개면 조각마다 모두 향이라고 표현한 겁니다. 모두 '하나' 아닌 것이 없다는 말이지요. 이것 역시 모두 이름일 뿐입니다. 꿈속에서 깨라고 하는 것도 우리가 겪는 경계 대상이 사실이 아니거든요. 우리가 꿈속에서 꿈을 꾸다 깬 것과 똑같이 육신 뿐만 아니라 모든 대상이 사실이 아닌 것입니다. 현실에서도 지금 우리는 꿈을 꾸고 있는 것입니다.

어떤 스님이 "불교의 대의가 무엇입니까?" 하고 묻자 운문 스님께서 "마른 똥 막대기!"라고 답을 하셨어요. 이것에 대해 '왜 불교의 대의가 마른 똥 막대기일까?' 하고 의심이 생긴다면 화두가 될 수 있어요. '마른 똥 막대기'라는 것도 단지 이름만 붙여놓았을 뿐입니다. 공부를 하면서 선지식을 찾아가 인가를 청하는 경우도 있지만 선문답이나 공안을 보고 내가 속고 있는지를 스스로 확인해 볼 수도 있습니다. 물론 불교를 교학적으로 이해하고 있는 분의 입장에서는 동문서답이라 도저히 이해하지 못할 수도 있어요. 왜냐하면 교학을 하시는 분들은 문자에 집착하고 있기 때문입니다. 우리가 하나의 마음자리에 두고 끊임없이 정진해서 깨달은 후에도 계속 보임수행을 해 나갈 때 제대로 마음의 힘을 쓸 수가 있을 것입니다.

온 세상이 모두 황금의 나라요, 모든 생명이 그대로 깨끗하고 아름다운 몸을 나타내네.

온 세상이 모두 황금의 나라라고 하신 것은 '하나' 차원의 표현입니다. 《반야심경》에서 색즉시공(色卽是空: 물질이 바로 공)이라고 했듯이 모든 생명이 그대로 깨끗하고 아름다운 몸을 나타낸다는 말씀입니다. 있는 그대로는 실상을 말하는데 실상을 보니까 청정 불성으로 되어있더라는 겁니다.

46. 밭에 씨 뿌려 거두어 밥 먹는 일

지장 계침(地藏桂琛)

계침 선사가 수산주(修山主) 스님에게 물었다.

"어디에서 왔는가?"

"남방에서 왔습니다."

"요즘 남방의 불법은 어떠한가?"

"분별이 끝이 없습니다."

"내가 여기서 밥을 먹는 것과 같겠는가?"

"삼계는 어찌 하시겠습니까?"

계침 선사가 되물었다.

"그대는 무엇을 삼계라고 하는가?"

수산주 스님은 이 말을 듣는 순간 깨달았다. 그리고 나서 게송으로 설했다.

밭에 씨 뿌려 거두어 밥 먹는 일은 집안의 일상사이나
충분히 깨달아 아는 이 아니면 알지 못하리.

해설 ❧❧❧❧

"어디에서 왔는가?" 수행자의 입장에서 이런 질문은 상대에 대한 점검을 의미합니다. 본래자리는 오고 감이 없지만, 수산주 스님은 평소의 대답대로 "남방에서 왔습니다." 하고 대답을 했습니다.

"요즘 남방의 불법은 어떠한가?" 다시 한 번 점검을 하십니다. 남방의 불법이나 북방의 불법은 다르지 않습니다. 그런데 수산주가 "분별이 끝이 없습니다."라고 답을 했습니다. 분별이 끝이 없다는 말은 단지 '용(用)'으로 물은 질문에 대해 답을 했을 뿐입니다.

"내가 여기서 밥을 먹는 것과 같겠는가?" 하고 계침 선사가 다시 물었습니다. 밥을 먹는다는 것은 하나의 도리를 쓰는 것을 말합니다. 수산주 스님이 "삼계는 어찌하시겠습니까?" 하고 다시 물었습니다. 계침 선사가 "그대는 무엇을 삼계라고 하는가?" 하고 다시 한번 수산주를 점검합니다. 삼계(三界)라는 게 따로 없는 것입니다. 이 말을 듣는 순간 수산주가 깨달았다고 합니다.

밭에 씨 뿌려 거두어 밥 먹는 일은 집안의 일상사이나 충분히 깨달아 아는 이 아니면 알지 못하리.

깨닫지 못하면 실상의 세계를 알 수 없다는 얘깁니다. 깨달음이란 현실이란 미망의 꿈속에서 깨는 것을 의미합니다.

지장 선사가 보복사의 스님에게 물었다.

"그 곳에서는 사람들에게 부처님 법을 어떻게 가르칩니까?"

스님이 대답했다.

"보복(保福) 선사께서 어느 때인가 '그대들의 눈을 가릴 터이니 그대들로 하여금 보여도 보지 못하게 함이고, 그대들의 귀를 막으리니 그대들로 하여금 들려도 듣지 못하게 함이며, 그대들의 뜻[意]을 주저앉히리니 그대들로 하여금 분별하지 못하게 함이다'라고 가르치셨습니다."

"내가 그대에게 묻겠소. 나는 그대의 눈을 가리지 않았으니 그대는 무엇을 보며, 나는 그대의 귀를 막지 않았으니 그대는 무엇을 들으며, 나는 그대의 뜻을 주저앉히지 않았으니 그대는 무엇을 분별하겠는가?"

이에 그 스님은 이 말을 듣자 크게 깨달았다.

해설 ❧❧❧❧

눈을 가린다는 것은 우리가 지금 보는 눈을 가린다는 뜻이 아닙니다. 육안으로 보는 대상이 본래 없다는 것을 알게끔 하겠다는 말씀입니다. 중생은 보이는 대상이 있다는 생각으로 끄달려가지만 수행을 통해서 실상을 깨닫게 되면 봐도 본 것이 아니며 들어도 들은 것이 아님을 알게 됩니다. 보이는 대상이나 들리는 소리는 파동입니다. 죽비를 쳤을 때도 있는 것도 아니고, 없는 것도 아니라고 말씀드린 것처럼 들려도 들리는 게 아니라는 겁니다. 그래서 이 내용에서도 그대들의 귀를 막으리니 그대들로 하여금 들려도 듣지 못하게 함이라고 말씀하고 계십니다. 그대들의 뜻을 주저앉히겠다는 말씀은 모든 대상을 분별하고 경계에 끄달려가는 마음을 쉬게 하겠다는 의미입니다. 대상이 모두 끊어졌다면 마음에서 분별할 것도 없습니다. 모든 괴로움은 집착에서 오는 것이며 마음에서 본다면 대상이 따로 없기 때문에 집착할 것이 없습니다. 집착에서 벗어나지 못하는 이유는 무수히 익혀온 습 때문입니다. 습을 녹이기 위해서는 끊임없이 정진이 필요합니다. 보임수행을 해야 된다고 말씀을 드리는 이유도 이 때문입니다.

석가모니부처님께서도 성불하신 이후에 어느 여인으로부터 많은 시달림을 당하신 적이 있습니다. 육신이라는 것은 업 덩어리며 전생의 인연이 남아있으면 육신이 있는 한 업은 피할 수가 없습니다. 그러나 부처님께서는 전생 일을 아셨기 때문에 포용을 하십니다. 우리는 과거의 일을 모르기 때문에 당장 겪는 일에 분심을 일으키고 상대방에게 마음을 일으킵니다. 상대가 나에게 좋은 행위를 하던 나쁜 행위를 하던 과거의 업력에 의해서 행하는 것입니다. 우리가 과거 일을 안다면 남과 싸울 일도 없습니다. 그래서 우리는 항상 부처님 말씀에 귀를 기울여야 되고 상대가 나에게 나쁘게 했어도 '아! 내 업이구나' 하고 바로 삭힐 수가 있습니다. 모든 대상이 사실이 아니기 때문에 소리나 형상이나 문자에 휘둘리지 말아야 합니다. 정진하는 순간이 그런 순간이기 때문에 끊임없는 정진을 부탁드리는 겁니다. 보복 선사께서 그대들로 하여금 분별하지 못하게 함이라고 말씀하신 것도 해오(解悟) 차원에서 중생들에게 말씀하고자 하는 부분입니다. 그러나 이론으로만 아는 것이 아니고 이론을 바탕으로 바른 수행을 해야 된다는 말씀입니다.

"나는 그대의 눈을 가리지 않았으니 그대는 무엇을 보며, 나는 그대의 귀를 막지 않았으니 그대는 무엇을 들으며, 나는 그대의 뜻을 주저앉히지 않았으니 그대는 무엇을 분별하겠는가?"

모든 대상 경계가 다 끊어졌기 때문에 계침 선사 입장에서는 가릴 눈도 없고, 들을 귀도 없어서 이렇게 말씀하신 겁니다. 이와 같이 조사선 수행은 모든 것을 하나의 마음으로 보는 수행입니다. 보복사의 그 스님은 발심을 하고 수행을 하던 분이셨지만 아직 깨닫지 못했기 때문에 계침 선사를 찾아왔던 겁니다. 그런데 이 스님이 계침 선사의 말씀을 듣고 크게 깨달았다고 합니다. 우리가 공안에 대해서 의심이 안된다면 그것은 깨닫고자 하는 큰 발심이 서지 않았기 때문입니다. 큰 발심이 있는 분은 법문을 들었을 때 이해가 되지 않는 부분에 대해서 의심이 일어나 질문도 많이 하시게 될 겁니다. 여러분은 불교를 믿는 목적이 깨달음에 있다는 것을 잘 아시고 의문 난 부분에 대해서 질문을 하신다면 공부하실 때 발전이 있게 될 것입니다.

47. 산하대지가 그대들에게 일깨움을 줄 것이다

혜구(惠球) 선사

혜구 선사가 대중에게 법문했다.

"내가 여기서 죽과 밥을 먹은 힘으로 여러분에게 말하는 것은 결국 덧없는 것이다. 만약 요긴한 도에 관해 알고자 한다면 차라리 산하대지가 그대들에게 일깨움을 줄 것이니 그러한 도가 바로 항상하고 궁극적인 도인 것이다.

문수의 문으로 들어가면 일체 유위인 토목이나 기왓장과 자갈들이 그대들의 깨달을 기연을 도와줄 것이고, 관음의 문으로 들어가면 일체 선악의 소리와 메아리, 두꺼비와 지렁이에 이르기까지 모두 그대들을 도와 법문을 들려줄 것이다. 그리고 보현의 문으로 들어가면 굳이 발걸음을 옮기지 않고도 도달하게 될 것이다.

내가 이제 이 세 가지 문의 방편으로 그대들을 가르치는 것은 부러진 젓가락 하나로 큰 바다를 휘저어서 그 속에 살고 있는 물고기들에게 물이 바로 생명임을 알게 하는 것과도 같은 것이다. 알겠느냐? 지혜의 눈으로 자세하게 살피지 못한다면 백 가지 뛰어난 방편을 마음대로 쓰더라도 궁극에 도달하지는 못하리라."

해설 ⤛⤜

내가 여기서 죽과 밥을 먹은 힘으로 여러분에게 말하는 것은 결국 덧없는 것이다.

대중의 공양을 받고 법문을 하고 있지만 도에 대해 입을 뗀다는 것은 참으로 덧없는 일이라는 말씀입니다. 혜구 선사는 하나의 실상세계에 머물러 있기 때문에 입을 떼면 그르친다는 사실을 말하고 있습니다.

만약 요긴한 도에 관하여 알고자 한다면 차라리 산하대지가 그대들에게 일깨움을 줄 것이니 그러한 도가 바로 항상하고 궁극적인 도인 것이다.

눈앞에 펼쳐진 모든 대상이 도(道) 아닌 것이 없다는 법문입니다. 성수 스님께서도 '산하대지가 무비도(無非道)요, 무비선(無非禪)'이라는 말씀을 하셨는데 이 말씀은 '하나' 차원에서 쓰신 표현입니다. 우주 삼라만상이 도 아닌 게 없고, 선 아닌 것이 없다는 말씀입니다. 모든 대상이 선이요, 도입니다.

문수의 문으로 들어가면 일체 유위인 토목이나 기왓장과 자갈들이 그대들의 깨달을 기연을 도와줄 것이고,

보이는 대상이 도 아닌 것이 없다는 말씀입니다. 지금 문수보살이나 관세음보살의 형상을 생각하고 있다면 속는 겁니다. 문수보살과 관세음보살은 지혜와 자비를 상징하는데 깨달은 입장에서 보면 문수의 문이나 관음의 문으로 들어가는 것은 깨달음의 길로 들어가는 것을 말합니다. 지혜는 우주를 있는 그대로 하나로 보는 차원에서 '문수'라는 표현을 한 겁니다. 하나의 반야차원, 실상으로 들어가면 일체의 형상이 있는 토목이나 기왓장, 자갈들이 깨달음을 이룰 수 있는 기연을 도와줄 것이라는 말씀입니다. 토목이나 기왓장, 자갈 등은 서로 다른 것이 아니라 하나의 마음으로 본다면 한낱 이름에 지나지 않는 겁니다. 형상에 휘둘리는지 휘둘리지 않는지를 점검하는 차원입니다.

관음의 문으로 들어가면 일체 선악의 소리와 메아리, 두꺼비와 지렁이에 이르기까지 모두 그대들을 도와 법문을 들려줄 것이다.

관세음보살은 자비를 상징하는데 하나의 마음자리에서 본다면 우리는 모두 한 몸입니다. 한 몸이기 때문에 어머니가 자식을 키울 때도 한 몸과 같이 모든 것을 아끼지 않고 키울 수가 있는 겁니다. 어머니가 자

식이 아플 때 약이 쓰다는 것을 알면서도 병을 고쳐주기 위해 억지로 먹여주듯이 부처님의 자비 또한 마찬가지입니다. 부처님 경지에 들어간 입장에서는 한 몸이기 때문에 외면하지 못하고 제도하고자 하는 마음을 항상 일으키고 있는 겁니다. 관세음보살님 역시 우주를 하나로 보고 한 몸, 한 뿌리, 한 마음 차원에서 자비로 표현한 것입니다.

관음의 문으로 들어가면 일체 선악의 소리와 메아리, 두꺼비와 지렁이에 이르기까지 모두 그대들을 도와 법문을 들려줄 것이라고 말씀하고 계십니다. 모든 대상이 부처님이기 때문에 우리가 느끼지 못할 뿐이지 모두 진리를 설하고 있습니다. 성철 스님께서 "들리는 소리는 묘음(妙音)이요, 보이는 만물은 관음(觀音)이다"라고 하신 말씀도 이런 차원에서 설파하신 것입니다. 불상에 절을 할 때도 마음의 눈으로 절을 해야지 눈앞에 보이는 불상을 향해 절을 하면 안됩니다. 하나의 실상 자리에 마음을 두고 절을 해야 되며, 이것은 언제 어디서든 내 마음에 달린 겁니다. 실상에 눈을 뜨면 부처 아닌 게 없고 진리 아닌 게 없다는 말씀입니다.

보현의 문으로 들어가면 굳이 발걸음을 옮기지 않고도 도달하게 될 것이다.

보현은 행원(行願)을 상징합니다. 보현의 문이란 오직 정진의 힘으로 들어갈 수가 있는데 정진을 통해서만 깨달음을 이룰 수 있고 성불할 수 있습니다. 정진은 오직 내 마음의 동요가 없는 삼매의 경지를 말합니다. 밖에서 구하는 것이 아니라 오직 내 마음의 동요가 없는 삼매의 경지에서 눈을 뜨게 된다는 말씀입니다.

내가 이제 이 세 가지 문의 방편으로 그대들을 가르치는 것은 부러진 젓 가락 하나로 큰 바다를 휘저어서 그 속에 살고 있는 물고기들에게 물이 바 로 생명임을 알게 하는 것과도 같은 것이다.

물속에 사는 물고기들이 물이 자기 생명인 줄을 알겠습니까? 이와 마찬가지로 지금 우리도 진리 속에 있으면서도 진리를 모르는 것과 같 습니다. 진리와 함께 있는데 우리가 모르고 있을 뿐입니다. 부러진 젓 가락 하나로 큰 바다를 휘젓는다는 표현은 말로써 아무리 설한다고 해 도 실상에 대해서 표현할 수 없다는 것을 비유하신 겁니다.

지혜의 눈으로 자세하게 살피지 못한다면 백 가지 뛰어난 방편을 마음 대로 쓰더라도 궁극에 도달하지는 못하리라.

지혜의 눈은 안과 밖이 모두 끊어진 경지입니다. 이 경지에 들어가지 못하면 입으로 아무리 좋은 말을 설한다고 해도 진리와 하나될 수 없 다는 말씀입니다.

48. 근원은 같으나 가지만 다르다

파릉(巴陵) 선사

어떤 스님이 파릉 선사에게 물었다.

"조사님의 뜻과 교의 뜻은 같습니까, 다릅니까?"

파릉 선사가 대답했다.

"닭은 추우면 횃대 위로 올라가고, 오리는 추우면 물속으로 들어가니 근원은 같으나 가지만 다르다."

【백운 화상 주】 ——

"입에 오르면 교(敎)라 하고, 마음에 전해지면 선(禪)이라 한다. 그 근원에 통달한 사람은 선도 교도 없는 것이나, 그 가지를 벌려 놓은 자는 선과 교에 각기 고집한다"고 말하는 것과 같다.

조사선은 부처님의 마음이고 교(敎)는 부처님 말씀입니다. 그러므로 조사님의 뜻과 교의 뜻이 같다, 다르다 할 수 없는데 '선(禪)'을 통해서 깨달은 경지에서 말씀하신 것이 '교'입니다. 또한 '교'를 통해서 '선'을 이해하는 것입니다. 교와 선이 서로 대립하니까 서산 스님께서도 "선은 부처님 마음이고, 교는 부처님 말씀이다"라고 정의를 하셨다고 합니다. 질문한 스님은 이 도리를 모르고 있기 때문에 "조사님의 뜻과 교의 뜻은 같습니까, 다릅니까?" 하고 물으셨던 겁니다. 이 부분에 대해서 파릉 선사께서는 같다, 다르다 할 수 없지만 답을 해야 되니까 "닭은 추우면 횃대 위로 올라가고, 오리는 추우면 물속으로 들어가니 근원은 같으나 가지만 다르다."고 하신 겁니다.

근원이 같다는 것은 조사의 마음이 선인데 그 선을 통해서 교가 나왔다는 말씀입니다. 결국 교와 선은 한 뿌리에서 나왔기 때문에 둘이 아닌 하나라는 얘깁니다. 조사님의 뜻은 '체'를, 교의 뜻은 '용'을 말합니다. 절대 다른 것이 아니고 같다, 다르다 할 수 있는 것도 아닙니다. 그래서 교를 공부하는 분들은 선을 해야 되고 선을 하시는 분들도 경을 통해서 자기의 공부 점검을 스스로 해볼 수가 있습니다. 아마 경을 보지 않는다면 대중에게 법을 설할 때 조리 있게 법문한다는 것이 어려울 것입니다.

49. 그대를 몽둥이로 석 대 때리겠다

동산 수초(洞山守初)

윤문 스님이 동산 수초 선사에게 물었다.

"이번에는 어디에서 왔는가?"

수초 선사가 대답했다.

"사도(查渡)에서 왔습니다."

"여름에는 어느 곳에 있었는가?"

"호남의 보자(普慈)에 있었습니다."

윤문 스님이 물었다.

"언제 그곳을 떠나왔는가?"

수초 선사가 대답했다.

"8월 25일에 왔습니다."

"그대를 몽둥이로 석 대 때리겠다."

다음 날 수초 선사가 다시 운문 스님에게 물었다.

"어제 화상께서 저를 몽둥이로 석 대 치셨는데 저에게 무슨 잘못이 있었는지 잘 모르겠습니다."

운문 스님이 꾸짖었다.

"이 밥버러지야! 강서와 호남에서도 그런 짓을 하고 다녔느냐?"

수초 선사는 이 말을 듣는 순간 크게 깨달았다.

해설 ✕✕✕✕✕

"이번에는 어디에서 떠나왔는가?"

"사도에서 왔습니다."

이 질문은 본래자리를 점검해보기 위함입니다. 이 선문답에서 공부가 된 사람이라면 오고 감이 끊어진 도리를 이해했을 것입니다. 그러나 수초 선사는 이 도리를 아직 몰랐기 때문에 어디에서 떠나왔느냐는 질문에 평소의 대답대로 사도에서 왔다고 답을 했습니다.

수초 선사가 운문 선사를 찾아 왔을 때는 자신의 공부 점검을 하고자 했을 겁니다. 우리도 마찬가지로 선지식을 찾아갈 경우 이유 없이 찾아가는 것은 아니라 공부 점검을 받고자 찾아가게 됩니다. 여러분들은 어디에서 떠나왔느냐고 묻는다면 어떻게 답을 하시겠습니까? 이 질문은 '용' 차원에서 묻고 있는 겁니다. "달마 스님이 서쪽에서 오신 뜻이 무엇이냐?"는 질문에 "뜰 앞의 잣나무"라고 답하신 것과 같은 이치입니다. 이 부분은 우리가 깨달아서 실상을 체험했다면 거침없이 답이 나오게 되는데 실상을 생각으로만 알려고 하니 제대로 답을 하지 못하는 겁니다. 이것이 선의 묘미라고 할 수 있습니다.

"여름에는 어느 곳에 있었는가?"
"호남의 보자라는 절에 있었습니다."

운문 스님이 수초 선사를 다시 한 번 점검하는 차원에서 묻고 있는 겁니다. 그런데 수초 스님께서는 아직도 모르고 있기 때문에 이렇게 답을 했습니다.

"언제 그곳을 떠나왔는가?"
"8월 25일에 왔습니다."

운문 스님이 언제 그곳을 떠나왔느냐고 하자 수초 선사는 8월 25일에 떠나 왔다고 답을 했어요. 아직도 수초 스님은 시간과 공간이 끊어진 '하나'의 도리를 모르고 이분법적인 사고에 끄달리고 있는 겁니다.

"그대를 몽둥이로 석 대 때리겠다."

수초 선사에 대해서 운문 스님이 자비심을 일으키는 겁니다. 부모가 아이를 키우면서 아이가 아프게 되면 병을 낫게 해주기 위해 약을 먹여주잖아요. 약이 쓰다고 먹지 않으려고 하면 강제로 입을 벌려서 약을 먹여주기도 합니다. 마찬가지로 몽둥이로 맞는 게 괴롭겠지만 선사들께서 공부를 하고자 발심을 일으킨 분들에게 큰 자비를 쓰는 것입니다. 공부가 아직 안되었기 때문에 자극을 준 것입니다.

"어제 화상께서 저를 몽둥이로 석 대 치셨는데 저에게 무슨 잘못이 있었는지 잘 모르겠습니다."

수초 선사가 몽둥이로 세 대를 맞고는 '왜 때렸을까?' 하고 밤새도록 고민을 한 겁니다.

"이 밥버러지야! 강서와 호남에서도 그런 짓을 하고 다녔느냐!"

운문 스님이 수초 선사에게 아직도 경계에 속고 살고 있느냐고 꾸짖으시는 겁니다. 이 꾸짖음에 수초 선사가 깨달으셨어요. 수초 선사에게는 운문 스님이 몽둥이로 세 대 때린 것이 깨달음을 얻게된 계기가 되었던 겁니다. 누구나 이렇게 맞았다고 해서 깨달을 수 있는 것은 물론 아닐 것입니다. 도는 목숨까지도 내놓을 정도로 큰 발심을 해야만 이룰 수 있는 것이지 편안한 가운데는 도를 이룰 수 없습니다. 왜냐하면 무시이래 육체 위주로 살아온 습 때문에 그렇습니다. 우리가 중생놀음을 벗어나지 못하는 이유입니다.

50. 무엇이 공겁(空劫)의 자기인가?

천복(薦福) 선사

천복 선사가 대중에게 법문했다.

"공겁시(空劫時) 자기의 포태가 갖추어지기 전을 먼저 깨달아야 한다. 무엇이 공겁의 자기인가? 본래 이름이 없었으나 방편으로 '여래 정법안 장 열반묘심(如來正法眼藏 涅槃妙心)'이라 부르는 것이다."

해설 ∞⟩⟨∞

공겁시 자기의 포태가 갖추어지기 전을 먼저 깨달아야 한다.

공겁이란 이 우주가 생기기 전을 말합니다. 이 우주가 갖추어지기 전에도 '참나'란 놈은 이미 있었던 겁니다. 어머니 태중 이전의 자리를 깨달아야 된다는 겁니다. 육신은 어머니 몸을 의지해서 태어났지만 어머니 태중 이전에도 분명 있었던 참나를 깨달아야 된다는 겁니다. 이 부분도 화두입니다.

무엇이 공겁의 자기인가? 본래 이름이 없었으나 방편으로 여래 정법안 장 열반묘심이라 부르는 것이다.

우리가 본래마음이라고 하지만 그 자리는 문자와 언어로 표현할 수 없습니다. 그 자리는 생사가 끊어졌고, 더럽고 깨끗한 것도 없으며 늘어나거나 줄어듬도 없습니다. 가고 오는 것도 아닙니다. 그 자리는 이름 붙일 수 없지만 방편 상 '여래 정법안장 열반묘심'이라 부르는 것이라는 말씀입니다. 우리가 지금 공부하고 있는《직지》도 곧바로 문자와 언어를 뛰어넘은 세계를 공부하는 것입니다.

51. 깨달음은 아직 깨치지 못했다

청활(淸豁) 선사

    청활 선사가 먼저 계여(契如) 암주를 찾아뵌 뒤에 수룡(睡龍) 화상을 친견했다.

    어느 날 수룡 화상이 청활 선사에게 물었다.

    "어떤 훌륭한 스님을 뵙고 왔는가? 깨닫기는 했는가?"

    청활 선사가 대답했다.

    "제가 대휴(大休: 계여 암주)님을 친견하고서 깨달은 바가 있었습니다."

    수룡 화상이 법당에 올라가서 대중을 불러 모아놓고 말했다.

    "청활 사리는 나오너라. 대중 앞에서 향을 피우고 깨달은 경지를 말해 보거라. 내가 그대를 증명해 주리라."

    청활 선사가 대중 앞으로 나가서 향을 집어들고 말했다.

"향은 이미 다 탔으나[香則已燒] 깨달음은 아직 깨치지 못했습니다[悟則不悟]."

수룡 화상은 매우 기뻐하며 청활 선사를 인가했다.

해설 ⨳⨳⨳

청활 선사가 계여 암주를 찾아뵙고 눈을 뜬 후 수룡 화상에게 인가를 받는 장면입니다. 수룡 화상이 "깨달은 바를 일러보라"는 말씀에 청활 선사가 대중 앞으로 나가서 향을 집어 들고 "향은 이미 다 탔으나 깨달음은 아직 깨치지 못하였습니다." 라고 하셨습니다.

여러분이 또 문자에 끌려가면 속습니다. 혜능 스님과 오조 홍인 스님의 일화와 같은 경우입니다. 혜능 스님은 홍인 스님을 찾아뵙기 전에 이미 눈을 뜨셨던 분이었습니다. 홍인 스님은 그것을 알아차렸지만 이미 대중은 신수 대사라는 교수가 인가를 받으리라고 생각하고 있었기 때문에 대중으로부터 보호하기 위해서 혜능에게 방앗간 일을 시키게 됩니다. 어느 날 홍인 스님께서 법을 이을 제자를 찾기 위해서 제자들에게 게송을 지어 올리라고 했는데, 신수 대사는 고민고민하다가 글을 지어서 올렸지만 홍인 스님이 봤을 때는 아직 눈을 뜨지 못했어요. 어느 날 방아를 찧던 혜능도 다른 행자에게 부탁을 해서 게송을 지어 올리게 됩니다.

홍인 스님이 깨달음의 경지를 표현한 혜능의 게송을 보고는 방앗간을 찾아가셔서 "방아는 다 찧었느냐?" 하고 물으시자 "방아는 다 찧었지만 아직 키질을 못했습니다."라고 답을 하셨습니다. 이 말씀은 "향은 이미 다 탔으나 깨달음은 아직 깨치지 못하였습니다."라는 말과 같습니다. '저는 공부가 다 되었는데 인가를 아직 받지 못했다'는 의미입니다. 모든 경계와 대상이 끊어지고 깨달음이라는 생각을 일으켜도 이미 깨달은 것이 아니라는 도리를 알았다는 말입니다. 청활 선사는 확실하게 눈을 뜨셨던 겁니다. 이에 수룡 화상이 매우 기뻐하며 청활을 인가 하셨습니다.

52. 비둘기 울음소리

현각(玄覺) 도사

현각 도사가 비둘기 울음소리를 듣고 어떤 스님에게 물었다.

"이것이 무슨 소리요?"

그 스님이 대답했다.

"비둘기 울음소리입니다."

"무간지옥에 떨어질 업을 짓고 싶지 않다면 여래의 정법륜을 비방하지 말라."

해설 ❈❈❈

비둘기 소리가 어디에 있습니까? 답을 한 분은 소리에 끄달려서 비둘기 울음소리라고 답을 했던 겁니다. 질문한 분은 비둘기 울음소리의 본래자리를 묻고자 했던 것인데 잘 몰랐던 것이죠.

부처님께서 영산회상에서 《법화경》을 설하실 때 천상에서 천인들이 꽃비를 내리시는데 그때 꽃 한 송이를 대중에게 들어 보이시자 가섭 존자만이 빙그레 웃음으로 답을 했습니다. 그 꽃은 육안으로 보이는 꽃이 아니었기 때문에 가섭 존자만이 그 뜻을 알고서 빙그레 웃음으로 답을 했던 것이지요. 꽃 한 송이를 들어 보이며 일러보라고 했을 때 입을 떼었다면 답이 아닙니다. 왜냐하면 꽃의 본래자리를 물었는데 그 자리는 입을 떼면 그르치는 자리이기 때문입니다. 이 내용 또한 마찬가지입니다.

현각 도사가 "무간지옥에 떨어질 업을 짓고 싶지 않다면 여래의 정법륜을 비방하지 말라."라고 질타한 것은 대답한 스님이 경계에 끄달려가는 것을 지적하신 내용입니다. 이것은 이분법적인 사고를 가지고 있기 때문에 외도라고 하는 겁니다. 마음에 어떤 생각을 일으켜도 사실이 아니니까 그것은 외도가 됩니다. 오늘날 간화선은 마음을 집중시키기 위한 방편이라고 할 수 있습니다. 지금 눈앞에 보이는 저 목탁이나 법당에 달려있는 연등이 우주와 하나라는 생각을 해도 선(禪)이 되는데, 이것이 조사선 수행입니다. 목탁이나 연등은 법신이 인연에 따라서 나타난 것이며, 이름만 목탁이니 연등이니 붙여놓았을 뿐입니다.

53. 무엇이 태자의 본래 몸인가?

천태 덕소(天台德韶)

어떤 스님이 천태 덕소 국사에게 물었다.

"나타(那吒) 태자는 뼈를 깎아서 아버님께 돌려드리고 살을 저며서 어머님께 돌려드린 뒤에 연화대 위에 본래의 몸을 나타내고 어머님을 위해 설법했다고 하는데, 대체 무엇이 태자의 본래 몸입니까?"

국사가 대답했다.

"여러분, 상좌의 물음을 들었는가?"

그 스님이 다시 물었다.

"그렇다면 삼천대천세계가 모두 똑같은 진여의 성품이겠습니다."

국사가 대답했다.

"어렴풋이나마 곡조가 비슷하여 들을만 했는데 그만 바람에 날려 다른 곡조가 되고 말았구나! ”

해설 ◈◈◈◈◈

나타 태자는 석가모니부처님의 전생입니다.

'태자의 본래 몸'은 '체'를 의미합니다. 진여자성을 묻고 있습니다.

"삼천대천세계가 모두 똑같은 진여의 성품이겠습니다." 하는 부분
에 대해서 "어렴풋이나마 곡조가 비슷하여 들을만 했는데 그만 바람
에 날려 다른 곡조가 되고 말았구나!" 하고 천태 덕소 국사가 말씀하셨
습니다. 삼천대천세계는 어떤 이름을 붙여도 맞지 않는데, 진여의 성
품이라는 이름을 붙였기 때문에 허물이 생겼던 겁니다. 일체를 하나로
보았을 때는 어렴풋이나마 곡조가 비슷하여 들을만 했는데 '진여의
성품'이라는 이름을 붙였기 때문에 그만 바람에 날려 다른 곡조가 되
고 말았다고 말씀하신 겁니다.

54. 부모의 몸과 본래의 몸

목암 법충(牧菴法忠)

목암 충 선사가 위의 법문을 들어 말했다.

"대중이여, 알고 싶은가? 뼈와 살을 모두 부모님께 돌려 드렸으니 분명히 본래의 몸을 볼 수 있었으리라. 그러므로 '부모는 나의 친함이 아니니, 그럼 누가 가장 친한 자이겠는가'라고 말하는 것이다. 우리는 매일 일을 하면서 흙을 나르고 나무를 짊어진다. 말해 보라. 이것은 본래의 몸인가, 부모의 몸인가. 부모의 몸이라고 한다면 본래의 몸을 저버리게 될 것이고, 본래의 몸이라고 한다면 또한 부모의 몸을 저버리게 될 것이다. 말해 보라. 결국 어떤 것이겠는가? 어떤 이가 나와서 '그 두 가지 다'라고 대답한다면 그대들은 그 사람에게 어떻게 대답하겠는가?"

해설 ✖✖✖✖✖

뼈와 살을 모두 부모님께 돌려 드렸으니 분명히 본래의 몸을 볼 수 있었으리라.

'본래의 몸'이라는 말에서 본래자리가 무엇입니까? 바로 입을 떼면 그르치는 자리입니다. 문자에 끄달려가고 있는지를 점검하고자 하는 겁니다. 본래자리에서는 부모님께 돌려 드리는 것도 없고 본래의 몸을 볼 수 있는 것도 아닙니다.

그러므로 '부모는 나의 친함이 아니니, 그럼 누가 가장 친한 자이겠는가'라고 말하는 것이다.

부모는 나의 친함이 아니라는 말씀은 우리가 친해야 할 것은 하나의 마음자리이지 부모님의 형상에 끄달려간다면 속는 것이라는 말씀입니다. 가장 친한 자는 모든 경계와 대상이 끊어진 자리, 진여실상을 말합니다. 어떤 생각을 하던지 그것은 번뇌이며 내가 안심(安心)의 경지에 들어가기 위해서는 모든 대상이 끊어져야 됩니다. 지금 이 순간도 우리는 소리나 형상이나 문자에 끄달려가기 때문에 마음의 안심을 얻지 못하는 것입니다.

우리는 매일 일을 하면서 흙을 나르고 나무를 짊어진다. 말해 보라. 이

것은 본래의 몸인가, 부모의 몸인가.

일은 절에서 하는 '울력'으로 대중이 함께 하는 노동을 말합니다. 울력이나 흙이나 나무나 모두 방편입니다. 진여실상에서는 본래의 몸이나 부모의 몸이 따로 있는 것이 아닙니다. 대중의 근기를 점검해 보는 겁니다.

부모의 몸이라고 한다면 본래의 몸을 저버리게 될 것이고, 본래의 몸이라고 한다면 또한 부모의 몸을 저버리게 될 것이다.

이 부분에서 말과 문자에 휘둘리고 있는가를 대중에게 확실히 점검을 해 보는 겁니다.

어떤 이가 나와서 '그 두 가지 다'라고 대답한다면 그대들은 그 사람에게 어떻게 대답하겠는가?

누가 가장 친한 자인가를 물었을 때 어떤 이가 "본래의 몸, 부모의 몸 두 가지 다이다"라고 한다면 대중은 이 대답이 맞는 것인지 맞지 않는 것이지를 판단해 보라고 말하고 있습니다. 이름이나 형상에 끄달리면 안된다고 말씀드렸듯이 둘이나 하나라는 생각도 이미 번뇌이기 때문에 "두 가지 다"라는 대답 역시 그르치는 답입니다. 제대로 된 답을 하려면 이심전심이 되어 주먹이 나가던지, 스승을 한 대 내려칠 수도 있을 것입니다.

55. 청정본연한데 홀연히
산하대지가 생긴 까닭

낭야(瑯琊) 선사

장수(長水) 좌주가 낭야 선사에게 물었다.

"청정본연(淸淨本然)한데 어떻게 홀연히 산하대지가 생겨났습니까?"

낭야 선사가 목소리를 높여 대답했다.

"청정본연한데 어떻게 홀연히 산하와 대지가 생겼겠는가! "

좌주는 이 말을 듣는 순간 크게 깨달았다.

해설 ✕◦✕◦✕

청정본연하다는 것은 이론으로써 우주의 근본 실상을 하나의 마음
자리 차원에서 표현한 말입니다. 물질이 아니니까 때가 낄 수 있는 게

아닙니다. 모양이 없는 삼라만상의 근본자리이기 때문에 미물이나 동물이나 사람이나 똑같은 자리입니다. 이렇게 청정한 하나의 마음에서 어떻게 우주 삼라만상이 생겨났느냐는 말씀인데, "생겨났다"는 말에 끄달리면 속게 됩니다.

비유하자면 바다에 출렁이는 파도와 물을 여러분은 둘로 보시겠습니까? 파도와 물은 하나인데, 바다에 있는 물이 인연에 의해서 잠시 일렁일 뿐인데 다만 이름을 파도라고 붙여 놓았을 뿐이지요. 마찬가지로 눈앞에 펼쳐진 현상계도 청정본연의 자리에서 잠시 잠깐 파장에 의해서 있는 것처럼 보이는 것입니다. 이 부분은 현대 과학에서도 모든 물질의 본질에 대해서 에너지인지 입자인지 정의를 내리지 못했습니다. 모든 물질은 굉장히 빠른 속도로 진동하는 파동에 의해서 입자성을 갖는 것처럼 착각한다는 얘깁니다. 우리 육신도 일초 전과 일초 후 어제와 오늘이 같지 않습니다. 이 현상계는 바다에 일렁이는 파도와 같다고 할 수 있습니다.

눈을 뜨신 분들은 현상계가 사실이 아님을 알기 때문에 휘둘리지 않는 도(道)의 삶을 사는 것이며, 중생은 일시적으로 일어나는 파도와 같이 사실이 아닌 것에 끄달려서 살고 있는 겁니다. 여러분이 언제까지 속고만 살겠습니까? 그래서 항상 깨닫기 위해서는 큰 발심이 있어야 되고 큰 의심이 있어야 됩니다. 언제까지 중생놀음만 할 것인가하는 큰 분심이 있어야 될 것입니다. 우주를 하나로 본다면 수행공간이 따로 있는 것이 아니라 행주좌와가 되어서 언제 어디서든 정진하실 수 있습니다.

낭야 선사가 목소리를 높여 "청정본연한데 어떻게 홀연히 산하와 대지가 생겼겠는가?"하고 반문하시자 좌주가 크게 깨달으셨다고 합니다. 산하대지라는 이름에 속게 되면 그 순간 무명에 떨어지게 되는 겁니다. 깨닫지 못한 입장에서는 산하와 대지가 있는 것처럼 착각하고 있을 뿐입니다. 성철 스님이 "만물은 관음이요, 들리는 소리는 묘음"이라고 하신 것은 다 부처님이라는 말씀이지요. 부처는 형상으로 있는 게 아닙니다. 법당에 모셔져 있는 불상이나 역사적으로 출현했던 석가모니부처님은 참 부처, 법신(法身)이 아닙니다.

석가모니부처님께서도 《금강경》에서 "형상으로 나를 보려고 하거나 소리로써 나를 구하는 자는 사도를 행하는 자"라고 말씀하셨습니다. 이렇게 수행자를 점검할 때는 상대가 문자나 형상, 소리에 끌려가는가를 점검해 보는 겁니다. 경계에 끄달려가지 않았을 때 인가를 해 주게 됩니다.

56. 이것이 무엇인가?

우적(于迪) 상공

우적(于迪) 상공이 약산(藥山) 스님을 특별히 뵈러 가서 물었다.

"어떤 것이 부처님입니까?"

약산 스님이 상공을 불렀다.

"상공!"

상공이 "예"하고 대답하자 약산 스님이 다시 물었다.

"이것이 무엇인가[是甚麼]?"

상공은 이 말을 듣는 순간 크게 깨달았다.

해설 ❧❧❧

악산 스님이 "이것이 무엇인가?" 하고 물은 것은 대답한 놈이 무엇이냐는 말씀입니다. 이 순간에 상공이 도를 깨달으셨다고 합니다. "부처가 무엇인가?" 물으시자 "예!" 하고 대답한 그 놈이 바로 부처라는 말씀입니다.

57. 모든 부처가 나온 경(經)

수산 성념(首山省念)

어떤 스님이 수산 선사에게 물었다.

"모든 부처님들이 다 이 경에서 나왔다고 하는데 이 경은 무엇입니까?"

수산 선사가 대답했다.

"소리를 낮추시오. 소리를 낮추시오."

해설 ❀❀❀❀

　모든 부처님은 모양과 개념을 초월한 하나의 마음자리에서 나타난 것이기에 입을 떼면 그르치는 것입니다. 《반야심경》도 하나의 마음도리를 일러준 것이라 해서 심경이라고 합니다. 우주 삼라만상이 하나의 마음으로 된 도리를 일러준 것이 경입니다.

　그렇다면 우리가 숨을 들이 쉬고 내쉬는 것도 경이라고 할 수 있습니다. 이 역시 본래마음의 작용이기 때문입니다. 달마 스님의 스승이신 반야다라 존자께서 왕의 초청으로 궁으로 가게 되었는데 많은 스님들께서는 경을 열심히 읽었지만 반야다라 존자는 좌선을 하고 계셨던 겁니다. 그러면서 "숨을 들이쉬고 내쉴 때마다 팔만사천 경을 읽고 있는 것"이라고 하셨습니다. 팔만사천 경 또한 하나의 마음에서 나왔기 때문입니다. 부처님께서 말씀하신 팔만사천 경의 핵심은 하나의 마음 도리입니다. 하나의 마음자리에 머무는 것이 경을 외우는 것과 다를 바 없다는 겁니다. 선방에 스님들께서 결제가 되면 오직 하나의 마음자리를 찾기 위해서 정진을 하고 있습니다.

　"모든 부처님들이 다 이 경에서 나왔다고 하는데 이 경은 무엇입니까?" 하는 질문은 하나의 마음자리를 묻고 계시는 겁니다. 마음자리에 대해서 대답을 하려고 하자 수산 선사가 "소리를 낮추시오. 소리를 낮추시오." 라고 한 것은 '마음의 경' 은 표현할 수 없는 자리이기 때문입니다. 경이다, 부처님이다, 진공이다, 선이다, 마음이다, 주인공이다, 하는 표현들이 하나의 마음자리에 대해 이러쿵 저러쿵 이름을 붙여 놓은 것입니다.

58. 어디나 그곳이 고향이네

신조 본여(神照 本如)

신조 본여 법사가 법지(法智) 존자에게 물었다.

"어떤 경이 경중에서 으뜸입니까?"

존자가 대답했다.

"그대가 나를 위해 3년 동안 창고지기를 살아준다면 그때 그대에게 말해 주겠다."

본여 법사가 그 명을 공손히 받들어 창고지기를 살았다. 그렇게 3년 지난 뒤에 법지 존자에게 다시 청했다.

"이제 말씀해 주십시오."

법지가 큰 소리로 본여를 한번 불렀다.

본여 법사는 법지 존자가 내는 그 소리에 문득 크게 깨달았으며 게송으로 말했다.

어디를 가도 돌아가는 길을 만나고
어디나 그곳이 고향이네.
본래부터 일은 이루어져 있었는데
어찌 꼭 생각을 기다려야겠는가.

해설 ✕✕✕✕

경을 반야라고도 하는데 반야는 둘이 아닌 하나의 자리를 말합니다. 《반야심경》에서 "과거 현재 미래의 모든 부처님들께서 반야바라밀다에 의지해서 최고의 깨달음을 얻었다"는 말씀이 나옵니다. 반야를 의지했다는 것은 둘이 아닌 하나의 자리, 우주의 근본 실상, 하나의 마음자리를 의미하는 겁니다.

"어떤 경이 경중에서 으뜸입니까?" 하는 질문은 참뜻을 아직 모르고 있는 질문입니다. 법지 존자께서 보았을 때 질문한 분이 공부가 덜 익었기 때문에 "그대가 나를 위해 3년 동안 창고지기를 살아준다면 그때 말해 주겠다."고 하셨습니다.

본여 법사께서는 도를 깨닫고자 하는 마음이 간절해서 법지 존자께서 3년 동안 창고지기를 살아달라고 하자 그 명을 공손히 받들어 창고지기를 살았던 겁니다. 지금 우리 입장이라면 쉽게 할 수 있는 일이 아닐 것입니다.

본여 법사는 3년 동안 창고지기를 산 이후에 "이제 말씀해 주십시오." 하고 다시 여쭙게 됩니다.

진짜 으뜸가는 경이 무엇인가를 알고자 본여 법사는 3년 동안을 기다렸던 겁니다. 3년 동안 으뜸가는 경에 대해서 간절히 화두와 같은 일념이 되어있었기 때문에 법지 존자가 큰 소리로 본여 법사를 부르자 도를 깨닫게 된 겁니다. 바로 대답하는 그 놈, 고함치는 그 놈이 으뜸가는 경의 자리였던 겁니다. 그 자리를 법지 선사가 보여주고자 이름을 불렀던 것입니다. 법지 존자가 본여 법사를 부르는 순간, 도를 깨닫고 게송으로 다음과 같이 말씀하셨던 겁니다.

어디를 가도 돌아가는 길을 만나고 어디나 그곳이 고향이네.

어디를 가도 나 아닌 것이 없다는 말입니다. 깨달았다고 하면 우주의 근본실상, 하나의 마음자리를 깨달았기 때문에 마음의 눈을 뜬 겁니다. 마음의 눈으로 보니 삼라만상이 하나라는 것을 알았던 것입니다. 하나라는 것을 알았기 때문에 어디를 가도 나이며 어디나 그 곳이 '하나' 이더라는 말씀입니다.

본래부터 일은 이루어져 있었는데 어찌 꼭 생각을 기다려야겠는가.

본래 그 자리는 있었던 것이며, 본래 하나였는데 그 도리를 몰랐을 뿐입니다. 깨닫고 보니 바로 한 생각 이전이 그 자리였으며 깨달았다고 해서 크게 변한 것은 없습니다. 깨달았다고 해도 하나의 자리를 바로 쓸 수 있는 것은 아닙니다. 과거로부터 익혀온 집착이나 습이 있기 때문에 이치적으로 우주는 그대로 나와 하나라는 것을 알지만 아직 완전하게 행하지는 못합니다. 모양 없는 하나의 마음자리에서 끊임없이 정진을 해나갈 때 하나로 쓸 수 있는 힘이 생기는 것입니다.

59. 시체는 여기 있는데 사람은 어디로 갔나?

인도의 7현녀(賢女)

인도의 7현녀가 공동묘지를 거닐다가 시체 한 구를 보았다. 그때 한 여인이 시체를 가리키며 다른 자매들에게 말했다.

"시체는 여기 있는데 사람은 어디로 갔을까요?"

그 중 다른 여인이 말했다.

"어쩌면 이런 일도 다 있을까! "

모든 여인들이 그 시체를 자세히 살펴보다 각각 깨달음을 얻었다.

이 모습에 감동한 제석(帝釋)이 꽃을 뿌려 공양하면서 말했다.

"어진 여인들이여! 필요한 것이 무엇입니까? 제가 죽을 때까지 공급해 드리겠습니다."

"우리 집에는 네 가지 일과 일곱 가지 보물이 모두 갖추어져 있습니다.

다만 세 가지 물건이 필요합니다. 그것은 첫째, 음양이 없는 땅 한 조각이고, 둘째로는 뿌리 없는 나무 한 그루이고, 셋째로는 소리쳐도 메아리가 없는 산골짜기 한 곳입니다."

"나는 필요한 물건들은 모두 가지고 있지만 실로 이 세 가지만은 가지고 있지 않습니다."

"그대는 이런 것도 없으면서 어찌 사람을 구제한다고 할 수 있습니까?"

제석은 아무 말도 하지 못했다.

해설 ❧❧❧❧❧

이 내용은 《불설칠녀경》에 나오는 이야기를 인용한 것입니다. 인도의 어진 여인 일곱 명은 재가자를 뜻합니다. 재가자 일곱 분이 공동묘지를 거닐다가 시체 한 구를 보고 시체를 가리키며 자매들에게 "시체는 여기 있는데 사람은 어디로 갔을까요?" 하고 질문했습니다. '껍데기는 여기 있는데 주인공은 어디로 갔냐?' 는 말인데 이것이 관건입니다. 시체의 주인은 어디로 갔을까요? 주인공 자리는 본래마음을 말하는데 마음은 모양이 없는 자리이기 때문에 오고 감이 없는 것입니다.

"어찌 된 일일까?"

모든 여인들이 그 시체를 자세히 살펴보다 각각 깨달음을 얻었다.

깨달음이란 중생마다 각자 근기가 다르기 때문에 깨달음의 과정이 모두 다를 수는 있어요. 자기가 이제까지 몰랐던 것을 안 경우도 깨달았다고 할 수가 있습니다. 그러나 깨달았다고 하지만 확실하게 진여실상을 일곱 분이 똑같이 깨달았다고 할 수는 없으며 조금씩 차이가 있을 것입니다.

여인들의 깨달은 모습에 감동한 제석천왕이 꽃을 뿌려 공양하면서 "필요한 것이 무엇입니까? 제가 죽을 때까지 공급해 드리겠습니다." 하고 말했습니다.

우리 집에는 네 가지 일과 일곱 가지 보물이 모두 갖추어져 있습니다.

네 가지 일이란 의복이나 식품, 침구, 의약품을 말하고 일곱 가지 보물은 복장을 할 때 쓰는 칠보를 말합니다.

다만 세 가지 물건이 필요합니다. 그것은 첫째, 음양이 없는 땅 한 조각이고,

음양이 없는 땅 한 조각은 본래마음의 세계를 상징합니다. 실상인 하나의 마음자리로 돌아가 의식에 모든 경계가 끊어지면 음양을 비롯한 온갖 분별의식이 없게 되는 것을 의미합니다.

둘째로는 뿌리 없는 나무 한 그루이고,

장엄염불의 게송 가운데 원각산중생일수(圓覺山中生一樹: 원각산 깊은 곳에 한 그루 나무 자라나)라는 게송처럼 깨달음의 세계를 표현한 말입니다. 나무 한 그루는 하나의 마음자리, 진여실상 깨달음의 자리를 표현한 말입니다. 생각에서 모든 경계가 끊어짐을 뜻합니다.

셋째로는 소리쳐도 메아리가 없는 산골짜기 한 곳입니다.

메아리가 없는 산골짜기는 어디일까요? 메아리라는 것은 내가 소리를 치면 다시 메아리로 돌아온다는 점에서 인과법(因果法)의 과보(果報)를 표현한 말입니다. 그렇다면 소리쳐도 메아리가 없는 자리는 내 마음 가운데 인과가 없는, 모든 경계를 초월한 본래자리를 가리킵니다. 실상세계에 들어가서 하나의 마음자리에서 본다면 그 자리에서는 인과가 모두 끊어졌고 음양도 다 끊어진 자리입니다.

제석천왕이 여인들에게 어떤 것이든지 죽을 때까지 공급을 해드린다고 하자 여인들이 위의 세 가지를 공급할 수 있겠냐고 했던 겁니다. 이런 질문은 오히려 일곱 여인이 제석천왕을 제도하기 위함이라고 봐야 됩니다. 그래서 일곱 여인들이 "그대는 이런 것도 없으면서 어찌 사람을 구제한다고 할 수 있습니까?" 하고 말했습니다. 자신도 깨닫지 못했으면서 누구를 제도하고자 하느냐는 뜻입니다. 이에 제석은 아무 말도 하지 못했다고 합니다. 누구든지 마찬가지입니다. 인과가 없는 자리로 돌아간다는 것은 무심 · 무념(無心無念)의 경지로 들어가는 것을 말합니다.

60. 그대는 어떤 곳에서 나를 보려 하는가?

광효 안(光孝安) 선사

광효 안 선사가 천태산으로 가다가 운봉(雲峯)에서 띠를 엮어 집을 짓고 산 적이 있었다. 그때 잠을 자지 않고 좌선만 하였고, 매일 한 끼만 먹었으며 비단 옷을 입지도 않고 다 떨어진 장삼 한 벌로만 추위와 더위를 견디며 지냈다.

그러던 어느 날 선사가 덕소 국사를 뵈러 갔을 때 덕소 국사가 물었다.

"삼계에 법이 없는데 어느 곳에서 마음을 구하며, 사대는 본래부터 공한데 부처님은 무엇에 의지하여 머무시며, 그대는 어떤 곳에서 나를 보려 하는가?"

선사가 대답했다.

"오늘은 스님께서 깨달은 경지를 밝혀보겠습니다."

"이것이 무엇인가?"

그러자 선사는 향대를 뒤집어엎고 나가 버렸다. 이에 덕소 국사가 그를 법기(法器)로 여겼다.

해설 ❧❧❧

"삼계에 법이 없는데 어느 곳에서 마음을 구하며, 사대는 본래부터 공한데 부처님은 무엇에 의지하여 머무시며, 그대는 어떤 곳에서 나를 보려 하는가?"

법은 진여실상을 말합니다. 진여실상은 문자 언어로 표현할 수 없으니까 덕소 국사는 삼계에 법이 없다고 말씀하셨습니다. 법은 따로 있는 것이 아니라 진여실상, 하나의 자리를 법이라고 이름 붙여 놓았을 뿐 고정된 법은 없다는 뜻입니다. 그러니 법이 없는데 어느 곳에서 마음을 구하겠습니까? 사대(四大)는 지, 수, 화, 풍으로 이뤄진 물질의 세계를 말합니다. 물질의 세계가 다 텅 비어있는데 부처님은 무엇에 의지하여 머무시며, 그대는 어떤 곳에서 나를 보려 하느냐는 말씀입니다.

천상천하유아독존(天上天下唯我獨尊)이라는 말에서 보듯, '나[大我]' 라고 했을 때는 나 아닌 것이 없는 겁니다. 삼라만상이 반야 차원에서 '하나'이니까 나 아닌 게 없는 겁니다. 모양은 천차만별의 모습으로 나타났지만 다 '하나'라는 얘깁니다. 마음은 모양이 없는 것이며 마음의 작용에 의해서 모양으로 나타난 것 또한 실상은 모양이 아니라는 의미입니다. 《반야심경》에서도 "색이 곧 공이다." 즉 물질이 텅 비었다고 설합니다. 결국 마음이 물질이며 물질이 곧 마음이라는 얘깁니다. 그러니 안경이 마음이라고도 할 수 있는 것입니다. 우리가 쉽게 와닿지 않는 것은 우리의 마음자리가 닦여 있지 않아서 모양이 아닌 도리를 일러드려도 받아들이지를 못하는 겁니다. 수차 말씀드렸듯이 현상계가 모두 마음이라는 일념으로 계속 정진해 나갈 때 언젠가는 하나의 마음을 바로 쓸 수가 있습니다.

광효 안 선사가 대답했다.
"오늘은 스님께서 깨달은 경지를 밝혀 보겠습니다."

덕소 국사께서 삼라만상이 공하다고 했으니까, 제가 깨달은 경지를 보여드리겠다는 말입니다. 점검을 해보시라는 의미입니다.

"이것이 무엇인가?"
그러자 안 선사는 향대를 뒤집어엎고 나가 버렸다.

그러자 덕소 국사가 "이것이 무엇인가?" 하고 묻자 광효 안 선사가 향대를 뒤집어엎고 나가 버렸습니다. 덕소 국사가 향대의 본래자리를 일러보라고 했던 겁니다. 본래자리는 어떤 표현도 할 수 없으니까 향대를 뒤집어엎고 나가버렸던 것입니다. 제대로 답을 한 것이어서 덕소 국사가 그를 법의 그릇으로 여겼던 것입니다.

어느 날 광효 안 선사가 《화엄경》을 읽다가 "몸에는 가질 만한 것이 없고, 수행에는 집착할 것이 없으며 법에는 머물 곳이 없다. 과거는 이미 멸하였고 미래는 아직 오지 않았으며 현재는 공적하다"는 대목에 이르러 그 자리에서 활연히 선정에 들어 십여 일을 보냈다. 그 후에 선정에서 일어나니 몸과 마음이 상쾌하고 영리해져 순식간에 깊은 종지에 계합되었다. 그 후 오직 좌선에만 힘써 다시금 큰 선정[大定]에 들곤 하였다.

그런데 어느 날 선정에 들었을 때 두 스님이 나타나서 법당 난간에 기대어 이야기를 주고받는 것을 보았다. 그때 어떤 천신이 두 스님을 호위하면서 오랫동안 이야기에 귀를 기울이고 있었다. 갑자기 악귀가 나타나서는 침을 뱉고 욕을 하며 발자국마저 쓸어버렸다. 난간에 기대어 있는 두 스님에게 그 까닭을 물었다. 스님들은 처음에는 불법을 논의하다가 점차로 세상 일을 이야기하였기 때문이라고 하였다.

광효 안 선사가 말했다.

"그저 대화를 나누는 것도 저러할진대 하물며 법을 맡은 자가 북을 치고 법좌에 오르고서 무익한 일들을 말한다면 어찌되겠는가!"

광효 안 선사는 죽을 때까지 단 하루도 세상의 일을 이야기하지 않았다. 선사가 죽어 다비를 거행했을 때 선사의 혀는 불에 타지 않았을 뿐만 아니라 붉은 연꽃처럼 부드러웠다.

해설 ❧❧❧❧

광효 안 선사가 《화엄경》을 읽다가 눈을 뜨게 된 이야기입니다. 화엄

사상은 부처님께서 보리수 아래에서 생사문제를 해결하고 우주의 실상을 깨달으신 내용을 담고 있습니다. 부처님께서는 깨닫고 난 후 이 위대한 가르침을 설해야 될 것이지 말 것인지를 고민하셨다고 합니다. 그러나 제석천왕의 세 번의 간청으로 중생의 근기에 맞게끔 설하시고자 했는데 부처님께서 깨달으신 후에 축하를 드리고자 온갖 신들이 그 자리에 참석을 했다고 합니다. 지금 우리는 입을 열어야만 알아듣기 때문에 말로써 법문을 하고 있지만, 신들은 눈에 보이는 대상이 아니기 때문에 입을 떼서 법을 설할 수가 없었던 겁니다. 영가의 세계는 물질의 세계가 아니기에 부처님도 생각으로 법문을 하고 계셨던 겁니다. 다음은《화엄경》에 나오는 법문입니다.

"몸에는 가질 만한 것이 없고, 수행에는 집착할 것이 없으며 법에는 머물 곳이 없다. 과거는 이미 멸하였고 미래는 아직 오지 않았으며 현재는 공적하다"

몸에는 가질 만한 것이 없다는 것은 내 몸을 분석해 보면 '나'라고 할 수 있는 것은 없다는 말입니다. 지금 보고 듣고 있는 것이 나지만 그 나에 대해서 나라고 할 수 있는 것은 없다는 애깁니다. 왜냐하면 참나는 모양이 없는 것이기 때문입니다. 수행에도 집착할 것이 없다는 말씀은 이 수행법이면 되고 저 수행법이면 안된다는 고정된 수행법이 없다는 말입니다. 마음을 하나로 보고 수행하고 있는지, 이분법적인 사고를 가지고 수행하고 있는지가 핵심입니다. 법에는 머물 곳이 없다는 말씀에서 법은 실상을 말합니다. 법이라는 이름만 붙여 놓았을 뿐 머물 곳이 없는 것입니다. 과거는 이미 멸하였고 미래는 아직 오지 않았으며 현재는 공적하다는 것은 텅 비어서 아주 고요한 진여실상 차원을 표현한 부분입니다.

그 후 선정에서 일어나니 몸과 마음이 상쾌하고 영리해져 순식간에 깊은 종지에 계합되었다.

영리해졌다는 것은 신통력이 열림을 의미합니다. 타심통이 열리고 과거를 볼 수 있는 숙명통이 열린 겁니다. 실상에 들어가게 되면 그 경계에서는 어떤 것이든지 마음대로 쓸 수가 있어요. 그것이 신통력입니다. 본래자리인 하나의 경계에 들어가서 자유자재로 쓸 수 있는 경계입니다.

광효 안 선사는 깊은 선정에 들곤 했는데 사람의 마음까지도 읽을 수 있는 경지에 들어갔습니다. 이때 두 스님이 법당 난간에 기대어《법화경》에 대해서 토론을 하고 있었습니다.《법화경》을 토론하니까 천신이 나타나서 두 스님을 지켜주기 위해 호위를 했던 겁니다. 그런데 그때 갑자기 악귀가 나타나서 침을 뱉고 욕을 하며 발자국마저 쓸어 버렸습니다. 선정에 들었던 광효 안 선사가 두 스님에게 그 까닭을 묻자 스님들이 처음에는《법화경》을 토론하다가 나중에는 세속적인 이야기를 했다는 겁니다. 수행자라고 해서 항상 수행의 경지에 들어있는 것은 아닙니다. 잡다한 세속얘기를 하니까 잡신이 왔다가 떠나가는 모습을 보고서 광효 안 선사가 물었던 것입니다.

그 후에 광효 안 선사가 "그저 대화를 나누는 것도 저러할진대 하물며 법을 맡은 자가 북을 치고 법좌에 오르고서 무익한 일들을 말한다면 어찌되겠는가!" 하고 말씀하셨습니다. 선사들이 법상에 오를 때는 북도 치고 의식을 통해 법좌에 오르게 되는데 법좌에 올라 함부로 세속적인 이야기를 할 수 있겠느냐는 말씀입니다.《금강경 오가해》에 나오는 선사들의 말씀에도 깨닫기 전에는 함부로 설하지 말라고 하십니다. 왜냐하면 법을 모르고 법을 설하게 되면 자기도 속이고 대중도 속이고 부처님도 속이는 일이 되기 때문입니다. 진짜 법은 하나의 마음자리를 떠나지 않고 법을 설할 때 법이라고 할 수가 있습니다. 법문이란 하나의 마음자리로 들어올 수 있도록 길을 일러주는 것입니다. 큰스님들이나 대선사들께서 법상에 올라가서 하시는 말씀을 법어라고 하는데, 그 스님들께서 말씀하시는 것이 그대로 법이라는 뜻입니다. 금구(金句)라는 표현을 쓰는 법어는 당신이 깨달은 세계를 그대로 표현하고 있는 설법인 것입니다.

광효 안 선사는 죽을 때까지 세속의 일을 이야기하지 않았으며 선사가 죽어 다비를 거행했을 때 선사의 혀는 불에 타지 않았으며 붉은 연꽃처럼 부드러웠다고 합니다. 광효 안 선사는 오직 법만을 말씀하셨기 때문에 혀 자체가 사리가 되었던 겁니다. 모든 유·무형의 불사는 그냥 이루어지는 법은 없습니다. 전국의 사찰을 보더라도 스님들의 큰 원력이 있었기에 큰 불사가 이루어진 것이지 그냥 저절로 얻어지는 법은 없습니다. 우리 불자님들께서도 어려운 일이 있을 때 오직 일념으로 정진을 하게 되면 어려움을 극복할 수 있을 것입니다.

61. 부처님의 참된 법신은 허공과 같다

화엄(華嚴) 좌주

화엄 좌주가 대주(大珠) 선사에게 물었다.

"어찌해서 푸른 대나무가 모두 진여이며, 만발한 국화가 모두 반야라는 것을 인정하지 않습니까?"

대주 선사가 답했다.

"법신은 형상이 없으나 푸른 대나무에 응하여 형체를 이루고, 반야는 알음알이가 없으나 국화를 상대하여 모습을 드러내나니, 저 국화와 푸른 대나무에 법신과 반야가 있는 것이 아니다. 그러므로 경에서 '부처님의 참된 법신은 허공과 같고, 사물에 따라서 모습을 드러내는 것은 물속의 달과도 같다'고 한 것이다. 국화가 반야라면 반야는 곧 무정물과 같을 것이요, 푸른 대나무가 법신이라면 푸른 대나무가 오히려 사물에 응하여 쓰일 것이리라."

이에 화엄 좌주가 항복하고서 그 뜻을 깨달았다.

해설 ⟨∞⟩⟨∞⟩⟨∞⟩

화엄 좌주는 교학을 하시던 분이었기 때문에 선을 이해하지 못했습니다. 경을 보면 삼라만상이 진여 아닌 것이 없다는 말이 나오지만, 대나무 하나를 놓고 진여라고 한다면 맞지 않습니다. 진여는 문자와 언어로 표현할 수 없는 하나의 마음자리를 말합니다. 만발한 국화 또한 마찬가지입니다. 경에는 삼라만상이 반야 아닌 것이 없다고 하는데 만발한 국화가 반야라는 것을 인정하지 않느냐고 화엄 좌주는 따져 물었습니다. 반야와 진여라는 말은 똑같은 자리를 표현만 달리 한 겁니다. 진여나 반야나 법성이나 공이나 선이나 부처님이나 법이나 똑같은 자리를 놓고 이름을 이렇게 저렇게 붙여 놓은 겁니다. 그러나 진여실상 자리는 이름을 붙일 수가 없습니다.

법신은 형상이 없으나 푸른 대나무에 응하여 형체를 이루고, 반야는 알음알이가 없으나 국화를 상대하여 모습을 드러내나니, 저 국화와 푸른 대나무에 법신과 반야가 있는 것이 아니다.

법신이나 반야가 따로 있다고 생각하다 보니 대부분 불교에 대해서도 어렵다고 생각하는 것입니다. 이 도리만 이해하신다면 불교는 굉장히 쉬운 가르침입니다. 본래 법신은 마음을 말하는 것이므로 형상이 없으나 마음의 작용을 통해서 푸른 대나무에 응하여 형체를 이루었다는 겁니다. 그래서 대나무는 화신이라고 하는 겁니다. 반야 또한 하나의 마음자리를 말하는 것이므로 형상이 없으니 알음알이가 없으며 국화라는 모습으로 나타났을 뿐입니다. 모양이 대나무나 국화로 나타난 것이지 대나무나 국화를 법신이나 반야라고는 할 수 없다는 뜻입니다.

'부처님의 참된 법신은 허공과 같고, 사물에 따라서 모습을 드러내는 것은 물 속의 달과도 같다.'

천 개의 강에 천 개의 달이 떠있다고 해서 달이 천 개 있다고는 할 수 없을 것입니다. 달은 분명 하나입니다. 그러니 천 개의 강에 비춰진 달의 모습은 거짓이라고 할 수가 있겠죠. 이와 마찬가지로 본래 실상의 마음은 인연에 따라서 온갖 모습으로 나타나게 됩니다. 모양이 없는 마음자리에서 목탁이나 볼펜의 모습으로 나타났다면 목탁과 볼펜이 둘이냐 하나냐 했을 때는 '하나'라고 말할 수 있습니다. 달은 하나인데 강마다 비춰진 달의 모습이 사실이 아니듯이, 하나의 모양 없는 자리에서 나타난 현상계도 사실이 아닌 것입니다. 보이는 만물이 관세음보살이요, 들리는 소리가 모두 진리의 소리입니다. 이렇게 볼 수 있다면 도인이 된 것입니다.

국화가 반야라면 반야는 곧 무정물과 같을 것이요, 푸른 대나무가 법신이라면 푸른 대나무가 오히려 사물에 응하여 쓰일 것이리라.

　무정물(無情物)은 생명이 없다는 뜻인데, 반야의 자리는 생명의 자리
입니다. 왜냐하면 마음자리이기 때문입니다. 국화나 대나무는 이름만
붙여놓았을 뿐이니까 참된 생명체는 아니라는 겁니다. 강물에 비친 달
이 사실이 아닌 것과 같은 이치입니다. 사물에 응하여 쓰인다는 말씀
은 푸른 대나무를 법신이라고 한다면 사실이 아닌 헛것을 가지고 진실
이라 말을 하는 것이라는 얘깁니다. 이렇게 대주 선사가 진여와 법신
에 대해서 설명을 하고 나자 화엄 좌주가 항복하고서 그 뜻을 깨달았
다고 합니다.

62. '개에게는 불성이 없다'를 깨치다

덕산 연밀(德山緣密)

덕산 밀 선사의 문하에 어떤 선객이 한 사람 있었는데 매우 예리하게 공부하고 있었다. 그는 '개에게는 불성이 없다'는 화두를 오랫동안 참구했지만 도무지 그 뜻을 깨달을 수가 없었다. 어느 날 어디선가 태양처럼 커다란 개머리 하나가 나타나 입을 크게 벌리고 그 선객을 삼키려고 달려드니, 선객은 두려워서 자리를 피해 달아났다. 곁에 있던 사람들이 그 까닭을 묻자 선객은 그 일을 자세하게 들려주었다.

마침내 덕산 선사에게도 말씀드리자 선사가 말했다.

"두려워할 필요 없소. 그저 정신을 잘 가다듬고서 그 개가 입을 크게 벌리기를 기다렸다가 그 속으로 들어가 버리시오."

선객은 덕산 선사의 가르침대로 앉아 있었다. 한밤중이 되자 그 개가 다시 나타났다. 선객은 머리로 있는 힘을 다해 단번에 치고 들어가는데 자기 머리가 궤짝 속에 있었다. 이에 선객은 확연히 깨달았다. 그 후 문수사에 출세하여 도법을 세상에 크게 떨쳤으니 바로 진 선사다.

해설 ⚬⚬⚬⚬

　이런 경계처럼 정진을 하는 도중에 전혀 상상 밖의 현상들이 나타나게 됩니다. 그러나 이런 경계에 휘둘리게 되면 더 이상 공부가 안되는 겁니다. 하나의 마음도리에 대해 충분히 이해를 하고 정진한다면 이런 경계가 나타나도 끄달려가지 않을 수 있습니다. 정진을 하다보면 뒤쪽에서 뭔가가 자신을 해칠 것 같은 두려움을 느끼게 되어서 자꾸 뒤쪽을 바라보기도 합니다. 이런 경계에 속지 않기 위해서는 공부를 해야 되는데,《능엄경》에 보면 자세한 내용이 나와 있습니다.

　태양처럼 커다란 개머리 하나가 나타나 입을 크게 벌리고 선객을 삼키려고 달려드는 이런 경계는 옆에 있는 사람은 알지 못하는 것이며, 자기 자신만의 느낌일 것입니다. 자기도 모르게 피하기도 하고 남들이 보기에는 이상한 행동들을 하기도 합니다. 보통 사람들이 이런 일을 겪게 되면 무서워서 더 이상 수행을 하지 않으려고 할 겁니다.

　그래서 덕산 스님을 찾아가서 말씀을 드리자 "그저 정신을 잘 가다듬고서 그 개가 입을 크게 벌리기를 기다렸다가 그 속으로 들어가 버리시오."라고 하셨습니다. 선객은 덕산의 가르침대로 한밤중이 되어 그 개가 다시 나타나자 머리로 있는 힘을 다하여 개머리 속으로 단번에 치고 들어갔습니다. 그런데 자기 머리가 궤짝 속에 들어가 있었던 겁니다. 이 궤짝은 평상시에는 뚫을 수 없을 정도로 단단했습니다. 이 선객은 '개에게는 불성이 없다'는 생각이 일념으로 가득 차 있었기에 가능한 겁니다. 이상한 경계가 나타나는 과정은 두려워할 일도 집착할 일도 아닙니다. 그 후 이 선객은 문수사에 출세하여 도법을 세상에 크게 떨쳤는데 바로 이 분이 진 선사라고 합니다.

63. 허망한 생각이 일어나도 따르지 말라

규봉 종밀(圭峯 宗密)

규봉 종밀 선사가 법문했다.

"비고 고요한 것[空寂]으로 자기 몸을 삼을지라도 색신은 인정하지 말 것이며, 신령스럽게 아는 것[靈知]으로 자기 마음을 삼을지라도 허망한 생각만은 인정하지 말라. 허망한 생각이 일어나더라도 절대 따르지 않는 다면 목숨을 마칠 때에 저절로 업에 얽매이지 않게 될 것이요, 하늘과 인간 세상에 뜻대로 태어날 수 있으리라. 이것은 진리를 깨달은 사람이 아침 · 저녁으로 수행해야 하는 중요한 일이다."

해설 ❧❧❧

규봉 종밀 선사는《금강경 오가해》에서 다섯 분 중 한 분으로 등장합니다. 이 분은 교와 선을 겸비한 분이라고 알려져 있습니다. 위의 법문은 보임수행을 말씀하시는 겁니다. 왜냐하면 "이것은 진리를 깨달은 사람이 아침·저녁으로 수행해야 하는 중요한 일"이라고 말씀했기 때문입니다.

비고 고요한 것으로 자기 몸을 삼을지라도 색신은 인정하지 말 것이며,

본래마음자리를 법신이라고 했습니다. 본래마음에서는 삼라만상이 하나의 마음으로 된 자리이기 때문에 삼라만상이 나 아닌 것이 없습니다. 그러니 항상 하나의 마음자리에 집중해야 된다는 말입니다. 그리고 동시에 육신뿐만 아니라 물질로 이루어진 모든 대상에 대해 인정하지 말라는 말씀입니다. 마음의 눈으로 보면 육신뿐만 아니라 모든 대상은 물질이 아닙니다. 항시 진여자리에 마음을 두고 있어야 된다는 법문입니다.

신령스런 앎[靈知]으로 자기 마음을 삼을지라도 허망한 생각만은 인정하지 말라.

본래마음자리를 신령스러운 자리라고 합니다. 하나의 마음자리, 신령스런 앎을 자기 마음으로 삼을지라도 허망한 생각만은 인정하지 말라는 말씀입니다. 허망한 생각이란 대상에 끄달려서 좋다 나쁘다, 있

다 없다 하고 분별함을 뜻합니다. 대상이 사실이 아니니까 허망한 생각이 일어나더라도 절대 따르지 않는다면 목숨을 마칠 때에 저절로 업에 얽매이지 않게 될 것이라고 말씀하고 계십니다. 우리는 아직 중생이기 때문에 허망한 생각이 끊임없이 일어나고 있습니다. 어떤 생각이 일어나도 곧바로 본래자리에 마음을 다잡아야 된다는 법문입니다.

언제 어디서든 마음을 다잡아 항시 정진할 때 공부가 점점 익어갑니다. 그렇게 정진해서 대상에 얽매이지 않는다면 하늘과 인간 세상에 '뜻대로 태어날 수 있으리라[願力所生]'고 말씀하십니다. 마음 밖에 대상이 있게 되면 절대 안됩니다. 그래서 항시 도반이 중요합니다. 정진하는 분이 옆에 있게 되면 법담을 나눌 수도 있고 도반을 통해서도 내 공부를 점검해 볼 수 있는 계기를 마련할 수도 있을 것입니다.

64. 한 생각 일어나지 않으면 전체가 나타난다

장졸(張拙) 상공

장졸 상공이 석상(石霜) 선사를 친견하자 선사가 그에게 물었다.

"그대의 성이 무엇이오?"

"이름은 졸(拙)이고, 성은 장(張)입니다."

"교묘함을 얻고자 해도 얻을 수가 없을 것인데, 졸렬함은 어디에서 왔는가?"

상공은 이 말을 듣는 순간 크게 깨달았다. 이에 게송으로 노래했다.

광명이 고요히 온 세상에 두루 퍼지니
범부와 성현, 온 생명이 다 한 집이네.
한 생각 일어나지 않으면 전체가 나타나리니

육근이 잠깐 움직여도 구름에 가려지리라.
번뇌를 단절하고자 하면 병만 더욱 무거워지고
보리로 나아가려 하면 이 또한 그릇되었다.
수많은 인연을 따르되 걸림 없으니
열반과 생사가 허공의 꽃이로구나.

해설 ☙◦◦◦◦◦

"그대의 성이 무엇이오?"

장졸 상공이 석상 선사를 뵈러가자 선사가 물었습니다. 이렇게 선사들의 질문에는 상대의 근기를 점검해 보는 저울이 숨어있습니다. 실은 장졸 상공의 본래자리가 무엇인가를 물었던 것입니다. 그러나 장졸 상공은 질문의 참뜻을 모르고 "이름은 졸이고, 성은 장입니다."라고 대답을 했습니다.

"교묘함을 얻고자 해도 얻을 수가 없을 것인데, 졸렬함은 어디에서 왔는가?"

석상 선사께서 장졸 상공에 대해 다시 한번 점검을 해보십니다.
교묘함과 현묘함은 같은 뜻을 지니고 있는데, 모양이 없는 하나의 마음자리에서 온갖 다양한 모습으로 나타난 것에 대해서 교묘하다는 표현을 쓴 것입니다. 그 도리는 스스로 느끼는 것이지 본래자리는 무엇을 새로 얻는 것이 아닙니다. 얻는다고 하면 이분법적인 사고가 되어버리기 때문입니다. 본래자리로 돌아간다는 것은 '나'가 없는 것이 아니라 '나[大我]'는 있지만 '나[我]'라고 할 수 있는 것은 아무것도 없다는 뜻입니다. 그래서 "교묘함을 얻고자 해도 얻을 수가 없을 것"이라고 하셨습니다. 석상 선사는 다시 한번 문자나 이름에 끄달려가는가를 점검하기 위해서 "졸렬함은 어디에서 왔는가?" 하고 질문하셨습니다. 이름을 비유해서 장졸 상공에게 다시 한 번 점검을 한 것입니다.

바로 그 순간에 장졸 상공이 도를 깨달으셨습니다. 상공이 선사를 뵈러갔을 때는 나름대로 공부한 것에 대해서 자신을 점검해 보고자 찾아간 것입니다. 이에 대해서 석상 선사께서 공부점검을 해주시자, 장졸 상공이 도를 깨닫고 게송으로 말씀하셨습니다.

광명이 고요히 온 세상에 두루 퍼지니 범부와 성현, 온 생명이 다 한 집이네.

광명은 마음의 덕상을 표현합니다. 본래마음을 깨닫게 되면 삼라만상을 다 환하게 비출 수가 있습니다. 어디에도 걸림없으니 우리 마음을 광명이라고 합니다. 성철 스님께서 말씀하신 "원각(圓覺)이 보조(普照)하니 적(寂)과 멸(滅)이 둘이 아니라 보이는 만물은 관음(觀音)이요 들리는 소리는 묘음(妙音)이라"는 말씀과 똑같습니다. 도를 깨닫고 온 세상을 두루 비추어 보니 일체가 한몸이더라는 말씀입니다.

한 생각 일어나지 않으면 전체가 나타나리니 육근이 잠깐 움직여도 구름에 가려지리라.

마음속에 좋다, 나쁘다는 생각만 일어나지 않는다면 삼라만상이 그대로 하나이더라는 말씀입니다. 마음이 안·이·비·설·신·의에 끄달려가는 것을 구름에 가리웠다고 말씀하셨습니다. 무명(無明)이라는 말씀입니다.

번뇌를 단절하고자 하면 병만 더욱 무거워지고 보리로 나아가려 하면 이 또한 그릇되었다.

정진하는 불자님들은 번뇌를 끊어야겠다고 생각하실 겁니다. 그러나 이런 생각을 일으키는 순간이 곧 망상이라는 얘깁니다. 번뇌를 끊고자 하는 생각이 곧 번뇌라는 뜻입니다. 그래서 선(禪)을 충분히 이해하고 공부해야 됩니다. 마음 밖에 대상이 따로 없기에, 선도리를 제대로 알면 번뇌라는 것을 끊을 것도 없습니다. 번뇌·망상이라는 것은 스스로 만들어 놓은 것이기 때문입니다. 정진할 때 화두를 들거나 염불을 하거나 주력을 하는 것은 오직 마음을 집중시키기 위한 방편입니다. 염불한다면 염불하는 그 놈을 우주와 하나로 보시면 됩니다. 보리는 깨달음입니다. 그러나 깨달았다는 생각을 일으켜도 망상이라는 것입니다.

수많은 인연을 따르되 걸림이 없으니 열반과 생사가 허공의 꽃이로 구나.

과거로부터 익혀온 습과 인연이라는 것이 끝이 없습니다. 그러나 어떤 인연이 다가오더라도 끄달려가지 않는다는 말입니다. 깨닫고 보니, 열반이나 생사라는 것도 이름에 지나지 않는다는 오도송입니다.

65. 광명이 고요히 온 세상에 고루 퍼진다

운문 문언(雲門文偃)

운문 스님이 어떤 스님에게 물었다.

"광명이 고요히 온 세상에 고루 퍼진다는 말씀이 어찌 장졸 상공의 법어가 아니겠는가! "

그 스님이 말했다.

"그렇습니다."

"이미 잘못되었다."

해설 ❧❧❧❧❧

운문 스님께서는 평소 농사를 지으셨다고 합니다. 운문 스님의 공안 가운데 '마른 똥 막대기'에 대해서 많이 들어보셨을 겁니다. "불교의 대의가 무엇입니까?" 하는 물음에 "마른 똥 막대기"라고 답을 하셨습니다. 얼음과 물이 둘인 것 같지만 물이 인연에 따라 얼음과 물로 나타난 것처럼 '마른 똥 막대기'도 하나의 부처자리에서 나온 것입니다. 하나의 마음자리와 '마른 똥 막대기'는 둘이 아닌 것입니다.

어떤 스님이 운문 스님을 찾아오자 "광명이 고요히 온 세상에 고루 퍼진다는 말씀이 어찌 장졸 상공의 법어가 아니겠는가!" 하고 물었습니다. 운문 스님이 이 스님에 대해서 공부점검을 해보는 겁니다. 본래 자리에서는 오고 감이 없고 경계가 다 끊어집니다. 이미 말이나 문자를 초월한 자리입니다. 장졸이라는 분께서 깨달음의 세계를 "광명이 고요히 온 세상에 고루 퍼진다"는 게송 즉, 언어로 표현한 것이지 본래 실상 광명자리에서는 오고 감이 없습니다. 그 자리를 '불생불멸 불구부정 부증불감(不生不滅 不垢不淨 不增不減)'이라고 합니다. 하나의 마음자리 차원에서 표현한 겁니다. 그런데 이 스님이 문자에 속았기 때문에 "그렇습니다."라고 답했습니다. 그러자 운문 스님께서 "이미 잘못되었다"고 점검했던 것입니다.

66. 여래선과 조사선

향엄 지한(香嚴智閑)

향엄 선사가 말했다.

"작년의 가난은 가난이 아니었으니 금년의 가난이 비로소 가난이다. 작년엔 송곳 세울 땅이라도 있었지만 금년에는 세울 송곳조차 없구나."

이에 대해 앙산(仰山) 스님이 말했다.

"사형에게 여래선은 인가하겠지만 조사선은 꿈에서도 보지 못했습니다."

향엄 선사가 다시 말했다.

"나에게 하나의 기미가 있어 눈을 깜박이는 순간에도 그를 보는데, 그가 깨닫지 못하면 따로 사미를 부르리라."

이에 앙산 스님이 말했다.

"사형께서 조사선까지도 알게 되어 기쁩니다."

해설 ∽≪≫∾

이 내용은 여래선과 조사선을 나누는 내용이 보이는 유명한 문답입니다. 여래선은 부처님께서 실상에 대해 설명하신 것을 말하며, 조사선은 있는 그대로를 하나로 보는 본래마음자리를 드러내는 법문을 말합니다.

지금 여러분이 눈을 깜박거리는 것도 선입니다. 눈을 깜박거리는 것 또한 마음의 작용이기 때문입니다. 그러니 마음 아닌 게 없습니다. 하나의 마음에 대해 확신하고 있다면 그 어느 움직임 하나 마음작용 아닌 것이 없습니다. 눈을 깜박이고 숨을 쉬고 밥을 먹거나 잠을 자는 모든 행위가 도라는 말씀입니다.

"작년엔 송곳 세울 땅이라도 있었지만 금년에는 세울 송곳조차 없구나."

작년이라는 말은 깨닫기 전을 말합니다. 가난이라는 말은 문자와 언어를 초월한 말입니다. 깨닫기 전에는 무언가 있다고 생각했는데 깨닫고 보니 모든 대상이 끊어졌다는 얘깁니다. 석가모니부처님께서도 새벽에 별을 보고 깨닫고 보니 깨치기 전에는 별이었는데 깨닫고 보니 별이 아니더라고 말씀하신 것과 같은 표현입니다. 깨닫기 전에는 육안의 눈으로 본 것이고 깨달은 후에는 마음의 눈으로 본 겁니다. 마음도리를 깨닫고 보니 삼라만상이 다 하나의 마음이라는 말입니다. 세울 송곳조차 없다는 표현은 대상이 모두 끊어진 상태를 나타낸 말입니다.

"사형에게 여래선은 인가하겠지만 조사선은 꿈에서도 보지 못하셨소."

앙산 스님은 향엄 선사께서 "세울 송곳조차 없구나" 하는 표현을 여래선으로 본 겁니다. 여래선은 이론으로써 설명이 가능하지만, 조사선에서는 모든 게 다 끊어졌기에 설명이 불가능하다고 봅니다. 깨닫는다는 것은 안과 밖의 경계가 다 끊어졌기 때문에 조사선은 꿈에서도 보지 못하였다고 표현했습니다.

"나에게 하나의 기미가 있어 눈을 깜박이는 순간에도 그를 보는데, 그가 깨닫지 못하면 따로 사미를 부르리라."

이 부분이 조사선의 표현입니다. 눈을 깜박이는 순간이 선이라는 것입니다. 깨달았을 때 내 마음과 우주가 하나였으니까 그 마음작용 또한 선이라는 겁니다. 이 도리에 대해서 아직도 부정하면 따로 사미를 부르겠다고 하시는 겁니다. 사미는 갓 출가한 수행승을 말합니다.

이에 앙산 스님이 "사형께서 조사선까지도 알게 되어 기쁘오."라고 말씀하셨습니다. 향엄 선사에 대해서 조사선의 깨달음을 인정하는 부분입니다.

67. 자고새 우짖는 곳에 온갖 꽃 향기롭네

도오(道悟) 선사

어떤 스님이 도오 선사에게 물었다.

"조사선이 무엇입니까?"

도오가 대답하였다.

"강남의 삼월을 아련하게 떠올려보니 자고새가 우짖는 곳에 온갖 꽃이 향기롭구나."

【백운 화상 주】 ━━━

내가 말한다면 "이 한 구절에 색과 소리와 언어가 모두 갖추어졌으니 이것이 이른바 '말을 하려 할 때 한 구절에 세 구절을 갖추고 있다'고 하는 것으로, 마치 '뜰 앞의 잣나무'라는 본분의 대답과 같은 것이다"라고 할 것이다.

해설 ❧❧❧❧

이 대답은 문자에 휘둘리면 속는 것입니다. 조사선이라는 것도 조사
선이라는 이름을 붙여놓은 것에 지나지 않는 것입니다. 이 내용은 "달
마 스님이 서쪽에서 오신 뜻이 무엇입니까?" 하고 물었을 때 "뜰 앞의
잣나무"라고 답을 한 것과 같습니다. 보고 들리는 있는 그대로가 진여
실상의 소식을 드러내고 있습니다.

68. 깨달은 후 사람을 만나야 체득할 수 있다

백운 수단(白雲守端)

백운 수단 화상이 말했다.

"깨달은 후에는 사람을 만나야 체득할 수 있다. 사람을 만나지 않는다면 그저 꼬리 없는 원숭이 한 마리와도 같아서 재롱을 부려 사람들의 웃음을 자아낼 뿐이다. 이러한 도리를 깊이 믿는 사람은 만에 하나도 없으니 참으로 딱하고 안타깝다."

해설 ❧❧❧❧

이 내용은 나름대로 공부를 통해 실상을 깨달았다고 했을 때는 먼저 깨달은 선지식을 찾아가서 공부점검을 받아야 된다는 뜻입니다. 점검을 받지 않았을 때는 자아도취에 빠져서 혼자 도인노릇을 한다는 것입니다. 그러나 점검을 받았다고 해도 끊임없이 보임수행을 해야만 합니다. 석가모니부처님께서 6년의 고행을 통해서 성자가 되셨다고 하지만 이미 석가모니부처님은 과거 오백생 동안 보살행을 하셨다고 합니다. 우주를 하나로 보고 오백 생 동안이나 보살행을 하셨다는 이야기입니다.

근대 고승들 중에서도 초견성(初見性) 한 것을 곧 성불(成佛)이라고 말씀하신 분들이 많았는데 그것은 절대 아닙니다. 《법화경》에 보면 석가모니부처님 같은 경우는 삼십 겁 전에 초견성을 하셨다고 합니다. 초견성 한 것을 가지고 성불한 것처럼 막행막식한 분들은 나중에 다 후회를 하셨습니다.

69. 양귀비가 자주 소옥을 부른 뜻

원오 극근(圓悟克勤)

원오 극근 화상이 5조 법연(法演) 화상을 모시고 있을 때였다. 진제형(陳提刑)이 벼슬을 그만두고 촉(蜀)으로 돌아가다가 우연히 산사에 들러서 도를 물었다. 이런저런 이야기를 나누다가 5조 화상이 제형에게 물었다.

"그대는 소염(小艶)의 시를 읽은 적이 있는가? '자주 소옥(小玉)을 부른 것은 다름 아니라 오직 낭군이 그 소리를 알아듣기를 바라서였네.'라는 그 두 구절은 자못 선의 요지에 가까운 것이오."

제형이 "네, 그렇습니다."하고 대답하자 5조가 말했다.

"그렇다면 자세히 보시게나."

해설 ❧❧❧❧❧

원오 극근 화상은 확철대오를 하신 분입니다.《벽암록》은 원오 선사께서 조사스님들의 선문답한 내용들을 풀이해주는 내용입니다. 당시의 스님들은 선문답을 풀이해 놓은 것을 외우며 문자선(文字禪)을 했다고 합니다. 원오 선사의 제자가 대혜 종고 선사인데, 대혜 선사는 선객들이 문자에만 집착하는 것을 안타까워 하다가 책들을 회수해서 태워버렸습니다. 선문답의 내용에 대해 의심을 해봐서 스스로 타파해야 된다고 한 것이 간화선이 되었던 것입니다. 대혜 종고 선사가 바로 간화선의 체계를 세우신 분입니다.

"그대는 소염시를 읽은 적이 있는가? '자주 소옥을 부른 것은 다름이 아니라 오직 낭군이 그 소리를 알아듣기를 바라서였네.'라는 그 두 구절은 자못 선의 요지에 가까운 것이오."

양귀비에게는 정인(情人)이 있었는데 황제에게 강제로 끌려갔기 때문에 양귀비는 항상 정인이 보고 싶었지만 그의 이름을 부를 수가 없었어요. 그때 양귀비를 시중들었던 분이 소옥이었는데, 양귀비가 "소옥아!" 하고 부른 것은 바로 정인을 부른 것이었다는 애깁니다. 이것이 선과 같은 차원이라고 말씀하십니다. 우리가 화두를 들거나 염불을 하거나 주력을 한다고 했을 때 문자에 휘둘리지 않고 '하나' 차원에 마음을 두고 염불을 한다면 그대로 선이 되는 겁니다. 선은 이분법적인 사고를 초월한 것이기 때문에 한 티끌 속에 우주를 머금고 있다고 했듯이 관세음보살님이나 지장보살님도 하나의 마음에서 나온 겁니다.

관세음보살님을 염하면서 ‘관세음보살’ 염하는 그 놈이 우주와 하나라는 생각을 갖고 하게 되면 그것이 곧 염불선입니다. 주력 또한 마찬가지입니다. ‘옴 마니 반메홈’ 한다면 ‘옴 마니 반메홈’ 염하는 그 놈이 우주와 하나라는 생각으로 한다면 주력선(呪力禪)이 되는 겁니다. 양귀비가 소옥이를 불렀다고 해도 소옥이를 부르는 게 아니라 정인이었던 안녹산(安祿山)을 부르고 있는 겁니다. 이것이 선의 이치와 같다는 애깁니다.

제형이 “네, 그렇습니다.”하고 대답하자 5조가 말했다.
“그렇다면 자세히 보시게.”

양귀비가 “소옥아, 소옥아!”하고 부르는 것이 본래 무엇을 부르고 있는가를 자세히 보라는 뜻입니다. 시중을 드는 소옥이라는 분이 우주와 하나라는 생각으로 소옥이를 부른다면 이것 또한 선입니다.

원오 선사가 물었다.
“제형이 스님께서 말씀하신 소염시에 관한 뜻을 알아들었겠습니까?”
5조 화상이 대답했다.
“그 사람은 소리만 알아들었을 뿐이다.”
“스님께서 말씀하신 시의 내용은 ‘낭군은 그 소리를 알아듣기를 바라서였네’라고 했고 그 사람은 소리를 알아들었다면 무엇 때문에 옳지 않다고 하시는지요?”

"어떤 스님이 조사께서 서쪽에서 오신 뜻이 무엇인지 묻자 뜰 앞의 잣 나무라고 대답하였다. 적(聻)!"

원오 선사가 홀연히 크게 깨닫고 갑자기 밖으로 나갔다가 닭이 난간으로 날아올라 날개를 치며 우는 것을 보고서 다시 혼잣말로 말했다.

"이것이 어찌 소리가 아니겠는가!"

마침내 향을 소매에 넣고서 5조 화상의 방에 들어가서 깨달은 바를 말씀드리자, 5조 스님이 말했다.

"부처님과 조사의 큰일은 작은 근기와 모자라는 지혜로는 이루지도 나아가지도 못하는 법이다. 내가 그대의 기쁨을 도와주리라."

5조 화상은 산중의 큰스님들을 모두 불러 모은 뒤 말했다.

"나의 시자가 조사선을 참구하여 얻었소!"

해설 ❧❧❧❧

원오 선사가 5조 화상에게 "제형이 스님께서 말씀하신 소염시에 관한 뜻을 알아들었겠습니까?"하고 물었습니다. 그런데 5조 화상가 말하길 "그 사람은 소리만 알아들었을 뿐이다."라고 하였습니다. 소옥이를 부른 참뜻을 진제형이라는 분은 알아듣지 못했다는 얘깁니다.

곧이어 법연 화상이 "어떤 스님이 조사께서 서쪽에서 오신 뜻이 무엇인지 묻자, 뜰 앞의 잣나무라고 대답했다. 적!" 하고 말씀하셨는데, 이것은 조사선을 의미합니다. 법연 화상이 "적!"이라고 하신 이유도 더 이상 입을 떼면 그르치게 되니 조용히 하라는 뜻입니다. 그런데 이 순간, 원오 선사가 도를 깨닫게 된 겁니다. 원오 선사가 갑자기 밖으로 나갔다가 닭이 난간으로 날아올라 날개를 치며 우는 것을 보고서 다시 혼잣말로 "이것이 어찌 소리가 아니겠는가!" 하고 말했습니다. 이게 어찌 도가 아니겠느냐는 뜻입니다. 닭이 날개를 치며 우는 그 모습 자체 역시 도라는 것을 알았던 겁니다. 닭이 날개를 치며 우는 그것 역시 본래마음의 작용이라는 의미입니다. 그래서 이름, 문자, 형상에 속지 말라고 하는 겁니다. 속지 않았을 때 우리 마음이 열리게 되는 것입니다.

원오 선사가 마침내 향을 소매에 넣고서 5조 화상의 방에 들어가서 깨달은 바를 말씀드리자 5조 스님이 "부처님과 조사의 큰일은 작은 근기와 모자라는 지혜로는 이루지도 나아가지도 못하는 법이다. 내가 그대의 기쁨을 도와주리라." 라고 칭찬했습니다.

하나의 도리를 깨닫는 것이 그렇게 쉽지 않다는 뜻입니다. 5조 법연 화상은 제자인 원오가 확실히 깨달은 부분을 대중에게 알리기 위해서 산중의 큰스님들을 모두 불러 모은 뒤 "나의 시자가 조사선을 참구하여 얻었소!"라고 찬탄했습니다. 원오 선사까지는 조사선을 말씀하시나, 그 제자인 대혜 종고 선사부터는 간화선을 말씀하십니다.

70. 맑고 원만한 후에야
공용(功用) 없음을 행하다

응암 담화(應岩曇華)

응암 화 화상이 말했다.

"옛날 스님들은 마음의 눈이 밝지 못하면 부리나케 도가 있는 사람에게 나아가 그것을 바로잡았고, 하루아침에 마음의 눈이 밝아지면 전생에서부터 품어온 소원의 힘으로 깊은 산속으로 들어가 자취를 감추고서 20년이나 30년 동안 여러 생의 계획을 마련하셨다. 그리고 마음과 의식을 갈고 닦아서 완전히 깨끗하게 하고 털끝만큼이라도 허물이 없게 하여, 경계를 만나고 인연과 마주쳐도 담장이나 기왓장을 대하듯 그것을 바라보셨고 한순간이라도 세속에 대한 생각을 품지 않았으며, 마음이 큰 허공과도 같아서 고요하고 맑았으니 이것을 금강정체(金剛正體)라 할 것이다. 맑디맑고 이지러짐 없이 원만한 후에야 공용(功用) 없음을 행하셨다. 비록 무심히 세상에 응하셨으나 세상에 응하는 마음이 항상하고 빈틈이 없었으며, 무심히 중생을 구제하셨으나 구제하는 마음이 넘쳐서 다함이 없었다.

그대들은 알아야 한다. 옛 스님들이 도가 있는 사람에게 나아가서 그것을 바로잡으실 때 증득의 미묘함에 계합하니 열 개의 태양이 동시에 빛나는 듯 눈부셨거늘 어찌 섣불리 법을 계승하는 자이겠느냐!"

해설 ∞∞∞∞

자기 자신이 아직 대상에 집착을 하고 있는지 스스로 판단해 볼 수가 있습니다. 알음알이나 초견성을 통해서 공부가 다 된 것처럼 착각을 하고 법맥을 이어 받았다고 해서 함부로 법을 설해서는 안된다는 것이 응암 화상의 가르침입니다. 화상(和尙)은 교와 선을 겸비한 선지식을 말합니다.

하루아침에 마음의 눈이 밝아지면 전생에서부터 품어온 소원의 힘으로 깊은 산 속으로 들어가 자취를 감추고서 20년이나 30년간 여러 생의 계획을 마련하셨다.

옛날의 스님들은 스승을 만나서 마음의 눈이 열리면 전생에서부터 품어온 원(願)을 이루기 위해 깊은 산속으로 들어가서 보임수행을 하셨던 겁니다. 내가 깨달은 그 자리에 마음을 두고 끊임없이 정진하는 것을 말합니다.

마음과 의식을 갈고 닦아서 완전히 깨끗하게 하고 털끝만큼이라도 허물이 없게 하여, 경계를 만나고 인연과 마주쳐도 담장이나 기왓장을 대하듯 그것을 바라보셨고

그리고 나서 생각대로 할 수 있는 힘을 갈고 닦는다는 것입니다. 오늘날 스님들께서 이렇게 처신한다면 무슨 스님이 이렇게 도도한가 하고 생각할 겁니다. 이런 경우의 스님은 경지를 뛰어넘어서 봐도 본 것이 아니고 들어도 들은 것이 아닌 경지에 있는 겁니다. 이런 경지는 마음이 굉장히 편안한 경지입니다.

보거나 듣는 대상에 휘둘려서 신경쓰다보면 제대로 수행을 하지 못합니다. 성철 스님 같은 경우는 자신을 친견하기 위해서 삼천 배를 하라고 하셨습니다. 자신의 한마디 한마디를 받아들이기 위해서는 마음의 준비가 되어야 되지 않겠냐는 생각이셨던 겁니다. 아무리 좋은 말을 해줘도 상대가 받아들이지 못한다면 아무 소용이 없습니다. 부처님께서도 화엄경을 설하실 때 제석천왕의 세 번 간청으로 법을 설하셨다고 합니다. 중생들이 알아듣지 못한다면 아무리 법을 설한들 무슨 소용이 있겠느냐고 생각하셨던 것입니다.

마음이 큰 허공과도 같아서 고요하고 맑았으니 이것을 금강정체라 할 것이다.

금강(金剛)은 다이아몬드를 말하는데, 다이아몬드는 물질 가운데 가

장 단단해서 깰 수가 없습니다. 하나의 마음자리로 들어가서 행을 쓸 수 있다면 거기에서는 모든 대상이 끊어졌기 때문에 깰 수 있는 것이 없습니다. 언어도단(言語道斷)이라고 할 수 있는데, 그 경지를 금강정체라고 표현한 겁니다. 실상인 '체'의 자리를 이 경지에서는 쓸 수 있다는 의미입니다.

맑디맑고 이지러짐 없이 원만한 후에야 공용 없음을 행하셨다.

맑디맑고 이지러짐 없이 원만한 후라는 것은 우주를 하나로 보고 '체'와 '용'을 마음대로 잡아쓸 수 있는 행을 말합니다. 이는 안과 밖이 끊어진 경지를 말합니다. 옛날 도인 스님들께서는 이런 행을 하셨다는 겁니다.

비록 무심히 세상에 응하셨으나 세상에 응하는 마음이 항상하고 빈틈이 없었으며, 무심히 중생을 구제하셨으나 구제하는 마음이 넘쳐서 다함이 없었다.

부처님께서도 《금강경》에서는 제도할 중생이 없다고 말씀하셨습니다. 이것은 안과 밖을 하나로 보는 마음의 경지에서 표현한 겁니다. 깨닫는다는 것은 하나의 마음자리를 깨닫는 겁니다. 이 경지에서는 경계가 다 끊어졌으니까 제도할 중생이 없는 겁니다. 하나의 마음이라는 것을 알았기 때문에 일체대상이 나와 한 몸입니다. 한 몸이기 때문에 당연히 발심할 수밖에 없습니다. 유마거사께서 "중생이 아프니 나도 아프다"고 하신 이유도 바로 '하나' 차원에서 표현하신 겁니다. 어머니가 자식을 내 몸의 일부라고 생각하는 마음처럼 하나의 경지에 들어갔을 때 진정한 보살행이 나오게 됩니다.

옛 스님들이 도가 있는 사람에게 나아가서 그것을 바로잡으실 때 증득의 미묘함에 계합하니 열 개의 태양이 동시에 빛나는 듯 눈부셨거늘 어찌 섣불리 법을 계승하는 자이겠느냐!

옛날 스님들은 한 철 공부를 하면 몇 날 몇 일이라도 선지식을 찾아가서 가르침을 받았다고 합니다. 쉽게 인가를 하고 쉽게 법을 전하는 것에 대해서 지적하시는 내용입니다. 성철 스님이나 청화 스님 같은 경우도 누구에게 인가를 받은 일도, 인가를 해준 일도 없으셨다고 합니다.

71. 헛된 인연 여의면 바로 여여한 부처라네

고령 신찬(古靈神贊)

고령 선사가 행각을 하다가 백장 스님을 친견하고 깨달음을 얻었다. 그 후 다시 복주(福州) 대중사(大中寺)로 돌아와 보임수행을 했다.

은사 스님이 물었다.

"그대는 내 곁을 떠나서 바깥세상을 다니면서 어떤 일을 얻었는가?"

고령 선사가 대답했다.

"아무것도 얻지 못했습니다."

은사 스님이 그에게 잡일을 시켰다. 어느 날 은사 스님이 목욕을 하다가 고령에게 때를 밀어 달라고 했다. 이에 고령 선사가 등을 밀어주면서 말했다.

"좋은 불전(佛殿)인데 부처님께서는 영험이 없군요."

은사 스님이 고개를 돌리고 쳐다보자 그가 다시 말했다.

"부처님께서는 비록 영험하지 못하시나 광명은 놓을 줄 아시는군요."

또 어느 날 은사 스님이 밝은 창 아래서 경전을 읽는데, 벌이 밖으로 나가려고 했다. 고령 선사가 그 광경을 보고 말했다.

"세계가 저처럼 광활한데 나가지도 못하고 부질없이 옛 종이만 뚫으려 하는구나."

은사 스님은 보던 경을 덮고서 물었다.

"그대는 행각을 하다가 어떤 분을 만났는가? 요 며칠 동안 그대를 관찰하니 이상한 말만 하는구나. 내게 설명해 보거라."

고령 선사가 법좌에 올라 백장 문하의 가풍을 들면서 설법했다.

신령한 빛이 홀로 빛나니
6근과 6진을 멀리 떠났으며
본체가 드러나니 참되고 항상하며
문자에 얽매이지 않고 있구나.
마음의 성품은 물들지 않아
본래부터 스스로 원만하니
헛된 인연을 여의기만 하면
바로 여여하신 부처라네.

해설 ✕✕✕

은사 스님이 물었다.

"그대는 내 곁을 떠나서 바깥세상을 다니면서 어떤 일을 얻었는가?"

"아무것도 얻지 못하였습니다."

은사 스님이 "그대는 내 곁을 떠나서 바깥세상을 다니면서 어떤 일을 얻었는가?" 하고 물었습니다. 이 질문에서 얻었다는 것은 잘못된 질문입니다. 도는 무언가를 얻는 것이 아닙니다. 그래서 고령 선사가 아무것도 얻지 못했다고 대답했습니다. 그러나 은사 스님은 무슨 뜻인지를 모르고 공부가 아직 덜 되었구나 생각하고 고령 선사에게 잡일을 시켰습니다.

"좋은 불전인데 부처님께서는 영험이 없군요."

"부처님께서는 비록 영험하지 못하시나 광명은 놓을 줄 아시는군요."

어느 날 은사 스님이 목욕을 하다가 고령에게 때를 밀어 달라고 하자 고령이 등을 밀어주면서 "좋은 불전인데 부처님께서는 영험이 없는 듯 하군요."라고 말했습니다. 어떤 문헌에는 등을 한 대 때렸다고도 합니다.

은사 스님이 고개를 돌리고 그를 본 것은 마음의 작용을 일으킨 것입니다. 마음이 작용을 일으키는 것을 광명으로 표현한 겁니다. 마음을 광명체라고도 합니다. 마음이 광명을 일으켜서 상대를 대할 때 광명을 놓는다고 하는 겁니다. 이렇게 말씀을 드린 후에도 은사 스님은 참뜻을 알아차리지 못했습니다.

"세계가 저처럼 광활한데도 나가지도 못하고 부질없이 옛 종이만 뚫으려고 하는구나."

은사 스님은 참선은 하지 않고 주로 경만 공부하던 분이셨습니다. 제자인 고령이 경 읽는 광경을 보고 "세계가 저처럼 광활한데도 나가지도 못하고 부질없이 옛 종이만 뚫으려고 하는구나."라고 말했습니다. 스승의 공부를 벗어 밖을 못 찾고 문 앞에서 나가려고 발버둥을 치는 모습으로 빗댄 것입니다. 삼라만상이 경 아닌 것이 없는데 옛 종이 속에서 도를 찾으려는 모습이 안타까웠던 것입니다.

고령 선사의 말을 들은 스승이 정신을 차리고 경을 덮고는 "요 며칠 동안 그대를 관찰하니 이상한 말만 하는구나. 그것을 나에게 설명해 보라."고 하셨던 겁니다. 은사 스님은 경만 보았지 진짜 도는 몰랐기 때문에 제자가 하는 말들이 뭔가 이상하다고 느꼈던 겁니다. 옛날에는 제자가 스승보다 먼저 도를 깨달으면 제자를 법상에 오르게 해서 법을 청했다고 합니다. 은사 스님이 제자인 고령을 법상에 앉힌 다음 법을 청했던 겁니다.

신령한 빛이 홀로 빛나니 6근과 6진을 멀리 떠났으며

신령하다는 것은 우리의 본래 마음자리, '체(體)'를 표현한 것이며,

홀로 빛난다는 것은 이미 하나의 경지를 표현한 말입니다. 6근은 여섯 가지 감각기관을, 6진은 대상을 말합니다. 6근과 6진을 떠났다는 것은 대상이 다 끊어졌다는 말입니다. 안과 밖이 모두 끊어진 금강정체(金剛正體)의 경계를 말하는 것입니다.

본체가 드러나니 참되고 항상하며 문자에 얽매이지 않고 있구나.

실상을 깨닫고 보니 항상 변함이 없다는 것입니다. 생사가 모두 끊어지고 문자와 언어가 끊어진 자리를 말합니다.

마음의 성품은 물들지 않아 본래부터 스스로 원만하니

문자에 얽매이지 않고 어떤 경계에도 끄달려가지 않는다는 말입니다. 깨닫고 보니 본래부터 있었던 자리였다는 것입니다.

헛된 인연을 여의기만 하면 바로 여여하신 부처라네.

헛된 인연은 대상을 말합니다. 사실이 아닌 허깨비 같은 대상에 휘둘리지 않는다면 바로 부처라는 말입니다. 환상과 같은 대상이 없어야 됩니다. 여여(如如)라는 말은 '같을 여(如)' 자를 두 번 썼는데 안과 밖이 둘이 아닌 하나라는 뜻입니다. 여여는 대상이 다 끊어진 경계를 말합니다.

72. 불성은 평등하니 차별 없이 제도해야

학림 현소(鶴林玄素)

어떤 백정이 현소 화상에게 절을 올리면서 자기 집에 와서 공양하시기를 간청하였다. 현소 화상이 흔쾌히 그 집으로 가시니 대중이 모두 의아해하였다.

현소 화상이 말했다.

"불성은 평등하므로 어진 사람이나 어리석은 사람이나 똑같은 것이다. 그저 제도할만한 사람이 있으면 내가 제도하면 그 뿐, 다시 무슨 차별이 있겠는가?"

해설 ⋘⋙

도인의 걸림없는 행을 말하는 내용입니다. 백정 노릇을 하는 분이 현소 화상에게 자기 집에 와서 공양을 하시기를 간청했습니다. 그러자 대중이 어찌 백정에게 공양을 받으러 가느냐고 의아해 했던 겁니다. 현소 화상은 "불성은 평등하므로 어진 사람이나 어리석은 사람이나 똑같은 것"이라고 말씀하셨습니다. 이미 현소 화상의 경지는 하나의 근본자리에 있었던 겁니다.

73. 어떤 것이 그대의 마음인가?

대전 보통(大顚寶通)

대전 화상이 처음으로 석두(石頭) 선사를 친견하니 선사가 물었다.

"어떤 것이 그대의 마음인가?"

"지금 말씀하신 것이 그것입니다."

석두 선사가 큰 소리로 꾸짖으며 대전 화상을 내쫓았다.

그리고 열흘 남짓 지나서 대전 화상이 석두 선사에게 물었다.

"지난번 저의 대답이 옳지 않았다면 그것 외에 어느 것이 제 마음이겠습니까?"

"눈썹을 치세우거나 눈을 깜박이는 짓은 그만하고, 그대의 마음을 가지고 오너라."

"가져다 드릴 마음이 없습니다."

"처음에는 마음이 있다고 하더니 어찌하여 마음이 없다고 말하는가? 마음이 없다는 것도 똑같이 비방하는 것이다."

대전 화상은 이 말을 듣는 순간 크게 깨달았다.

해설 ⚜

"어떤 것이 그대의 마음인가?"

이 질문은 '용' 차원에서 묻고 있는 겁니다. 본래 실상에서는 어떤 표현도 할 수 없는데 석두 선사가 대전 화상이 문자에 끄달려가고 있는지 점검을 해 보는 질문입니다.

"지금 말씀하신 것이 그것입니다."

본래 실상은 이름을 붙일 수 없습니다. "그대의 마음이 어떤 것이냐?" 물었을 때는 마음 아닌 게 없습니다. '체'와 '용'은 하나입니다. 일체가 하나의 마음 작용에서 나온 것이라면 지금 눈앞에 보이는 시계나 볼펜이 이름과 모습은 달라도 '하나'라는 얘깁니다. 하나의 자리에 대해서는 입을 뗄 수 없지만 부득이 방편상 마음이라고 이름을 붙여 놓았습니다.

"어떤 것이 그대의 마음인가?"하는 질문에 대해 대전 화상은 "지금 말씀하신 것이 그것"이라고 질문하는 석두 선사의 마음을 가리켰기 때문에 이분법적인 사고를 나타내고 말았습니다. 대전 화상이 '체'와 '용'을 하나로 보지 못하고 틀린 답을 하자, 석두 선사가 큰 소리로 꾸짖으며 내쫓았습니다.

"지난번 저의 대답이 옳지 않았다면 그것 외에 어느 것이 제 마음이겠습니까?"

마음이라고 했을 때는 마음 아닌 게 없습니다. 이 도리를 모르는 대전 화상이 이렇게 다시 질문하고 있습니다.

"눈썹을 치세우거나 눈을 깜박이는 짓은 그만하고, 그대의 마음을 가지고 오너라."

눈썹을 치세우거나 눈을 깜박이는 짓 등은 마음 아닌 게 없습니다. 제자를 다시 한 번 점검하기 위해서 석두 선사가 그대의 마음을 가져오라고 하셨습니다. 마음은 어디에 있거나 없는 것이 아닙니다. 하나의 자리를 부득이 마음이라고 한다면 마음이 인연에 따라 온갖 모습으로 나타난 것도 마음 아닌 게 없기 때문입니다. 마음을 인격적으로 '부처님'이라고 부른다면 부처님 아닌 게 없다는 얘깁니다. 본래 실상, 하나의 자리에 계합(契合)하는 것을 인격적으로 법신불이라고 합니다. 부처님은 모양이 없는 겁니다. 모양이 없는 부처님이 인연에 따라서 온갖 모습으로 나타났습니다. 이것을 우리가 화신불이라고 합니다. 마찬가지로 본래가 마음이라면 마음이 인연따라 나타난 것도 마음 아닌 게 없습니다.

"가져다 드릴 마음이 없습니다."

대전 화상은 아직도 스승의 참뜻을 알아차리지 못하고 이렇게 대답했습니다.

"처음에는 마음이 있다고 하더니 어찌 마음이 없다고 말하는가? 마음이 없다는 것도 똑같이 비방하는 것이다."

석두 선사는 마음이 있다고 해도, 마음이 없다고 해도 똑같이 비방하는 것이라고 하십니다. 대전 화상은 이 말을 듣는 순간 크게 깨달으셨다고 합니다. 석두 선사가 '체'와 '용'을 하나로 보고 하신 말씀입니다. '하나의 마음'으로 본다면 그 자리는 모양이 없기 때문에 있다고 할 수 없는 것이고, 모양이 없다고 해서 없다고 부정할 수도 없는 자리입니다. 입을 떼면 그르치는 자리입니다. 우리가 잘 먹고 잘 살기 위해서 살아가는 것도 중요하지만 이 도리를 모른다면 꿈속에서 헤매이는 것과 다르지 않습니다. 부처님께서도 이 도리를 일깨워 주시기 위해서 사바세계에 오신 것이며 우리 역시 생사가 없는 도리를 알기 위해서 불자라는 이름으로 수행하는 겁니다. 이 자리는 모두 본래 갖추고 있는데 무시이래 모르고 살았을 뿐입니다. 본래 마음자리를 찾기 위해서 열심히 정진하면 좋은 인연도 나타나고 생사 문제도 반드시 해결할 수 있을 것입니다.

74. 어떤 것이 종이옷 아래의 일인가?

조산 탐장(曹山耽章)

종이로 만든 옷을 입고 스스로 호를 지의도자(紙衣道者)라고 한 스님이 동산에서 오자 조산 탐장 선사가 그에게 물었다.

"어떤 것이 종이옷[紙衣] 아래의 일인가?"

"옷 한 벌을 겨우 몸에 걸쳤으니 만사가 모두 다 그러합니다."

"어떤 것이 종이옷 아래의 작용인가?"

지의도자 스님은 앞으로 나와서 합장하고 대답했다.

"예!"

그리고 옷을 벗어 버리자 조산 선사가 웃으며 말했다.

"그대는 그와 같이 가는 이치는 알고 있으나, 그와 같이 오는 이치는 모르고 있구나."

스님은 홀연히 눈이 뜨여 물었다.

"하나의 신령스러운 진실한 성품이 어머니의 태를 빌리지 않을 때에는 어떻습니까?"

조산 선사가 대답했다.

"묘한 것이 아니다."

"그렇다면 어떤 것이 현묘한 이치입니까?"

"빌리지 않으면서 빌리는 것이다."

그러자 그 스님은 자리에서 물러나 법당으로 가서 가부좌를 틀고 숨을 거두었다.

조산 선사가 게송으로 설했다.

깨달음의 성품은 원만하고 밝고 형상 없는 몸이니
지견을 가지고 헛되이 친하거나 멀리하지 말라.
생각이 달라지면 현묘한 본체도 달라지고
마음이 어긋나면 도와도 이웃할 수 없다.
감정으로 만법을 나누면 마주한 경계에 잠기고
다양한 단서를 살피면 본진(本眞)도 잃으리라.
만일 구절 속에서 온전하게 깨우치면
틀림없이 일 없는 옛사람이리라.

조산 선사가 이와 같이 상근기[上根]를 일깨우신 적은 일찍이 그 자취를 찾을 수 없다.

해설 ∞◦◦◦∞

"어떤 것이 종이옷 아래의 일인가?"

종이로 만든 옷을 입고 스스로 호를 지의도자라고 하는 스님이 동산에서 오자 조산 선사가 "어떤 것이 종이옷 아래의 일인가?"하고 물었습니다. 이 질문은 종이옷의 본래 자리 '체'를 묻고 있는 겁니다. 조산 선사께서 지의도자를 점검해 본 질문입니다. 그러자 지의도자 스님이 "옷 한 벌을 겨우 몸에 걸쳤으니 만사가 모두 다 그러하다"고 '용' 차원에서 답을 했습니다.

"그대는 그와 같이 가는 이치는 알고 있으나, 그와 같이 오는 이치는 모르고 있구나."

가는 이치는 알고 있으나 오는 이치는 모르고 있다는 조산 선사의 말씀은 '체'는 알았지만 '용'에서는 아직도 끄달려 가고 있다는 말씀입니다. 그 순간 지의도자라는 분께서 도를 깨쳤습니다. 열심히 수행하시는 분들은 공부를 하면서 여러 가지 궁금한 점이 생기게 됩니다. 자기의 공부에 대해 점검을 받고자 선지식을 찾아가는 경우도 많이 있습니다. 공부를 제대로 하신 분이라면 이렇게 선문답을 통해서 눈을 뜨게 되는 겁니다.

"하나의 신령스러운 진실한 성품이 어머니의 태를 빌리지 않을 때에는 어떻습니까?"

"묘한 것이 아니다."

지의도자가 도를 깨치고는 조산 선사에게 "하나의 신령스러운 진실한 성품이 어머니의 태를 빌리지 않을 때에는 어떻습니까?" 하고 물었습니다. 어머니의 태에 들어가기 전 본래 실상자리에 대해 묻고 계시는 겁니다. '체'를 묻는 부분입니다.

이에 조산 선사께서는 묘한 것이 아니라고 대답을 하셨는데 별 게 아니라는 말씀입니다. 왜냐하면 본래자리에서는 어머니 태중에 들어가고 나오는 것을 초월했다는 겁니다. 본래자리에서는 조금도 오고 감이 없는 것이니까 별 게 아니라는 말씀입니다. 공부를 하는 입장에서는 모양이 없는 자리에서 온갖 것이 나왔으니까 묘하다고도 할 수 있습니다. 그러나 생사가 다 끊어진 경지에 있는 분들은 묘할 것이 없습니다. 현상에 끄달려 갈 때 묘하다고 느끼는 것입니다.

"그렇다면 어떤 것이 현묘한 이치입니까?"

"빌리지 않으면서 빌리는 것이다."

그렇다면 어떤 것이 본래 자리인가를 묻고 계십니다. 모양이 없는 실상자리에 대한 질문입니다.

"빌리지 않으면서 빌리는 것"이란 뜻은 태어났어도 태어난 것이 아니라는 말씀입니다. '체'와 '용'을 하나로 봤을 때 이해할 수가 있습니다. 형상에 끄달려가는 입장에서는 태어날 때 어머니 몸을 의지해서 태어난다고 생각할 겁니다. 어머니의 몸에 집착하면 절대 답이 안됩니다. 모양 없는 것에서 나타난 것도 모양이 아니라는 말씀을 드렸듯이 어머니 육신이나 내 육신 역시 몸이라는 이름을 붙여놓았을 뿐입니다.

육신은 빠른 속도로 변하고 있고 육신을 쪼개고 쪼개서 분석해 보면 물질이 아니라는 것은 현대과학이 입증하고 있습니다. 우리가 육안의 눈으로 본 대상도 사실이 아닌 것을 보고 있는 것이기 때문에 실은 봐도 본 것이 아닙니다. 어머니의 몸 또한 사실이 아닙니다. 사실이 아니지만 사실이 아닌 것에 의지해서 태어났기 때문에 빌리지 않으면서 빌리는 것이라고 말씀하는 것입니다. 전자현미경으로 모든 물질을 확대해서 볼 수 있다면 쉽게 느낄 수가 있습니다. 보지 않아도 본 것이고 듣지 않아도 들은 것이라고 하는 이유는 일체가 '하나'이기 때문입니다. 《직지》에서 말씀드리고자 하는 핵심은 곧바로 하나의 마음자리를 일러주는 것입니다.

그러자 그 스님은 자리에서 물러나 법당으로 가서 가부좌를 틀고 숨을 거두었다.

지의도자라는 분께서 조산 선사를 만나 깨달음을 얻고 생사를 자유자재로 할 수 있는 경지를 몸소 보여주셨습니다. 이 부분에 대해 조산 선사가 다음과 같이 게송으로 말씀하셨습니다.

깨달음의 성품은 원만하고 밝고 형상 없는 몸이니

깨달음은 어떤 문자나 언어로 표현할 수 없는 경지를 말합니다. 그 경지를 깨달았을 때는 우주와 내가 하나이기 때문에 형상 없는 몸이라는 표현을 합니다. '천상천하 유아독존', 하늘 위에 하늘 아래 나 홀로 존귀하다고 하는데, 그 자리에서는 평등하며 높고 낮음도 다 끊어진 자리입니다.

지견을 가지고 헛되이 친하거나 멀리하지 말라.

지견은 지식을 말합니다. 내가 아는 지식이나 문자에 집착하지 말라는 말씀입니다. 그것에 집착하게 되면 도하고는 거리가 멀어지게 된다는 의미입니다.

생각이 달라지면 현묘한 본체도 달라지고 마음이 어긋나면 도와도 이웃할 수 없다.

만약에 내가 분별하는 마음이 있거나 좋다 나쁘다는 생각이 있을 때는 진리하고 거리가 멀어진다는 말씀입니다. 마음에서 분별하는 생각이 일어나게 되면 도와 하나가 될 수 없습니다.

감정으로 만법을 나누면 마주한 경계에 잠기고 다양한 단서를 살피면 본진도 잃으리라.

　내가 어떤 대상에 대해 마음이 일어나게 되면 결국 우주와 하나가 되지 못합니다. 무언가 따지기 좋아하는 분들이 많을 겁니다. 내 마음에서 뭔가를 의심하고 따지고 있다면 이미 본래자리와는 거리가 멀어지는 것입니다.

　만일 구절 속에서 온전하게 깨우치면 틀림없이 일 없는 옛사람이리라.

　어떤 언어나 대상을 통해서 본질을 확실하게 깨우치게 되면 마음에 경계 대상이 끊어지게 되는 것을 '일이 없다[無事]'고 하시는 겁니다. 깨닫고 나서 일체 중생이 나와 하나임을 알았다면 모두 제도할 대상이 될 것입니다. 〈심우도〉에서도 마지막에 바랑을 짊어지고 저자거리의 대중 속으로 걸어오는 장면이 있습니다. 무념의 경지를 깨달았지만 중생을 제도하기 위해서 걸어오는 겁니다. 일이 없는 옛사람은 깨달은 분을 말씀합니다. 상근기는 과거 생에 공부를 많이 하신 분입니다.

75. 지혜를 얻은 뒤에는 진공삼매에 들라

몽산 덕이(蒙山德異)

몽산 화상이 법문했다.

"지혜를 얻은 뒤에는 항상 진공삼매(真空三昧)에 들어 여러 생을 거치면서 익혀온 번뇌의 습기를 깨끗하게 씻어내야 하니, 그 번뇌의 습기가 가벼워지고 맑아질 때 이번 생에 어머니의 태에서 태어난 일과 한 번의 전생, 두 번의 전생에서 열 번의 전생에 이르기까지의 모든 일을 생각하여 알 수 있을 것이다. 만약 번뇌의 습기가 완전히 깨끗해졌다면 여러 전생의 일들을 알 수 있을 것이니 이것을 숙명지신통(宿命智神通)이라 부른다. 이어서 귀와 눈에서 여섯 가지 감각기관에 이르기까지 깨끗해져 번뇌를 말끔히 씻어내면 모든 감각기관의 티끌이 청정해질 것이다. 그러면 모든 신통과 모든 삼매와 큰 지혜와 큰 변재와 큰 신통과 큰 기용(機用)이 모두 다 진공실상(眞空實相) 속에서 드러나게 될 것이다."

해설 ⚬⚬⚬⚬⚬

　진공은 '체'의 자리, 실상을 말합니다. 모양이 없는 실상자리에서 인연에 따라 다양한 모습으로 나타난 것이 묘하다고 해서 진공묘유(眞空妙有)라고 합니다. 육신통을 자유자재로 쓰시기 위해서는 진공묘유의 경계에서 가능하다고 합니다. 진공실상이나 진공삼매는 똑같은 자리를 말합니다. 지혜란 둘이 아닌 하나의 자리를 깨닫는 것을 말합니다. 깨달음을 얻은 뒤에는 항상 본래자리에 들어가 보임수행을 해야 된다는 애깁니다. 깨달음을 얻었다고 해도 과거로부터 익혀온 습은 한번에 녹일 수 있는 것이 아닙니다.

　농사를 예로 들면 농부가 씨를 뿌리면 당대에 수확을 하는 경우도 있고 내년에 수확하는 경우도 있고 어떤 것은 몇 년을 기다린 후에야 수확하는 경우도 있을 겁니다. 이와 마찬가지로 내가 지어놓은 업이라는 것은 한 생에 다 받는 것이 아닙니다. 우리 곁에 있는 도반들도 생김새나 생각이 각각 달라요. 그렇다면 다음 생에도 현생의 생각대로 달라지는 겁니다. 우리가 여러 생을 거치며 익혀온 습을 놓는다는 것은 정말 어려운 일입니다. 부처님 제자로서 우리는 이것을 하면 옳지 않다는 것을 알면서도 어떤 경우에는 끄달려갑니다. 이것을 업력(業力)이라고 합니다. 나름대로 수행을 하더라도 과거 생에 업력이 강하면 수행자일지라도 업에 끌려가게 됩니다. 깨달음을 얻은 뒤 항상 진공삼매에 들게 되면 업을 녹일 수 있다고 말씀하시는 이유는 깊은 경지에 들어가면 과거일까지도 볼 수가 있는데, 과거 생의 일을 알게 되면 상대가 나에게 무슨 일을 하더라도 포용할 수가 있게 됩니다.

부처님께서도 사촌 동생인 제바달다에게 무척이나 시달리지만 과거 생의 일을 아셨기 때문에 제바달다의 악행을 모두 포용하셨던 겁니다. 몽산 스님께서도 번뇌의 습기가 다 녹아져야만 과거의 삶을 알 수 있다고 말씀하고 계십니다. 그 경지에서 업을 다 녹였을 때 대자유인이 되는 겁니다.

몽산 화상이 대중에게 설했다.

"마음을 돌이키고 뜻을 세우는 데에는 높고 낮음을 따지지 않거늘 성인의 경지에 들어가고 범부의 수준을 넘어서는 일이 어찌 승속에 구애되겠는가. 지금 직면해 있는 그 자리에서 단박에 깨달으면 한 걸음에 집에 도착할 것이나, 의심하고 머뭇거리며 따진다면 흰 구름처럼 아득하리라. 어찌하여 보지 못하는가. 세존께서 꽃을 들어 대중에게 보이시자 가섭께서 환하게 미소 지으시니, 세존께서 '나에게 정법안장(正法眼藏)과 열반묘심(涅槃妙心)이 있으니 마하가섭에게 부촉하리라. 교밖에 별도로 전하니 단절되지 않게 하라'라고 말씀하신 것을! 그대들은 보았는가? 늙으신 구담(瞿曇)께서 대가섭에게 준 것을 아는 자는 정법안장과 열반묘심을 밝게 알아 깨달음의 문에 이미 들어갔을 것이다. 다시 한 걸음 더 나아가서 당에 오르고 입실해야 하리라. 그렇지 못한다면 세존께서 꽃을 드신 뜻은 무엇이며, 가섭께서 미소 지으신 것은 결국 무슨 뜻이었는지를 자세히 참구하고 또 살펴라. 그리하면 문득 크게 깨달으리라. 하나하나의 도를 얻고 핵심을 갈파한다면 그대들을 영리한 남아라고 인정해 주리라."

해설 ∽⊙∽

몽산 화상이 대중에게 법문하시는 내용인데, 이 법회에는 아마 재가자들이 동참을 하셨던 것 같습니다. 도를 배우고 깨치는 데에는 승속이 따로 없다는 얘깁니다. 부처님 법을 배우는 목적은 위없고 깊고 미묘한 법을 깨닫기 위함입니다. 하나의 마음자리가 바로 무상심심미묘법(無上甚深微妙法)의 자리입니다. 마음은 위 아래가 없이 평등하고 볼 수가 없으니 깊이를 가늠할 수가 없습니다. 모양이 없는 놈이 다양한 모습으로 나타난 것에 대해서 묘하다고 하는 겁니다.

지금 직면해 있는 그 자리에서 단박에 깨달으면 한 걸음에 집에 도착할 것이나, 의심하고 머뭇거리며 따진다면 흰 구름처럼 아득하리라.

하나의 마음자리를 단박에 깨달으면 나의 본래 고향으로 돌아가게 됩니다.《직지》공부를 하면서도 저 말이 정말일까 의심을 하고, 수행은 뭘 할까 따진다면 불교를 공부하는 것이 아니라 뜬 구름을 잡고 있는 겁니다. 우주의 근본 실상, '하나'의 도리라는 것은 아무리 이론적으로 설명해도 본인이 직접 체험하기 전에는 확실하게 와닿지 않는 겁니다.

세존께서 꽃을 들어 대중에게 보이시자 가섭께서 환하게 미소를 지으시니, 세존께서 '나에게 정법안장과 열반묘심이 있으니 마하가섭에게 부촉하리라. 교밖에 별도로 전하니 단절되지 않게 하라'라고 말씀하신 것을!

이 부분은 공안(公案)입니다. 교(敎)는 가르침의 말씀을 말하는데 "교밖에 별도로 전하니 단절되지 않게 하라"는 말은 마음과 마음으로 전한다는 뜻입니다. 부처님께서 말씀을 통해서 우리에게 법을 전했다고 하지만 선(禪)으로 법맥이 이어져 왔다고 봐야 됩니다.

이 부분에 대해서 간화선을 하시는 분들이 이것이 최초의 간화선이라고 주장을 합니다. 부처님께서 꽃 한 송이를 들어 보인 것과 제가 볼펜을 들어 보인 것이 다른 것이 아닙니다. 볼펜의 본래자리를 묻는 질문입니다. 부처님께서 꽃 한 송이의 본래자리를 물으시자 그 자리에 대해서는 입을 떼면 그르치니까 가섭존자가 빙그레 미소로 답을 했던 겁니다. '꽃 한 송이를 왜 들었을까?' 하고 의심이 든다면 화두가 될 수 있습니다.

내용에서 늙으신 구담(瞿曇)은 석가모니부처님을 말합니다. 다시 한걸음 더 나아가서 당에 오르고 입실해야 한다는 것은 조실(祖室)에 들어서 자기의 점검을 받아야 된다는 뜻입니다.

몽산 선사는 또 설법했다.
"내가 며칠 전 거리에 나갔다가 돌아오는 길에 장방(將坊)에 들렀는데 시주금을 모으러 다니던 어떤 여인이 따라와 거리에서 절을 하며 말했다.

'제가 10년 동안 사람들을 교화하여 52관의 돈을 모았습니다. 이제 이 돈을 상주에 희사하여 불전을 지으려고 합니다. 세 번이나 암자를 찾아갔지만 큰스님을 뵙지 못하였는데 내 인연이 얕고 박복한 때문이라 생각하니 마음이 아파 견딜 수가 없었습니다. 이번에 장로님을 뵙게 되었으니, 이 돈을 거두시어 저를 위해 그저 나무 한 그루와 돌 한 덩이와 기와 몇 조각과 벽돌 몇 장을 사셔서 불전을 잘 이루시어 삼보의 연을 맺게 하옵소서.'

내가 물었다.

'그대가 10년 동안 사람들을 교화하여 돈 모으기가 결코 쉽지 않았을 텐데 그것으로 옷을 사 입고 밥을 사먹어야 하지 않겠는가?'

'저는 이미 10년 전에 마음을 내었습니다.'

'그대의 성은 무엇이고, 어느 곳에 살며, 무엇 때문에 발심을 하였는가?'

'제 성과 이름은 묻지 말아 주십시오. 저는 양로원에 살고 있습니다. 20년 전에 저는 아주 큰 부잣집에 구걸을 가서 대문 앞에 오랫동안 서 있었는데 문지기들이 욕을 하며 저를 내쫓았습니다. 심지어 어떤 이는 구정물을 뿌리기도 하였는데 이로 인해 원한을 품게 되었습니다. 제 운명이 그토록 좋지 못한 것은 전생에 일찍이 수행하지 않았기 때문이라 생각하니 고뇌를 견딜 수 없어 통곡하며 돌아왔습니다. 그러다 용흥사에 와서 어떤 강주님을 뵙게 되었는데 그 분께서 경을 설명하시면서 어떤 이에게 복이 있다면 그것은 부처님께 공양 올린 적이 있기 때문이라고 말씀하셨습니다. 그 말씀을 듣고 저는 반성하고 또 반성했습니다.

이로부터 10년 동안 사람들에게 시주를 받아 돈을 모으면서 서원하기를 이 돈으로 결코 옷을 사 입지 않고 밥을 사먹지 않을 것이요, 삼보의 인연을 맺으리라 결심했던 것입니다.'

여인이 또 말했다.

'지원(至元) 18년에 채제령(蔡提領)이 큰스님을 청했는데 그때 큰스님께서 생로병사의 고통은 남녀와 빈부귀천을 가리지 않고 사람마다 다 있다. 태어나도 온 곳을 알지 못하는 것이 생대(生大)요, 죽어도 가는 곳을 알지 못하는 것이 사대(死大)이다. 숨을 내쉴 때 들이쉬는 숨을 보장하지 못하니 덧없음이란 이토록 신속하다. 사람이 이런 일을 잘 살펴서 발심하여 도를 향하려는 자는 그저 '견성성불'이라는 화두를 깊이 살피고 생각해야 한다. 무엇이 나의 성품인가 하고 깊이 살피고 생각하되 언제 어느 때라도 살피고 생각한다면 홀연히 밝게 깨닫게 될 것이다. 그리하면 태어나고 죽는 것을 알게 되어 하루 종일 자기가 스스로의 주인이 될 것이요, 생사의 언덕에서 업을 바꾸게 될 것이라고 설법하시는 것을 들었습니다. 그때부터 저는 계를 지키면서 무엇이 나의 성품인가를 참구하여 지금까지 20년을 살아왔습니다. 그러다 조금 깨닫게 되었습니다."

해설 ⋘❦⋙

몽산 선사께서 거리에 나갔다가 돌아오는 길에 가게에 들렀는데 시주금을 모으러 다니던 어떤 여인이 따라와 거리에서 절을 하며 52관이라는 돈을 시주하겠다고 합니다. 어느 사찰에서 있었던 일입니다. 신도 한 분이 시주를 하기 위해서 상자 가득 돈을 가지고 와서 스님께 시주를 하겠다고 했지만, 스님께서는 본체만체 하셨습니다. 이 신도는 굉장히 서운해서 후에 스님께 이유를 여쭙자 "당신 같이 상(相)에 가득 찬 사람에게는 복을 지어줄 수 없다."고 하셨답니다. 이 말씀을 듣고 이 신도 분은 스님의 뜻을 알아차렸다고 합니다. 내가 무언가 복을 지었더라도 상을 가지면 안됩니다. 내가 무언가를 바라는 마음으로 했다면 그 복은 감해지는 겁니다. 달마 스님과 양 무제의 대화에서도 양 무제가 많은 절을 짓고 보시한 행위에 대해 달마 스님께서 무공덕(無功德)이라고 하신 이유도 상을 낸 보시는 아무 공덕이 되지 않음을 강조한 것입니다. 그러나 어떤 행위를 하든 우주를 하나로 보고 행한다면 그 행은 우주를 상대로 행한 것이기 때문에 무한한 복이 되는 겁니다. 따라서 그 행을 하기 전에 우리 마음공부가 먼저 되어야 할 것입니다.

큰 돈을 시주하는 이 보살님은 자신이 과거 생에 수행을 하지 않았기 때문에 이런 과보를 받는다고 생각했습니다. 대부분 불자님들은 '시주를 하게 되면 스님이 자신을 더 알아주지 않을까?' 하는 생각을 하실 겁니다. 사실 상을 갖게 되면 깨달음과는 거리가 멀어지게 됩니다. 나를 철저히 낮췄을 때 본래마음이 서서히 드러나게 되는 것입니다.

육법(향, 등, 꽃, 과일, 차, 쌀)공양이 있고 여러 가지가 있겠지만 부처님 말씀을 통해서 볼 때 가장 중요한 부분은 법을 전하는 포교입니다. 부처님 말씀을 올바로 전해서 그 분들에게 하나의 도리에 들어오게 하는 것이 최고의 공이 된다는 것입니다. 물질적으로 보시를 할 때 마음속에서 내가 조금이라도 했다는 생각이 있다면 그것은 복이 안됩니다. 우주를 상대로 행위한다는 것은 결코 쉬운 일이 아닐 것입니다. 공양을 하실 때 합장을 하고 드시는 것과 같은 작은 일부터 내 마음을 키워가면 됩니다. 작은 일부터 실천해 보시기 바랍니다.

태어나도 온 곳을 알지 못하는 것이 생대요, 죽어도 가는 곳을 알지 못하는 것이 사대이다.

생대(生大)라는 것은 태어나도 온 곳을 알지 못하는 것이 인간들의 가장 큰 문제라는 말입니다. 죽어도 가는 곳을 알지 못하는 것 역시 큰 문제여서 사대(死大)라고 합니다.

'무엇이 나의 성품인가?' 하고 깊이 살피고 생각하되 언제 어느 때라도 살피고 생각한다면 홀연히 밝게 깨닫게 될 것이다.

수행하시는 방법을 일러주시는 겁니다. 자신의 성품을 관하라는 말씀입니다. '나는 누구냐?' 하는 것을 깊이 살피고 언제 어느 때라도 살핀다면 깨닫게 될 것이라고 말씀하십니다. 이 보살님은 20년 동안 자신의 성품자리를 관해서 조금 깨달았다고 합니다.

"또한 큰스님께서 '도는 보고 듣고 깨닫고 아는 것[見聞覺知]에 속해있는 것도 아니며, 아울러 보고 듣고 깨닫고 아는 것에서 떠나 있는 것도 아니다'라고 말씀하셨는데, 저는 지금까지도 무엇이 도인지 의심스럽습니다. 오늘 이렇게 뵙게 되었으니 제발 저에게 가르쳐 주십시오.

내(몽산 선사)가 말했다.

'참으로 제대로 공부하고 있구나. 이러한 의심을 절대로 놓아 버리지 말아라. 왜냐하면 크게 의심한 뒤에라야 반드시 큰 깨달음이 있기 때문이다.'

내가 또 물었다.

'지난날 그대가 보시한 돈에는 어떤 바람이 담겨 있는가?'

여인이 대답했다.

'제 바람은 삼보의 인연을 맺고 미묘한 도를 문득 깨닫고서 어서 빨리 여자의 몸을 버리고 서방 안락세계에 태어나서 아미타부처님을 친견하고 친히 보리의 미묘한 수기를 받아 영원토록 빈궁한 고뇌를 여의고 다시금 이 세계에 돌아와 큰 시주자가 되어 널리 중생을 제도하는 것입니다.'

나는 그 여인에게 이러한 뜻이 있고 이러한 행원(行願)이 있음을 알고서 마침내 여인이 보시한 돈을 받아서 암자로 돌아와 그 여인을 위해 한 길 다섯 자 되는 대들보 하나를 사들이고 또한 대들보 기둥을 받칠 큰 돌 하나와 벽돌 500장과 통기와 50편을 사서 그 여인의 발원을 채워주었다. 그대들이여, 이 여인이 보시한 돈에 어떤 공덕이 갖추어져 있는지를 밝게 알아라. 하나하나 보고서 분명하게 깨달았다고 여겨지면 그때 그대들에게 정안이 이미 밝아졌음을 인정하겠노라. 나는 감히 여인이 보시한 돈은 보시바라밀을 갖추고 있으며 시방의 모든 부처님이 동시에 그녀에게 위없는 보리의 수기를 주실 것이라고 말하리라."

해설 ✖✖✖

도는 보고 듣고 깨닫고 아는 것에 속해있는 것도 아니며, 아울러 보고
듣고 깨닫고 아는 것에서 떠나 있는 것도 아니다.

도나 부처님이나 선이나 공은 문자와 언어를 초월한 자리를 가리킵
니다. 그러니 도라는 것이 어디에 있고 없는 것이 아니기 때문에 도는
보고 듣고 깨닫고 아는 것에 속해 있는 것이 아니라고 말씀하시는 겁
니다. 도는 우주의 근본실상, 하나의 마음자리를 말하며 그 마음이 작
용을 통해서 나타난 현상계도 역시 도입니다. 도는 원래 있는 것이지
만 우리는 모르고 있을 뿐입니다. 도 아닌 것이 없습니다. 보고 듣고 깨
닫는 것이 마음의 작용이기 때문에 아울러 보고 듣고 깨닫고 아는 것
에서 떠나 있는 것도 아니라고 말씀하고 계십니다. 우리가 눈을 깜박
거리고 말을 하고 생각하는 모든 것이 마음의 작용이기 때문에 도 아
닌 것이 없습니다. 큰스님께서 이렇게 법문하셨지만, 이 여인은 아직
실상에 대해 깨닫지 못했기 때문에 지금까지도 무엇이 도인지 의심스
럽다고 했습니다.

참으로 제대로 공부하고 있구나.

이 여인처럼 내가 아직도 이렇게 미혹하다는 것을 스스로 밝히고 공부하고자 하는 의심을 항상 가지고 있어야 된다는 말입니다. 공부를 많이 하시는 분들은 의심도 많고 호기심도 많아서 질문을 많이 하십니다. 이렇게 했을 때 발전이 있게 됩니다. 나도 한 번 깨달아봐야겠다는 큰 발심이 있어야 됩니다.

서방 안락세계에 태어나서 아미타부처님을 친견하고 친히 보리의 미묘한 수기를 받아

미묘한 수기란 몇 겁 후에 당신은 어떤 이름으로 부처가 될 것이라는 예언을 말합니다. 이 대답으로 보았을 때 이 여인은 신심이 넘치는 분이라고 봐야겠습니다. 여인이 보시한 돈의 뜻은 오직 성불해서 중생들을 제도하고자하는 큰 원력이 담겨있기 때문입니다. 지금 《직지》를 공부하시는 분들도 원력(願力)에 의해서 사셔야 됩니다. 목적을 이루기 위해 끊임없이 정진해서 어떤 어려운 일이 닥쳐도 물러섬이 없어야 됩니다.

76. 낙보(樂普) 화상 부구가(浮漚歌)

흐린 날 비가 내려 뜰에 고이니

물 위로 넘실넘실 거품 이네.

거품 하나 사라지면 또 하나 생겨나니

연이어 사라지고 생겨나기 끝없이 되풀이하네.

처음엔 빗방울에서 거품이 생겼는데

이제는 바람이 거품을 쳐서 다시 물로 돌아가네.

거품과 물의 성품 다르지 않음 모르고

그 변화를 따라 다르다 여기네.

겉은 밝게 빛나고 안은 텅 비었으니

안팎이 영롱한 것 보석 같네.

맑은 물결 위에서는 있는 듯 보이지만
움직이기 시작하니 없는 것 같네.
유무와 동정의 일은 밝히기 어렵고
형상이 없는 중에도 형상은 있네.
거품이 물에서 생기는 줄만 알았지
물 또한 거품에서 생기는 줄 어찌 알았으리오.
물과 거품을 방편삼아 나의 몸에 견주어 보니
오온이 허망하게 모여 잠시 사람을 이루었네.
오온이 공하고 거품이 진실 아님 밝게 안다면
본래의 참됨 밝게 볼 수 있으리.

해설 ❧❦❧

낙보 화상께서 비가 오는 날 물방울이 떨어지면서 거품이 일어나는 것을 보고 인생무상과 진리에 대해 말씀하신 게송입니다. 거품은 우리가 보았을 때 일시적으로 생긴 모양입니다. 거품이 생겼다 사라지기를 반복하는 것처럼 육신이나 눈앞에 펼쳐진 물질의 세계 또한 그와 같다는 말씀입니다.

흐린 날에 비가 내려서 뜰에 고이니, 물 위로 넘실넘실 거품이 이네.

거품과 물이 하나입니까? 둘입니까? 분명 하나가 맞습니다. 이것을

《반야심경》에서 '색즉시공 공즉시색(色即是空 空即是色)'이라고 했습니다.

거품 하나 사라지면 또 하나가 생겨나니, 연이어 사라지고 생겨나기 끝없이 되풀이하네.

연기법에서도 이것이 멸하면 저것이 생겨나고 이것이 생겨나면 저것이 멸한다고 합니다. 현상세계를 보고 말하는 것입니다. 육신 뿐만 아니라 물질의 세계는 물거품과 같이 무상하다고 하는 말씀입니다.

빗방울에 의해서 거품이 생겼는데 바람이 부니 거품이 다시 물로 돌아갔다고 합니다. 이것이 멸하면 저것이 생겨나고 이것이 생기면 저것이 멸한다는 이치와 같습니다.

거품과 물의 성품 다르지 않음 모르고 그 변화를 따라서 다르다 여기네.

거품과 물은 둘이 아닌 하나입니다. 물질이 마음이고 마음이 곧 물질이라는 말입니다. 색(色)은 물질을, 공(空)은 하나의 마음자리를 표현한 말입니다. 물이 곧 얼음이고 얼음이 곧 물이라는 이치와 마찬가지입니다. 거품과 물은 둘인 것 같지만 물이 인연에 의해서 거품으로 나타난 것에 지나지 않습니다. 그리고 다시 바람에 의해서 거품은 사라지고 물로 돌아갑니다. 그런데 겉만 보고 끄달려서 사는 중생은 그 모습만 보고 서로 다르다고 생각한다는 것입니다.

겉은 밝게 빛나고 안은 텅 비었으니, 안팎이 영롱한 것이 보석 같네.

형상은 온갖 다양한 모양으로 나타났지만 사실은 진실한 것이 아닙니다. 여러분들도 얼굴 생김새나 모습은 다르지만 참 모습은 텅 비어 있습니다. 모양이 없는 놈이 인연에 의해서 다양하게 나타났을 뿐입니다. 겉모습만 보고 있는 것처럼 착각하지만 분석해 들어가면 육신 뿐만 아니라 모든 객관 대상이 사실이 아니라 환상과 같다는 의미입니다. 원자 차원에서 보면 1초에도 99억 번 진동을 하며 변화하는 것이 파동과 입자의 양면성을 지닌 물질의 속성인 것입니다. 이렇게 사실이 아닌 도리를 알았을 때 무주상보시(無住相布施)를 베풀 수 있으며 응무소주 이생기심(應無所住 而生其心)의 마음으로 집착 없는 마음을 쓸 수 있는 겁니다. 안과 밖이 둘이 아닌 하나라는 도리를 알면 그것이 다 광명체임을 체험하게 됩니다.

유무와 동정의 일은 밝히기 어렵고, 형상이 없는 중에도 형상은 있구나.

형상이 있는 것이나 없는 것이나 움직이는 것에 대해서 밝히기는 어렵다는 말입니다. 비 오는 날 처마 밑에 떨어지는 물방울은 주위의 인연에 의해서 나타났지만 물방울이나 거품이나 분명 하나입니다. 형상이 없는 중에도 형상은 있다고 하신 이유는 소소영영(昭昭靈靈)한 그 '하나'는 조금도 멸하거나 생하지 않는 자리임을 말씀하시고자 하는 겁니다. 불교적 차원에서 보았을 때는 있다고 해도 안되고 없다고 부정해서도 안됩니다. 형상은 무형의 마음자리를 보고 말씀하시는 것이며 앞서 말씀드린 안팎이 영롱한 것이 보석 같다는 것도 '하나' 차원에서 하시는 말씀입니다.

오온이 공하고 거품이 진실 아님 밝게 안다면 본래의 참됨 밝게 볼 수 있으리.

거품이 물에서 생기지만, 물 또한 거품에서 생깁니다. 물과 거품을 내 육신에 비유해 보니 물질과 마음작용에 의해서 나타난 육신 또한 허망한 것이며, 잠시 인연에 의해서 생긴 것임을 알게 됩니다. 거품이 사실이 아닌 것처럼 오온(五蘊) 역시 허망한 인연에 의해서 모아진 것이라는 얘깁니다. 오온이 공하고 거품이 진실이 아님을 안다면 나의 참 본래자리를 밝게 깨칠 수 있다는 말씀입니다.

77. 등등(騰騰) 화상 요원가(了元歌)

도를 닦으려 해도 닦을 수 없고

법을 물으려 해도 물을 수 없네.

미혹한 사람들은 색이 공한 줄 알지 못하나

깨달은 이에게는 역과 순이 본래 없다네.

팔만사천 법문의 지극한 이치 마음 떠나지 않으니

자기 집 주변 일을 알려 애쓰고

부질없이 다른 고을 찾아다니지 말라.

널리 배울 필요 없고 말솜씨와 총명함, 준수함도 쓸모 없네.

어느 달이 크고 작은지 알 필요도 없고

그 해의 나머지에도 전혀 관계하지 말라.

번뇌가 바로 보리요

맑은 꽃은 진흙에서 피어난다.

누군가 내게 와서 뭐하는지 묻는다면

그 사람과는 함께 말하지 않으리.

아침에는 죽으로 배고픔 달래고

낮에는 다시 밥 한 술 뜨네.

오늘은 그럭저럭 지냈으니

내일도 자유롭게 이럭저럭 지내리라.

마음속으로 모든 것 분명하게 알지만

짐짓 어리석고도 둔한 체 할 뿐이라네.

해설 ⚮⚮⚮⚮

근원을 요달한 등등 화상께서 당신의 마음을 솔직하게 표현해 놓은 게송입니다.

도를 닦으려 해도 닦을 수 없고, 법을 물으려 해도 물을 수 없네.

도는 따로 있는 것이 아니니까 도를 닦는다는 생각을 하고 있다면 이미 번뇌입니다. 법 아닌 게 없으니까 법을 물으려 해도 물을 수 없다는 얘깁니다. 등등 화상의 경우는 이미 우주를 하나로 보고 있는 상태입니다. 그 자리에서는 언어도단(言語道斷)입니다. '하나'의 차원에서 하신 표현입니다.

미혹한 사람들은 색이 공한 줄 알지 못하나, 깨달은 이에게는 역과 순이 본래 없다네.

어리석은 사람들은 하나의 마음도리를 모르고 물질이 공한 줄 모른다는 말입니다. 텅 비어서 사실이 아닌데 이것을 모른다는 얘깁니다. '역(逆)'은 물질에 끄달려 가는 사람을, '순(順)'은 자연에 순응해서 사는 사람을 말합니다. 깨달은 사람에게는 도를 닦는다는 생각도 없고 물질에 끄달려가는 생각도 없어, 역과 순에 끄달려가지 않는다는 뜻입니다.

번뇌가 바로 보리요, 맑은 꽃은 진흙에서 피어나네.

번뇌가 어디에서 나왔습니까? 바로 마음에서 온 것입니다. 마음의 작용에 의해서 번뇌라는 이름으로 나타났을 뿐입니다. 선(禪)에서는 번뇌가 어디 따로 있는 게 아니지만, 선을 모른다면 다 번뇌입니다. 춘성 스님께서도 욕을 많이 하셨다고 하는데 선에서 본다면 욕도 욕이 아닙니다. 마음의 작용에 의해서 욕으로 나타났을 뿐입니다.

깨달음이란 힘든 정진 속에서 나타나는 것입니다. 우리는 모두 '생사가 본래 없는[本無生死]' 도리를 알지만 현실에서는 끄달려 갑니다. 현실에 끄달려 가지 않기 위해서는 뼈를 깎는 자기 자신과의 싸움이 있어야 됩니다.

"마음속으로 모든 것을 분명하게 다 알지만 짐짓 어리석고도 둔한 체 할 뿐"이라는 것은 도인들은 마음속으로 모든 것을 다 알지만 다만 입을 떼지 않을 뿐이라는 말씀입니다.

78. 양(梁) 보지(寶誌) 선사의 대승찬송(大乘讚頌)

【대승찬송 본문 1】

큰 도는 항상 눈 앞에 있지만

눈 앞에 있다 해도 보기 어렵네.

도의 참된 본체 깨닫고자 한다면

형상과 소리와 언어를 없애지 말라.

언어가 바로 커다란 도이니

번뇌를 끊어 없애지 말라.

번뇌는 본래 비고 고요한데

허망한 생각들이 서로 얽히고 설킨 것.

모든 것이 그림자 같고 메아리 같으니

무엇이 좋고 나쁜지 알 수 없네.

마음으로 취하는 형상 진실하다 여긴다면

결코 성품을 바로 보지 못할 것이다.

업을 지어 부처 구하려 하면

업은 생사의 크나큰 조짐이니

생사의 업은 항상 몸을 따르니

참참한 지옥에서도 깨닫지 못하네.

진리를 깨달음에 본래부터 차이가 없으니

깨달은 뒤엔 누가 늦고 빠른 것이랴.

법계의 부피는 허공과도 같은데

중생의 마음 지혜로 스스로 작다고 여기네.

그저 '나'라는 생각 일으키지 않는다면

열반의 법식(法食)으로 항상 배 부르리라.

해설 ☙❧

이 내용은 우주를 있는 그대로 하나로 보고 수행하는 대승(大乘)을 찬탄하는 게송입니다.

"큰 도는 항상 눈앞에 있지만, 눈앞에 있다 해도 보기 어렵다."고 했습니다. 큰 도는 대승을 말합니다. 우주 삼라만상 가운데 마음 아닌 것이 어디 있습니까? 그래서 도는 항상 눈앞에 있다고 하시는 것이며 물질이 아니기 때문에 눈앞에 있다 해도 볼 수는 없다고 하십니다.

도의 참된 본체를 깨닫고자 한다면 형상과 소리와 언어를 없애지 말라.

형상과 소리와 언어가 끊어진 자리에 마음을 두어야 되기 때문에 구태여 형상과 소리와 언어를 없애지 말라는 겁니다. 그래서 "언어가 바로 커다란 도이니, 번뇌를 끊어 없애지 말라."고 했습니다. 도는 부득이 언어를 통해서 표현할 수밖에 없는데 언어 역시 마음의 작용입니다. 그러니 도 아닌 것이 없어서 언어가 바로 큰 도라고 한 것입니다. 번뇌라는 것도 본래는 없는 겁니다. 번뇌라는 것도 마음의 파동입니다. 단지 우리가 마음에서 만들어 놓았을 뿐입니다.

번뇌는 본래 비고 고요한데, 허망한 생각들이 서로 얽히고 설킨 것.

번뇌라는 것은 분별입니다. 사실이 아닌 것에 대해서 마음을 일으켰을 때 번뇌라고 하는 것입니다. 번뇌라는 게 본래 없는 것이니까 구태여 없애려고 하지 말라는 말씀입니다. 우리가 어떤 생각을 일으키는 것은 모두 허망한 것입니다. 사실이 아닌 것을 가지고 우리가 이러쿵저러쿵 생각을 일으키고 있기 때문입니다. 육안으로 본 모든 세계는 사실이 아닌 것을 본 것입니다. 그래서 번뇌라고 하지만 번뇌 또한 마음의 파동이기 때문에 둘이 아닌 하나라는 얘깁니다. 예를 들어 물은 인연에 따라서 다양한 모습으로 나타날 수 있잖아요. 얼음이나 땀, 소변, 비 등 다양한 모습으로 나타나지만 물의 성품을 가지고 있으니 둘이 아니라는 얘깁니다.

언어나 대상도 마음의 작용으로 나타난 것이지만 실체가 없는 겁니다. 왜냐하면 모양이 없기 때문입니다. 모양이 없는 놈이 인연에 의해서 나타난 것도 역시 모양이 아니라는 얘깁니다. 우리는 육안의 눈을 가지고 살고 있기 때문에 모양이 없는 진여당체(眞如當體)에서 나타난 모든 현상계가 실상이 아니라고 일러주어도 끄달려 갑니다. 왜냐하면 과거로부터 익혀온 습 때문입니다. 그래서 '마음이 없는 자리[無念處]'에 마음을 두고 끊임없이 정진이라는 이름하에 번뇌를 내려놓을 수 있다는 것입니다.

모든 것이 그림자 같고 메아리 같으니, 무엇이 좋고 무엇이 나쁜지 알 수 없다.

그림자와 메아리는 일시적인 겁니다. 그러니 진실이 아닙니다. 좋고 나쁜 것 역시 없습니다. 하나의 마음차원에서는 좋고 나쁜 게 따로 없습니다. 좋고 나쁘다는 생각은 우리가 만들어 놓았을 뿐입니다.

우리 의식 가운데 있는 모든 대상을 사실이라고 여긴다면 결코 성품을 바로 보지 못합니다. 사실이 아닌 것에 집착을 하면 결국 본래 실상을 보지 못하는 것입니다.

업을 지어서 부처를 구하려 하면 업은 생사의 크나큰 조짐이니

우리는 업에 대해서 전생에 죄를 지어서 이런 일, 저런 일을 겪는다

고 생각하는데 업이라는 개념은 좋은 생각이든 나쁜 생각이든 업 아닌 것이 없습니다. 부처를 구하려고 하거나 내가 도를 닦아야 되겠다는 생각도 업[善業]입니다. 실상에 대해서는 입을 떼면 그르칩니다. 좋은 생각이든 나쁜 생각이든 어떤 생각을 일으켜도 윤회의 굴레에서 벗어나지 못한다는 의미입니다.

윤회의 원인은 몸에 집착하는데 있습니다. 내 육신에 집착하지 않을 때는 '나'가 없기 때문에 마음 밖에 따로 대상이 없는 겁니다. '나'라는 생각이 있으면 대상이 생깁니다. 철저히 '나'라는 생각을 놓는 공부가 선(禪) 공부입니다. 언어와 문자가 끊어진 하나의 마음자리에 머물 때 생사를 끊을 수 있기 때문에 그것을 공부라고 하는 것입니다.

진리를 깨달음에 본래부터 차이가 없으니, 깨달은 뒤엔 누가 늦고 빠른 것이랴.

하나의 마음자리를 깨닫는다면 그 자리에서는 모든 차별이 끊어집니다. 과거의 모든 부처님이나 불보살님, 조사스님들도 모두 하나의 마음자리를 깨달은 것입니다. 늦게 깨닫든 빨리 깨닫든 똑같이 그 하나의 자리로 돌아가는 겁니다. 진여실상, 시공을 초월한 그 자리를 부처라고 한다면 과거의 천불, 현재의 천불, 미래의 천불이라는 것은 방편 상 이름을 지어 놓았을 뿐입니다. 부처의 경지에 들어가게 되면 실상자리에 있어서는 과거, 현재, 미래도 없습니다. 본래 실상에서는 윤회하는 것이 아닙니다. 마음을 주인공이라고 한다면 '본래 나'는 먹는 것도 아니고 자는 것도 아니고 듣는 것도 아니며 모든 경계가 다 끊어졌습니다. 내가 무엇을 했다는 것은 내 스스로 마음을 일으켜서 만들어 놓은 것이지 실상자리에서는 '나'라는 게 없기 때문에 대상이 없는 겁니다. 중생을 제도하겠다는 생각을 일으켜도 업이 됩니다. 하나의 마음자리, 깨달음의 경지에선 본래 제도할 중생이 없는 것입니다. 대상이 없는데 누구를 제도합니까? 부처님께서 평생 가르침을 설하고 중생을 제도했지만 당신은 '나는 한 중생도 제도할 중생이 없다'고 하셨습니다. 실상차원에서 하신 말씀입니다. 깨닫게 되면 똑같은 경지에 들어가는 것이기 때문에 누가 늦고 빠른 것이 없습니다.

법계의 부피는 허공과도 같은데, 중생의 마음 지혜로 스스로 작다고 여긴다.

육신 뿐만 아니라 눈앞에 펼쳐진 모든 대상이 사실이 아닌 환상과 같다고 했습니다. 본래 모양이 없기 때문에 법계의 부피는 허공과도 같다고 말씀하셨습니다. 단지 익혀온 습으로 인해 이것은 부피가 크고 무게가 무겁고 저것은 작고 가볍다는 생각이 있을 뿐입니다. 육신 뿐만 아니라 모든 대상이 사실이 아님에도 육신에 의지해서 살고 있는 우리를 중생이라고 합니다. 중생의 견해로는 크고 작음을 스스로 지어놓는다는 것입니다.

그저 '나'라는 생각 일으키지 않는다면 열반의 법식으로 항상 배 부르리.

'나'는 본래 없는 겁니다. 제법무아(諸法無我) 라는 말은 나는 있지만 나라고 할 수 있는 것은 없다는 말입니다. 깨달았을 때 우주 삼라만상이 나와 하나라는 도리를 알게 됩니다. 삼라만상이 마음으로 되어있다면 한 몸이니까 나눌 수도 없어요. 오늘날 갑부라고 해서 빌딩을 몇 채씩 가지고 있는 사람도 우주 차원의 진리에서 보면 아무것도 아닙니다. 배가 부르다는 표현은 우주를 하나로 보고 살림살이 하는 것을 말합니다. 우리가 가족을 부양하고 살림을 하는 것은 성자의 눈으로 보았을 때 어린아이와 같다는 표현을 합니다. 중생의 삶이란 나름대로 재산을 모으고 열심히 산다고 해도 사실이 아닌 것을 가지고 살기 때문에 성자들이 봤을 때는 자비심이 일어날 수밖에 없는 겁니다.

【대승찬송 본문 2】

허망한 몸 거울에 대고 그림자 비추면
그림자와 허망한 몸 다르지 않네.
그림자는 버리고 몸만 남기려 한다면
몸의 근본이 허망한 것과 같은 줄 모르는 짓.
몸의 근본과 그림자는 다르지 않나니
하나는 남기고 하나는 없앨 수가 없네.
하나를 남기고 다른 하나를 버리려 한다면
영원히 진리와 서로 어긋날 것이다.
또 성인을 좋아하고 범부를 싫어한다면
생사의 바다 속으로 빠져들리라.

번뇌는 마음으로 인해 있는 것
마음 없다면 번뇌가 어디 있으랴.
분별하고 취사하느라 애쓰지 않으면
저절로 순식간에 도를 얻으리라.
꿈꿀 때 꿈속에서 하던 짓과
깨고 난 뒤 깨어난 경지는 모두 없으니
깨어났을 때와 꿈속 돌이켜 생각해 보면
전도된 두 가지 소견 다르지 않네.
미혹 고쳐 깨달음 취해 이익을 추구하려 한다면
장사꾼들과 무엇이 다르랴.
동정이 모두 없어져 항상 고요하면
저절로 진여와 하나 될 것이다.
중생이 부처와 다르다고 한다면
부처와는 언제나 아득히 멀어져 있으리.
부처와 중생은 다르지 않으니
결국에는 자연히 남김 없으리라.

해설 ☜☞☜☞

  허망한 몸을 거울에 대고 그림자를 비추면 그림자와 허망한 몸이 다르
지 않다.

육신이라는 게 사실이 아니니까 허망하다는 말입니다. 거울에 비친 그림자나 이 몸이나 사실이 아니라는 얘깁니다. 거울에 비친 내 모습이 사실이 아니듯 육신 역시 사실이 아니니까 집착하지 말라는 말씀입니다. 몸에 집착이 크면 클수록 깨달음과는 거리가 멀어집니다.

그림자와 육신을 따로 본다면 육신의 근본이 허망한 줄 모르는 짓입니다. 거울에 비친 그림자나 육신은 다 텅 빈 것이며 사실이 아닌데 거울에 비친 모습만 허망한 것이고 육신을 영원한 줄 안다면 잘못된 것입니다. 육신과 거울에 비친 그림자는 절대 다르지 않습니다.

성인을 좋아하고 범부를 싫어한다면 생사의 바다 속으로 빠져들리라.

반야에 있어서는 성인이나 범부가 따로 없습니다. 스스로 마음에서 분별하고 있을 뿐입니다. 마음에서 분별하고 있다면 다시 윤회를 벗어날 수 없다는 말입니다. 성인과 범부, 번뇌와 보리를 나누는 분별은 내 마음에서 일으키는 것이지 번뇌가 따로 있는 게 아닙니다. 마음에서 생각을 일으키지 않고 하나의 마음자리에 머문다면 저절로 번뇌도 없어지는 것입니다. 그래서 "분별하고 취사하느라 애쓰지 않으면 저절로 순식간에 도를 얻으리라."고 했습니다. 좋고 나쁨을 분별만 하지 않는다면 도를 얻게 된다는 말씀입니다. 이것이 잘 안되는 이유는 무시이래 익혀온 습 때문입니다.

깨어났을 때와 꿈속을 돌이켜 보면 전도된 두 가지 소견 다르지 않네.

꿈속에서 본 것은 사실이 아닙니다. 깨고 나면 아무 것도 아니죠. 이와 마찬가지로 지금도 우리는 현실에서 꿈을 꾸고 있는 겁니다. 왜냐하면 육안으로 보는 모든 대상이나 내 마음에서 일으키는 생각들이 사실이 아닌 것에 대해서 마음을 일으키고 있기 때문입니다. 그래서 오십년 육십년 살아온 삶을 되돌아보면 꿈속에서 꿈을 꾸다 깬 것과 다르지 않은 겁니다. 우리는 평생 속다 마는 겁니다. 서옹 스님께서도 꿈을 깨라는 말씀을 많이 하셨습니다. 꿈을 깨는 것은 본래 마음자리에 마음을 두는 순간입니다. 사실이 아닌 것을 사실인 것처럼 생각하고 사는 것을 주객(主客)이 전도된 삶이라고 합니다.

동정(動靜)이 모두 없어져 항상 고요하면 저절로 진여와 하나 되리.

동정은 마음의 변화를 말합니다. 움직임과 고요함, 좋다 나쁘다 하는 생각이 모두 없어져 항상 고요하면 본래 실상과 하나가 될 것이라는 말씀입니다. 진여(眞如)는 하나의 마음자리를 말합니다.

부처와 중생은 다르지 않으니, 결국에는 자연히 남김 없으리.

중생이 있다고 생각하고 있다면 이미 분별하는 겁니다. 겉만 보고 중생이니 부처니 하는 것입니다. 본래 대승 차원에서는 부처와 중생이 따로 없습니다. 부처와 중생을 따로 본다면 깨달음과는 아득하게 멀어질 것이라는 말씀입니다. 부처와 중생은 이름일 뿐입니다. 결국 부처와 중생은 하나입니다. 만약 우리가 하나로 볼 수 있다면 모든 경계에서 초월하는 것입니다. 마음의 찌꺼기가 없어진다는 말씀입니다.

【대승찬송 본문 3】

법성(法性)은 본래부터 항상 고요해
거침없이 활짝 트여 가없네.
취하거나 버리는 사이에 마음 두면
두 경계에 이리저리 끌려 다니네.
안색을 거두고 고요히 앉아 선정에 들거나
경계를 거두고 마음을 각관(覺觀)에 두는 일은
나무 인형이 도를 닦는 격이니
어느 때 피안에 도달할 수 있을까.
모든 법은 본래 공해 집착할 것 없으며
모였다 흩어지는 것이 뜬 구름과 다름없네.
본성이 원래 공한 줄 홀연히 깨닫는다면
열병을 앓다 땀낼 때처럼 후련하리라.
지혜 없는 사람에게 말하지 말라.
그대의 색신(色身)이 별 같이 흩어진다는 것을.

해설 ❧❧❧

법성이나, 반야나, 법이나, 부처님이나, 선이나, 다 똑같은 자리를 말합니다. 모양이 없는 마음자리에 대해 이러쿵 저러쿵 이름붙여 놓은 겁니다. 법성은 하나의 마음자리를 말합니다. 마음은 모양이 없기 때문에 밥을 먹는 것도 자는 것도 죽는 것도 아닙니다. 물질이 아니니까 그 자리는 조금도 오고 감이 없습니다. 하나의 마음자리는 시공을 초월한 자리이기 때문에 항상 고요하다고 하는 것입니다. 법성은 물질이 아니기 때문에 걸릴 것이 없어서 벽이 있건 없건 집안 구석구석을 다 느낄 수 있습니다. 하나의 진여, 반야차원에서는 거침없이 활짝 트여서 가없다고 하십니다.

경계를 거두고 마음을 각관에 두는 일은 나무 인형이 도를 닦는 격이니

내가 수행하고 있다는 생각을 일으켜도 대승 차원에서는 이미 번뇌입니다. 그런데 꼭 앉아서만 수행해야 되는 것이라고 생각하시는데 절대 아닙니다. 연세가 드신 분들은 몸이 여기 저기 굳어서 좌선수행에 대해 두려움을 갖고 계십니다. 그러나 수행은 앉아서만 하는 것이 아니라 행·주·좌·와에서 늘 되어야 됩니다. 마음에서 끊어지지 않고 하는 것이 수행입니다. 그렇지 않고 어떤 공간이나 자세를 정해 두고 수행하는 것은 나무 인형이 도를 닦는 것과 다르지 않다고 말씀하십니다. 깨달음과 거리가 멀다는 것입니다.

본성이 원래 공한 줄 홀연히 깨닫는다면 열병을 앓다 땀낼 때처럼 후련하리.

모든 법은 본래 공하여 집착할 것 없으며 모였다 흩어지는 것은 실체가 없어서 사실이 아닙니다. 본래가 텅 비어서 물질이 아닌 줄 안다면 열병을 앓다 땀낼 때처럼 후련하리라는 말씀입니다. 깨달음의 경지를 말하는 겁니다. 우리가 발심이 되어서 깨닫고자 하는 마음이 간절하게 되면 마음이 조급해져서 열병이 생기기도 합니다. 그러나 조급한 마음을 갖고 있다고 해서 공부가 되는 것은 아닙니다. 대승법문은 지혜가 없는 사람에게는 설 하지 말라고 했습니다. 알아듣지 못해서 대승을 비방해서 업을 지을 가능성이 높기 때문입니다.

【대승찬송 본문 4】
그대 중생들에게 바로 말을 전하니
있지 않는 것이 곧 없지 않는 것이다.
있지 않음과 없지 않음은 다르지 않은데
굳이 있음을 상대하여 허망하다고 논할 것인가.
있고 없음은 허망한 마음으로 세운 이름이니
하나가 없으면 다른 하나도 있을 수 없다.
두 가지 이름은 그대의 생각에서 만들어진 것
생각이 없으면 바로 본래 진여이다.
생각을 지닌 채 부처를 찾으려 한다면
산 위에 그물을 쳐서 물고기 잡으려는 것과 같네.
아무리 애를 써도 이익 없나니
그 얼마나 부질없는 헛수고인가.

마음이 바로 부처임을 알지 못하면

나귀를 타고서 나귀를 찾는 것과 같다.

모든 것을 사랑하지도 미워하지도 말라.

그러면 번뇌는 모두 없어지리라.

그것이 없어지면 부처도 원인도 없다.

부처도 원인도 얻을 수 없게 되면

저절로 법도 사람도 없어지리라.

해설 ❧❧❧❧

아직 '나'라는 생각을 가지고 대상을 두고 살아가는 사람을 중생이라고 합니다. 양(梁)나라 보지(寶誌) 선사의 경지는 문자와 언어로 표현할 수 없는 경지에서 말씀하고 계십니다. 이분법적인 사고를 가지고 있는 중생의 견해에서는 와닿지 않겠지만 선사의 경지에서는 시공을 초월해 법을 설하고 있습니다. 바로 가르친 자리 '직지(直指)'를 말씀하는 겁니다.

있지 않는 것이 곧 없지 않는 것이네.

하나의 마음차원에서는 있다고 해도 맞지 않고 없다고 해도 맞지 않습니다. 있다면 뭔가 있어야 되고 없다면 아주 없어야 되는데 있는 것도 아니고 없는 것도 아닌 중도(中道)라고 하는 것입니다. 물질이 아닌 우주의 근본, 하나의 마음 차원에서 보면 있지 않는 것이 곧 없지 않는 것입니다. 입을 떼면 그르치는 자리입니다.

있지 않음과 없지 않음은 다르지 않은데, 굳이 있음을 상대하여 허망하다고 논할 것인가.

이 자리를 진여(眞如)라고도 합니다. '체'와 '용'은 둘이 아닌 하나라고 말씀드렸습니다. 마음과 물질은 둘인 것 같지만 하나라는 얘깁니다. 물과 얼음이 둘인 것 같지만 하나인 것과 마찬가지입니다. 본래의 마음자리에서 비춰본다면 조금도 다르지 않다는 말입니다. '하나'라는 단어도 부득이 방편상 썼을 뿐 그 자리에 대해서는 하나라고 해서도 안됩니다. 본래 실상자리에서는 있다는 생각도, 없다는 생각도 그르친다는 얘깁니다.

'있다'는 것은 물질의 세계를 말합니다. 물질의 세계에 대해 없다는 생각을 하면 되는데 굳이 허망하다고 논할 것이냐는 말씀입니다. 모두를 하나로 본다면 육신이나 물질에 대해 허망하다고 논할 필요가 없다는 말씀입니다. 있다는 생각, 없다는 생각들은 모두 마음에서 지어 놓은 이름에 지나지 않는다는 것입니다.

하나가 없으면 다른 하나도 있을 수 없네.

'나'라는 생각이 없어지면 모든 대상도 끊어지는 겁니다. '나'라는 생각이 있으면 '상대'도 있게 됩니다. 초기에 부처님께서는 '나'에 대한 집착을 버릴 수 있는 가르침을 말씀하셨습니다. 큰스님들께서는 육신을 피고름 주머니라고도 표현하십니다. 그런데 수행자 입장에서는 육신이 망가지면 수행을 할 수가 없습니다. 공양을 하는 것도 내 몸을 유지하기 위한 방편으로 생각하고 먹어야 된다는 얘깁니다. 대승은 하나의 마음을 닦는 수행법이기 때문에 선 공부를 말씀하시는 겁니다. 선에서는 음식이든 무엇이든 분별한다면 선이 아닙니다.

두 가지 이름은 그대 생각에서 만들어진 것, 생각 없으면 바로 본래 진여이네.

두 가지 이름은 '체'와 '용', 있다는 생각, 없다는 생각 등을 말합니다. 이것은 모두 우리 생각에서 만들어낸 것이지 본래는 없는 겁니다. 아직 우리는 중생이니까 육체 위주로 살기 때문에 '나'가 있고 대상이 있지만 수행한다고 했을 때는 '나'라는 생각 없이 해야 된다는 얘깁니다. 수행한다는 생각을 해도 번뇌입니다. '하나의 마음자리'에 있다면 그 자리에선 닦을 것도 없습니다. 성철 스님께서 말씀하신 돈오돈수(頓悟頓修)도 이 차원에서 하신 말씀입니다. 한번 그 자리에 대해서 체험하고 나면 더 이상 닦을 것이 없다는 뜻입니다. 성철 스님께서는 그 후에도 좌선을 하셨어요. 그렇다면 우리가 볼 때는 수행을 하고 있다고 생각하겠지만 당신 마음은 수행을 한다고 해도 수행하지 않는다는 생각으로 하셨던 겁니다. 마음의 경계가 다 끊어졌다면 대상이 따로 없습니다. 수행해도 수행한다는 생각이 없어서 돈수(頓修)라고 하는 겁니다. 돈오(頓悟)는 깨닫는 것을 말하는데, 우주 삼라만상이 하나라는 도리를 깨닫는 것을 말합니다. 생각이 일어나지 않는다면 바로 그 자리가 부처님자리입니다.

생각을 지닌 채 부처 찾으려 한다면, 산 위에 그물 쳐서 물고기 잡으려 하는 것과 같네.

오늘날 화두를 든다면 '이 뭣꼬?' 라는 의심에 들게 됩니다. 간화선은 생각하기 이전의 자리에 대해 계속 의심을 두고 있는 것이고, 조사선은 우주를 그대로 하나로 보는 수행을 말하는 겁니다. 염불을 하거나 주력을 하거나 화두를 든다면 '이 뭣꼬?' 하는 놈이 우주와 하나라는 생각으로 한다면 조사선 수행이 됩니다. 그러나 '이 뭣꼬?' 라는 생각에 의심을 두고 있다면 조사선 수행법과는 분명 다른 겁니다. 오늘날 간화선은 마음을 집중시키기 위한 방편으로 보는 겁니다. 조사선 수행에서는 내 마음에서 어떤 생각을 가지고 있다면 산 위에 그물을 쳐서 물고기를 잡으려 하는 것과 다르지 않다고 하십니다. 이것은 마음 밖에서 도를 찾는 경우를 말합니다. 오늘날 기도라는 말을 쓰는 것도 외도가 됩니다. 빌 대상이 따로 없는 겁니다. 삼라만상이 마음으로 되어 있다면 물질이 아닌데 대상이 따로 있겠습니까? 부처님께서 49년 동안 말씀하시면서도 '나를 믿으라' 거나 '기도' 라는 말은 한마디도 하지 않으셨어요. 기도라는 말을 쓴다면 불자 스스로 불교를 폄하

하는 것입니다.

내 마음속 어딘가에 관세음보살님이나 지장보살님이 있다고 생각하는 것은 아무런 이익이 없어요. 바로 본다면 눈 앞에 보이는 게 관세음보살님이나 지장보살님이나 도 아닌 게 없고, 선 아닌 게 없고 부처 아닌 게 없습니다. 지금 우리가 쓰고 있는 마음을 부처라고 하면 안됩니다. 번뇌의 작용일 뿐입니다. 부처는 생각하기 이전의 자리를 말하는 것입니다. 마음이 부처임을 알지 못하면 나귀를 타고서 나귀를 찾는 것과 같이 어리석다는 것입니다.

모든 것을 사랑하지도 미워하지도 말라. 그러면 번뇌는 모두 없어지리.

사랑하지도 미워하지도 않는 중도에 마음을 두는 것이 마지막 가는 길에 회향을 멋지게 할 수 있는 밑거름이 될 것입니다. 대승 반야차원에서 보면 사랑할 대상도, 미워할 대상도 없는 겁니다.

"그것이 없어지면 부처도 원인도 없다."고 했습니다. '나' 라는 생각이 끊어지면 모든 생각이 끊어지게 되는 겁니다. 집착하는 마음이 끊어지게 되면 그 순간이 가장 편안한 순간이 되는 겁니다. 내 마음속에 좋아하는 사람이 있게 되면 마음이 옹색해질 수 밖에 없습니다. 미워하는 마음도 마찬가지입니다. 중도에 마음을 두고 산다는 것이 쉽지는 않지만 중도에 마음을 두고 마음 닦는 공부를 꾸준히 하셔야 될 것입니다.

부처도 원인도 얻을 수 없게 되면, 법도 사람도 없어지리라.

생각이 다 끊어졌을 때 열반이라고 합니다. 우리가 무언가 좋아하는 것에 푹 빠지면 시간이 가는 줄도 모르는 경우가 있습니다. 이렇게 생각이 끊어진 순간이 열반의 경지와 유사합니다. 부처님께서 깨달으신 경지도 이런 순간을 깨달으신 겁니다. 그러니 우리도 열반의 경지를 조금씩은 경험하고 살고 있는 것이죠. 늘 그 자리에 마음을 두고 있다면 굉장히 행복한 것입니다.

【대승찬송 본문 5】
큰 도는 수행으로 얻어지는 것 아니나
수행을 설함은 어리석은 범부 위한 방편이네.
이치를 깨닫고 수행을 돌이켜 보면
비로소 그릇되게 공부한 줄 알게 되리라.
아직 원통의 큰 진리 깨닫지 못했다면
말과 행동이 일치해야 하네.
저 알음알이에 집착하지 말고
근본으로 돌아가 아무것도 없음을 돌이켜 보라.
그 누가 이러한 설법 알아들으랴.
그대에게 이르니 스스로를 향해 깊이 사색하라.
그대 스스로 지난 날 죄과를 보아서
오욕의 부스럼을 없애 버려라.
해탈하여 자유롭고 한가하게 거니니
곳곳에서 풍류를 헐값에 파는구나.

발심하여 사려고 하는 자 누구인가.
그는 나와 같이 근심 없는 경지 얻으리.

해설 ❧❧❧

도(道)는 어디에 있고 없는 게 아니라 본래 갖추고 있는 것입니다. 선, 진여, 진공, 부처 등 온갖 명사들은 본래 실상자리에 대해서 이러쿵저러쿵 이름 붙여 놓은 것에 지나지 않습니다. 도는 하나의 마음자리를 말하며 인연에 따라서 나타난 현상계 역시 본래자리와 다르지 않습니다. 그렇다면 도 아닌 게 없는 것입니다. 그리고 도는 본래 있는 것이니까 수행으로 얻어지는 것이 아니라는 말씀입니다. 수행은 무언가 얻으려고 하는 것이 아닙니다. 우리가 본래 부처니까, 부처자리로 들어가기 위해서 수행하는 것입니다. 수행을 설함은 어리석은 사람을 위해 방편으로 수행한다고 하는 것이지, 본래 실상자리에서는 설할 것도 없다는 말씀입니다.

'이치'는 본래 실상의 도리를 말합니다. 둘이 아닌 하나를 깨닫고 되돌아보면 내가 이제까지 어리석게 공부한 줄을 깨닫게 된다는 말입니다. 지금 우리가《직지》를 공부하는 것도 이치를 공부하고 있는 것입니다.

아직 원통의 큰 진리 깨닫지 못했다면 말과 행동이 일치해야 한다.

관세음보살님이 모셔져 있는 전각을 원통전(圓通殿)이라고 합니다.

원은 '둥글 원' 자를 써서 하나의 자리를 의미하는 겁니다. 이것을 다른 말로 관세음보살님이라고 이름 붙여 놓은 것에 지나지 않는다는 얘깁니다. 관세음보살님이 따로 있는 게 아닙니다.

하나의 도리를 깨닫지 못했다면 말과 행동이 일치해야 한다는 것은 이치로 하나의 도리를 알았다면 항상 '하나'에 마음을 두고 닦아가야 된다는 얘깁니다. "볼펜을 들어 보이며 일러보십쇼!" 한다면 무엇을 일러보라는 말입니까? 볼펜의 본래자리를 일러보라고 하는 것이잖아요. 그렇다면 볼펜의 본래자리는 입을 떼면 그르치게 됩니다. 주먹을 내보이든지 손가락 하나를 내보이든지 했을 때 답이 됩니다. 왜냐하면 주장자나 염주나 볼펜의 본래자리는 입을 떼면 그르치는 자리이기 때문입니다. 볼펜이 우주와 하나라는 것을 알았다면 볼펜을 생각해도 '볼펜 선'이 됩니다. 이 수행은 우주를 있는 그대로 하나로 보는 조사선 수행입니다.

저 알음알이에 집착하지 말고 근본으로 돌아가 아무것도 없음을 돌이켜 보라.

알음알이에 집착하지 말고 우주가 하나라는 도리에 대한 이치에 흔들리면 안됩니다. 하지만 자꾸 경에 나와 있는 문자에만 휘둘려서 생각으로 분별을 하려고 합니다. 부처님께서 하나의 마음도리를 일러준 것이 경입니다. 마음으로 본다면 지금 숨을 들이쉬고 내쉬는 것도 경 아닌 것이 없어요. 눈을 깜박이는 것 또한 마음작용입니다. 그렇게 하나로 본다면 눈을 깜박이는 것도 경입니다. 그러나 깜박거린다는 생각에 집착하면 안됩니다. 알음알이는 수행자들에게 큰 적입니다. 지식으로 알고 있는 것은 선에서 보면 번뇌에 지나지 않습니다. 참선을 하고 있을 때 공부라고 하는 것이지 학문적으로 배우는 것은 방편입니다.

우주 삼라만상을 마음으로 본다면 근본으로 돌아가 아무것도 없는 도리를 알게 됩니다. 있기는 있지만 모양이 없을 뿐입니다. 물질에 대해 집착하는 것에 대해 물질이 사실이 아닌 환상임을 알라는 차원에서 말씀하고 계십니다. 본래마음을 깊이 사색해 보면 우주 삼라만상의 텅 빈 도리를 알 수 있다는 것입니다. 눈을 감고 보면 미국을 갔다 오지 않았어도 미국을 생각할 수 있고 집안 구석구석을 생각할 수가 있어요. 마음에서 보면 텅 텅 빈 겁니다. 스스로를 향해 깊이 사색하라는 말은 내 본래 마음자리를 관해보라는 말씀입니다.

그대 스스로 지난 날 죄과를 보아서 오욕의 부스럼 없애 버려라.

과거를 볼 수 있는 능력을 말하고 있습니다. '나'라는 생각, '너'라는 생각이 있으면 과거를 비춰볼 수가 없습니다. 왜냐하면 경계가 생기기 때문입니다. 본래 마음자리를 깨닫고 나면 끊임없는 보임수행을 해서 완전한 하나가 되어야 됩니다. 그렇게 깊은 경지에 들어갔을 때 걸림이 없게 됩니다. 과거에 내가 행한 일들을 관(觀)을 해서 다 비춰볼 수가 있습니다. 마음 맑히는 공부를 거듭거듭 해야만 과거 일이나 미래 일까지도 비춰 볼 수가 있습니다.

오욕(五慾)은 우리가 추구하는 모든 것을 말하는데 그것은 허망한 것입니다. 오욕락의 원인이 어디에서 온 것인가 살펴보면 실상을 바로 보지 못해서 오는 것임을 알게 됩니다. 따라서 오욕락의 부스럼을 없애려면 실상을 바로 보아야 된다는 말씀입니다.

해탈하여 자유롭고 한가하게 거니니, 곳곳에서 풍류를 헐값에 파네.

이 부분은 깨달은 경지를 말하고 있습니다. 중생을 제도하기 위해서는 입을 열어야 하는데, 이 부분을 풍류를 헐값에 판다고 표현했습니다. 부처님께서는 대승 법문을 함부로 설하지 말라고 하셨습니다. 큰 스님들은 대승을 비방하는 자는 부모를 욕하는 것과 다르지 않기 때문에 몽둥이로 두들겨 패라고도 하셨습니다. 발심하여 깨닫고자 하는 마음을 낸 자는 언젠가 하나의 경지에 들어가게 되면 차별이 다 끊어져 근심 없는 경지에 들어가게 된다는 법문입니다.

【대승찬송 본문 6】
내견(內見)과 외견(外見)이 모두 나쁘고
불도와 마도(魔道) 모두 잘못 되었네.
이것과 저것이라는 두 가지 파순(波旬)은
괴로움을 싫어하고 즐거움 구하네.
생사를 깨달으면 본체가 공한데
부처와 마귀가 어느 곳에 불을까.

허망한 생각으로 분별하니

전신(前身)과 후신(後身)이 외롭고 박복해

육도 윤회가 멈추지 않고

업을 끝내 제거하지 못하리.

생사에서 유랑함은

모두가 어지러운 잔꾀 때문이네.

몸은 본래 허무하여 진실하지 않으니

근본으로 돌아간다면 그 누가 집착하리.

있고 없음은 내 스스로 만든 것이니

허망한 마음으로 헤아리느라 고생하지 말라.

중생의 몸은 허공과 같으니

번뇌가 어느 곳에 붙으랴.

그저 아무것도 바라지 않는다면

번뇌는 저절로 녹아 없어지리라.

해설 ❧❧❧❧

스님들께서 출가하게 되면 외전 공부와 내전 공부를 하게 되는데, 내전 공부는 마음을 찾는 공부를 말합니다. 내견은 내 마음자리를 말하고, 외견은 마음 밖을 의미합니다. 안과 밖이 있다는 생각도 이미 그르친다는 얘깁니다. 하나의 마음으로 보아야 되기 때문에 안과 밖을 논한다면 벌써 외도가 됩니다.

불도를 이룬다거나 마(魔)다, 사(邪)다 하는 것도 모두 분별에서 나온 것입니다. 마도와 불도도 따로 없습니다. 언어와 문자를 초월한 하나의 마음차원에서 쓰는 표현들입니다. 이것이다, 저것이다 하는 것도 망상일 뿐입니다. 이러한 망상과 분별심을 마왕 파순(波旬)으로 표현했습니다. 대승 차원에서는 괴로움을 싫어하고 즐거움을 구하는 것 또한 그르치는 겁니다.

생사를 깨달으면 본체가 공한데, 부처와 마귀가 어느 곳에 붙을까.

생사를 깨달으면 대상이 따로 없습니다. 하나의 마음차원에서는 생사가 없습니다. 태어나고 죽는 것도 우리 마음에서 느끼는 것이지 본래마음에서는 생사가 없는 것입니다. 본래 텅 빈 것인데 부처가 어디에 있고, 마귀가 어디에 있겠느냐는 말입니다. 결국은 사실이 아닌 것을 사실인 것처럼 집착하면서 생각이 일어나는 것입니다. 분별과 집착으로 인해 과거와 전생이 외롭고 박복하게 됩니다.

우리가 분별을 하면 윤회에서 절대 벗어나지 못하며 본래자리를 깨닫지 못합니다. 하나의 도리에 돌아가지 못한다면 번뇌는 절대 끊을 수 없습니다. 생사에서 윤회하는 것은 모두가 어지러운 잔꾀 때문이라고 하십니다. 사실이 아닌 것을 사실인 것처럼 욕망하며 사는 것은 모두 잔꾀를 부리고 있는 겁니다. 육신은 시간적으로 일 초 전과 일 초 후가 같지 않습니다. 변하고 있는 것이니까 진실하지 않다는 것입니다. 본래 하나의 마음자리로 돌아가면 있고 없음은 내 생각에서 만들어 놓은 것임을 알 수 있기에 허망한 마음으로 헤아리느라 고생하지 말라고 하십니다.

중생의 몸은 허공과 같으니, 번뇌가 어느 곳에 붙으랴.

몸에 대한 집착으로 인해 번뇌가 일어난다고 봅니다. 평생 이 몸 하나 잘 먹이고 잘 입히고 즐겁게 하기 위해서 산다고 해도 과언이 아니지만 숨 한번 들어갔다 나오지 않으면 끝나고 마는 것입니다. 부처님께서는 중생의 삶은 주객이 전도된 삶이라고 하셨습니다. 마음이 주인이고 몸은 객입니다. 그래서 마음 닦는 공부를 해야 된다는 것입니다. 몸은 텅 빈 허공과 같고 마음은 물질이 아니라는 것을 안다면 '나'라는 생각이 없어지게 됩니다. '나'라는 생각이 없어지면 어떻게 번뇌라는 것이 일어나겠냐는 말씀입니다.

그저 아무것도 바라지 않는다면, 번뇌는 저절로 녹아 없어지리라.

아무것도 바라지 않는다는 것은 본래자리에 마음을 두었을 때 가능합니다. 본래 실상자리에 마음을 두는 것을 마음을 비운다고 하는 것입니다. 그 자리에 마음을 두고 있으면 업이라는 것은 저절로 맑아지게 됩니다.

【대승찬송 본문 7】
가소롭다, 꿈틀거리는 중생이여.

저마다 다른 견해에 집착하네.

그저 번철(燔鐵) 옆에서 떡 찾으려 할 뿐

근본으로 돌아가 밀가루를 볼 줄은 모르네.

밀가루는 정(正)과 사(邪)의 근본인데

사람이 조작하여 다양하게 변화시켜

필요한 것 마음대로 만들어내니

짐짓 치우쳐서 애욕에 빠져들지 말아야 하리.

집착 없으면 그것이 바로 해탈이요

구함 있으면 또다시 그물에 걸리리.

인자한 마음으로 일체를 평등하게 대하면

진여와 보리가 저절로 나타나리.

'나'와 '너'라는 두 마음 품는다면

마주하고서도 부처님 얼굴 보지 못하리라.

해설 ❧❧❧

꿈틀거리는 중생들이여, 저마다 다른 견해에 집착하네.

정말로 안타까운 부분을 말씀하십니다. 이 부분에 대해서 지장보살님은 아무 것도 모르는 갓난아이에 비유를 하셨어요. 성현들의 눈으로 보았을 때는 중생의 삶이 갓난아이처럼 불안하다는 얘깁니다. 현실속에서는 인과가 다 있는 것인데 우리는 어떤 과보를 받을지 모르고 행하고 있습니다. 그 모습이 성현들이 보았을 때는 연민을 느끼게 되는 것입니다.

사람들은 각자 종교나 사상이 다릅니다. 어떤 경우는 안타까운 경우도 있어요. 이슬람권을 보면 모든 것을 하나의 신에 결부를 시킵니다. 우리 동포지만 북한도 마찬가지입니다. 김일성 주체사상에 빠져서 다른 것은 받아들이지를 못합니다. 스스로 진리라고 생각하고 빠져 있는 겁니다. 정말 답답한 일입니다.

그저 번철 옆에서 떡 찾으려고 할 뿐, 근본으로 돌아가 밀가루 볼 줄 모르네.

떡은 진리를 상징합니다. 번거로운 가운데 진리를 구한다고 하지만 번거로운 곳에서 번거로운 것을 찾고 있다는 뜻입니다.

밀가루는 하얀색입니다. 업의 근본은 마음에 있다고 합니다. 그 업이 존재하는 의식을 제8 아뢰야식(含藏識)이라고 합니다. 함장식 다음에 제9식(第九識)을 진여식(眞如識) 혹은 아마라식(阿摩羅識)이라고 하며 오염되지 않고 깨끗하다는 뜻으로 무구식(無垢識) 또는 백정식(白淨識)이라고도 합니다. 우주의 모든 색을 혼합하면 흰색이 나오는데, 밀가루를 백정식으로 비유해서 설명한 부분입니다.

밀가루는 정과 사의 근본인데, 사람이 조작해 다양하게 변화시켜

본래의 진여실상은 바른 것이든 삿됨이든 백정식인 '하나의 마음'

에서 나오는 겁니다. 번뇌가 곧 보리라고 하는 것도 하나의 마음자리에서 나온 것이기 때문입니다. 중생의 견해에서 이것이 사다, 정이다 논하는 것이지 하나의 진리실상, 하나의 마음차원에서 보면 정과 사라는 것도 이름에 지나지 않습니다. 눈앞에 펼쳐진 모든 존재를 하나로 보았을 때 정과 사가 어디에 있겠냐는 말입니다. 모든 사상이나 감정은 마음에서 만들어 놓은 것입니다.

과학자들은 우리가 무언가 필요하다면 연구를 해서 새로운 것을 만들어 놓습니다. 지구가 오염되고 황폐해지는 것은 과학자들의 손에서 나왔다고 해도 과언이 아닙니다. 인간들이 편리함을 추구하는 가운데는 반드시 지구를 오염시키는 찌꺼기가 생기게 되어 있어요. 인간은 환경에 적응하게끔 되어있는데 인간들의 마음이 육체 위주로 살아가다 보니 몸이 불편하다면 편리함을 자꾸 취하고자 합니다. 그러다 보니 우리가 사는 환경이 망가지게 되는 것입니다.

짐짓 치우쳐서 애욕에 빠져들지 말아야 하리.

모든 윤회의 근본은 애욕과 집착에 있다는 말입니다. 흔히 사랑이라고 하는데, 의식에 씨앗을 뿌리게 되면 집착을 하게끔 되어 있습니다. 불자님들 중에도 자식이나 남편에게 집착하지 않지만 그런대로 잘 살아가는 분들이 있습니다. 집착한다고 해서 안될 것이 되는 법은 없습니다. 과거 생에 지어놓은 행위가 모두 다르기 때문입니다. 과거 생에 어떤 일을 열심히 했다면 금생에 와서 남보다 더 잘할 수 있는 인연이 됩니다. 부처님 공부를 예로 든다면, 이해가 잘 되는 분도 있고 이해가 안되는 분들도 있을 겁니다. 잘 되고 안 되고도 과거 생의 업력입니다. 이해가 잘 된다면 전생에도 공부를 열심히 하셨던 겁니다. 상근기, 중근기, 하근기를 말씀하시는데 아무리 법을 설해도 하근기 중생은 이해를 하지 못한다고 합니다.

　집착 없으면 그것이 바로 해탈이요, 구함 있으면 또다시 그물에 걸리리.

　육안의 눈으로 보고 살아가는 분들은 보이는 대로 휘둘려 가지만 일체를 마음으로 보고 행하는 분들은 바로 번뇌와 망상을 내려놓습니다. 부처님께서는 그것을 뗏목으로 비유를 하셨어요. 뗏목은 거슬러 올라가는 중에 아무리 멋진 경치가 있건 물이 흐르는 대로 흘러갑니다. 부처님께서는 이렇게 뗏목처럼 살라는 말씀을 하셨습니다.

　우주 삼라만상의 실상을 바로 볼 때 비로소 집착하지 않을 수 있습니다. 이것은 생각만 가지고는 안되며 마음 닦는 공부를 해야 됩니다. 집착하거나 구하는 대상이 없을 때 그것이 바로 해탈이라고 말씀하고 계십니다. 무언가 구하고자 하는 마음이 있으면 다시 윤회를 벗어나지 못한다는 말씀입니다.

　인자한 마음으로 일체를 평등하게 대하면 진여와 보리가 저절로 나타나리.

자비한 마음으로 일체를 하나의 마음으로 보고 행하면 진여와 보리가 저절로 나타난다는 말씀입니다. 진여와 보리는 같은 말입니다. 깨달음의 자리는 문자와 언어로 표현할 수 없는 하나의 마음자리를 말하며, 그 자리를 진여나 보리라고 합니다. 마음 밖에 따로 대상이 없고 집착이 없을 때 깨달음이요 해탈이라고 합니다.

　　'나'다, '너'다 하는 생각을 일으키면 대상이 있게 됩니다. 부처님은 어디에 있고 없는 게 아닙니다. 육신 뿐만아니라 눈앞에 펼쳐진 모든 대상이 진리 차원에서 보면 부처 아닌 게 없습니다. '나'라는 생각, '너'라는 분별심이 있게 되면 부처가 눈앞에 있어도 못 보는 것입니다.

【대승찬송 본문 8】
얼마나 많은 어리석은 세간 사람들이
도를 가지고서 다시 도를 구하는가.
여러 가지 뜻을 찾아 분분하니
자기 구제도 제대로 못하네.
오로지 남의 글을 찾아서 어지럽게 말해
지극한 이치 오묘하고 좋다고 스스로 말하네.
일생을 헛되이 수고롭게 보낼 뿐
영겁토록 생사에 빠지고 말리.
혼탁한 애욕에 마음 얽혀 버리지 못하니
청정한 지혜의 마음 절로 괴롭네.
진여와 법계의 총림이

도리어 가시덤불과 쑥대밭 되었네.

집착으로 누런 잎 금이라 여겨

마삼 버리고 황금 구할 줄은 모르네.

바른 생각 잃고서 미친 듯 달아나니

억지로 좋게 꾸미려 할 뿐이네.

입으로는 경과 논을 외고 있지만

속마음은 언제나 바짝 말랐네.

하루아침에 본래 마음이 공한 줄 깨달으면

진여를 갖춰 하나도 모자람 없으리.

해설 ✖✖✖✖

도를 가지고서 다시 도를 구하고자 하네.

도(道)와 마음은 똑같은 자리를 표현만 달리 했을 뿐입니다. 하나의 마음자리를 도라고 하는 것이며 그 마음이 작용을 통해 나타난 것 역시 도라고 한다면 도 아닌 게 없습니다. 그래서 도를 가지고서 다시 도를 구하느냐고 말씀하십니다. 하나의 마음자리에서는 한 몸입니다. 마음은 모양이 없으니 나눌 수가 없기 때문입니다. 밥을 먹는 것도 도고, 잠을 자는 것도 도고, 눈을 깜박이거나 말을 하는 것도 도입니다. 모두 마음의 작용이어서 도라고 하는 것입니다.

여러 가지 뜻을 찾아 분분하니 자기 구제도 제대로 못하네.

도는 항상 그대로 있는데 우리는 도를 구하고자 경을 들여다 보거나 선지식을 찾아다니며 무언가를 들으려고 합니다. 도는 항상 있는데 도를 밖에서 구하는 경우를 말씀하는 겁니다. 수행자는 수행을 통해 스스로 눈을 떠야 됩니다. 경을 보시는 분들은 경을 위주로 말을 할 수 밖에 없습니다. 마음자리에 눈을 떴을 때 바른 길로 인도할 수 있지만, 눈을 뜨지 못했을 때는 문자에 끄달려갈 수 밖에 없습니다. 성철 스님께서는 이 경우 눈 먼 맹인이 눈 먼 맹인을 이끄는 것과 같다고 말씀하셨습니다. 자기도 눈을 못 떴으면서 눈이 어두운 다른 사람을 어찌 인도하겠느냐는 말씀입니다.

진여와 법계의 총림이 도리어 가시덤불과 쑥대밭이 되었네.

우주 삼라만상이 진여와 법계입니다. 지금 이 자리가 극락이라는 말씀을 하는 분들이 있습니다. 하나의 마음차원에서 쓰는 표현입니다. 하나의 마음차원에서는 너다 나다, 좋다 나쁘다는 생각이 다 끊어졌으며 여기에서는 시간관념도 없습니다. 이런 경지에 항시 있기 때문에 이 자리가 극락이라고 하는 것입니다. 이와 마찬가지로 삼라만상이 부처님 도량 아닌 곳이 없다는 뜻입니다. 삼라만상이 다 부처님도량인데 인간들의 분별심과 사상에 의해서 겉모습만 보고 이러쿵 저러쿵 만들어 놓은 것으로 인해 부처님도량이 가시덤불과 쑥대밭이 되었다는 말씀입니다.

집착으로 누런 잎 금이라 여겨 마삼 버리고 황금 구할 줄은 모르네.

진리 차원에서는 집착할 대상이 따로 없습니다. 문자에 집착해서 공부하는 분들이 문자에 담겨진 것이 전부인 것처럼 생각하는 것을 말합니다. 문자를 통해서 이해는 할 수 있어도 진리는 볼 수 없습니다. 진리는 수행을 통해서 체험하는 것이기 때문입니다. 마삼은 삿됨을 의미합니다. 사실이 아닌 모든 대상이 끊어지면 깨달음을 얻을 수 있는데 집착을 통해서는 진리를 보지 못한다는 말입니다. 사실이 아닌 것을 사실인양 집착함으로 인해 진리와 멀어졌는데 억지로 좋게 꾸미려 할 뿐이라는 얘깁니다.

문자에만 집착해서 입으로는 경과 논을 외고 있지만 속마음은 언제나 바짝 말랐다고 하십니다. 깨닫지 못했을 때는 경이나 어록을 봐도 본래 뜻을 모르니까 굉장히 답답합니다. 경을 강의하시는 분들도 그 참뜻을 모르고 강의한다면 본인 자신도 애가 타고 답답하실 겁니다. 하나의 마음도리에 대해 체험을 하게 되면 그 답답한 부분에 대해서는 걱정을 안 하게 됩니다. 깨닫게 되면 일체 삼라만상이 공한 줄 알게 됩니다. 일체가 마음으로 깨닫게 되는 순간은 깨달은 사람만이 알 수 있지 어떻게 말로 표현할 수 없습니다. 깨닫게 되면 진여를 갖추어서 무엇 하나 부족함을 느끼지 않게 됩니다.

【대승찬송 본문 9】
성문은 마음마다 미혹 끊으려고 하나

끊으려는 그 마음이 바로 도둑이네.

도둑들이 번갈아가며 서로 제거할 뿐이니

어느 때 본래의 어묵(語默) 깨달을 것인가.

입으로는 천 권의 경을 외우지만

본체로 다가가 경의 뜻을 물으면 알지 못하니

불법의 원통함을 알지 못하고

헛되이 문자에 집착해 뜻을 놓치고 마네.

두타(頭陀) 아련야고행(阿練苦行)으로는

후세 몸의 공덕 바랄 수 있겠지만

그 희망은 성인과 멀어지게 할 뿐이니

큰 도를 어떻게 얻을 수 있으랴.

꿈속에서 강을 건널 때

사공이 강 북쪽으로 건네다 주었지만

문득 깨어나면 침상에 편히 잠들어 있었고

배로 건너간 사실은 전혀 없으며,

뱃사공과 강 건넌 사람

두 사람은 본래부터 서로 모르는 사이인 것과 같네.

중생은 미혹하고 헷갈려 서로 속박하며

삼계를 오가니 피로하기 이를 데 없네.

생사가 꿈과 같음을 깨닫는다면

일체를 구하려던 마음이 절로 쉬어지리라.

해설 ❧❧❧❧

마음마다 미혹을 끊으려고 한다는 표현은 성문(聲聞) 소승을 말합니다. 우주를 하나로 보는 수행법이 아니고 개인적인 수행법을 가리킵니다. 우리 마음에는 팔만 사천 가지의 생각이 있다고 합니다. 그것을 번뇌라고 합니다. 하지만 마음은 절대 둘이 아니고 하나입니다. 성인의 눈으로 봤을 때는 있는 그대로 마음 아닌 게 없습니다. 그 자리에서는 수행하고 있다는 생각을 일으켜도 번뇌입니다. 번뇌·망상을 끊으려고 하는 생각이 오히려 도둑이라고 하신 겁니다. 생각을 일으키는 것은 모두 도둑입니다. 이것을 끊고 저것을 끊는다는 생각이 번갈아가며 서로 제거할 뿐이라고 말씀하셨습니다.

지금도 스리랑카나 티베트 같은 경우는 3년에 한번씩 독경대회를 연다고 합니다. 그러면 수 많은 경을 다 외우는 경우도 있다고 합니다. 이와 마찬가지로 입으로는 천 권의 경을 외우지만 그렇게 경을 많이 외운다고 하더라도 본래 경의 뜻을 물으면 알지 못하는 것이 문제입니다. 이렇게 경의 뜻을 모르고 외우기만 하는 것은 모래로 밥을 짓는 것과 다르지 않다고 하셨습니다. 문자와 언어가 끊어진 자리, 본래의 어묵(語默)을 언제 깨달을 것이냐는 말씀입니다.

두타(頭陀)는 고행을 말하며, 아련야행은 고요히 명상하는 것을 말합니다. 이 수행법으로 좋은 곳에 태어나고 후세에 공덕은 되겠지만 깨달음과는 거리가 멀다는 말씀입니다. 사실 고행을 한다는 것도 쉬운 일은 아닙니다. 고행하면 가섭존자를 떠올리는데, 가섭존자는 하루에 한 끼만 먹고 머리도 깎지 않고 씻지도 않으셨다고 합니다. 그러나 연꽃이 흙탕물에서 피어나듯이 성현들이 보았을 때는 실상을 보는 것입니다. 고행으로 수행하시는 분들이 간혹 있지만 고행만으로는 깨달음을 이룰 수 없다는 말씀입니다.

꿈속에서 뱃사공이 노를 저어서 강을 건너 주었는데 문득 잠에서 깼다고 생각합시다. 꿈에서 깨고 보니 분명 꿈속에서는 강을 건넜지만 방 안에 누워있는 자신을 보게 됩니다. 자신은 조금도 움직임이 없었던 것인데 단지 생각이었을 뿐입니다. 이와 마찬가지로 육안의 눈을 가지고 사는 현실세계도 마찬가지입니다. 모든 대상이 다 사실이 아닙니다. 사실이 아닌 것을 보고 생각하는 것 또한 사실이 아닙니다. 속고 있는 것입니다.

생사가 꿈과 같음을 깨닫는다면
일체를 구하려던 마음 절로 쉬어지리라.

태어나고 죽는 것도 꿈속에서 꿈을 꾸다 깬 것과 다르지 않다는 말씀입니다. 그러나 알음알이로 생사가 없다는 것을 알아도 현실에서는 적응하기가 쉽지 않습니다. 우리가 알음알이로 알고 있는 것만으로는 꿈을 꾸는 것과 다르지 않습니다. 일체가 꿈이며 사실이 아님을 확실히 깨달으면 일체를 구하려던 마음이 절로 없어지게 된다는 말씀입니다.

【대승찬송 본문 10】

깨달아 알면 곧 보리이니

근본을 깨치면 단계는 없는 것이네.

안타깝다! 범부들이 허리 굽어

팔십이면 걷지 못하네.

일생을 한갓 헛되이 보낼 뿐

세월의 흐름 깨닫지 못하네.

스승의 입만 쳐다보고 있으니

어미를 잃은 젖먹이와 다를 바 없네.

도인과 속인들이 앞다투어 모여들어

종일 죽은 말만 듣고 있네.

자기의 무상은 관찰하지 않고

마음은 이리떼처럼 탐욕으로 치달리네.

애닯다. 이승은 협소하고 저열하니

몸을 굴복시켜야 한다고 생각해

술이나 고기, 오신채를 먹지 않고

다른 사람이 먹는 것을 경멸하듯 쳐다보네.

다시 그릇되게 행동하고 미쳐 날뛰며

기를 닦는다며 소금도 식초도 먹지 않네.

참되고 으뜸가는 가르침 깨닫는다면

남녀를 분별할 필요 없으리.

소승에서는 부처가 되기 위한 단계가 있습니다. 그러나 대승에서는 근본을 깨치고 나면 단계가 없다는 말입니다. 왜냐하면 깨친 그 자리에서는 삼계를 모두 벗어나기 때문입니다. 바로 내 마음을 깨달으면 부처라고 하는 것이기 때문에 선(禪) 공부를 서양에서도 위대한 가르침이라고 인정하는 것입니다.

지금 이 순간에도 우리는 죽음을 향해 가고 있습니다. 여러분이 지금 병에 걸려서 일주일 후에 죽는다면 어떤 일을 하시겠습니까? 보통 사람들 같으면 '왜 나한테 이런 병이 왔나?' 하고 슬퍼하면서 별의 별 생각을 다 할 것입니다. 그래도 공부를 하셨던 분들은 마지막 회향을 하고자 대 발심을 일으키기도 한답니다. 지금 이 순간도 죽음을 향해 가고 있다는 것을 알면 정진을 하지 않을 수 없다는 얘깁니다.

스승은 길만 알려주는 것이지 스승이 대신 깨달아 줄 수는 없습니다. 내가 배고픈데 남이 밥을 대신 먹어주는 것이 아닙니다. 깨달음은 내 스스로 가는 것이지, 누가 대신 깨달아 주는 것이 아닙니다. 이승에서 깨닫지 못하는 것은 육안의 눈으로 보고 집착하며 살고 있기 때문이며, 우주차원에서 보면 사람의 삶은 티끌만큼도 안 되는 것에 집착하고 있는 겁니다. 깨닫게 되면 우주를 상대로 살림살이를 하는 것입니다.

몸이라는 것은 언젠가 썩어 없어질 것이니 집착하지 말자고 어떤 분들은 고행을 하시는 분들도 있습니다. 자신은 술이나 고기, 오신채를 먹지 않고 다른 사람이 막행막식하는 것에 대해 비방하는 분들도 있습니다. 그러나 이 역시 어리석은 일이라는 얘깁니다. 남이 하는 것에 대해서 시시비비하는 것은 자기 마음이 아직도 미혹한 겁니다. 먹는 것 또한 음식으로 보면 되는 것이지 그것이 수행에 방해가 되고 도에 어긋난다고 생각하는 것은 스스로 하나의 도리를 모르고 있는 것입니다. 가장 참되고 으뜸가는 가르침은 하나의 마음도리를 말합니다. 이 가르침을 깨닫는다면 남녀가 따로 있을 수 없습니다.

79. 지공(誌公) 화상의 14과송(科頌)

【14과송 본문 1】

보리와 번뇌는 둘이 아니다 [菩提煩惱不二]

중생은 도 닦는 것은 알지 못하면서
번뇌를 없애려고 하네.
번뇌는 본래 비고 고요한데
도를 가지고 다시 도를 찾으려 하네.
한 생각 마음이 바로 그것인데
어찌 다른 곳에서 찾으려 하는가.
크나큰 도는 분명히 눈앞에 있거늘

미혹하고 어리석은 이는 알지 못하네.

불성은 천진하고 자연스런 것이요

인연도 없고 닦아서 만들 것도 없네.

삼독이 헛되고 거짓된 줄 모르고

부침과 생사에만 허망하게 집착하네.

예전 미혹했을 때가 해탈이었는데

오늘에 비로소 깨달으니 이른 것이 아니네.

해설 ✖✖✖✖

보리와 번뇌는 둘이 아니라는 말은 많이 들어보셨을 겁니다. 번뇌나 보리라는 것도 이름입니다. 부처님께서 초기에는 번뇌를 버려야 한다고 말씀하셨지만, 대승에 와서는 번뇌나 보리는 하나의 마음에서 나온 것이기 때문에 번뇌나 보리는 둘이 아니라고 하셨습니다. 번뇌는 내가 어떤 일을 보고 마음에서 일으키는 것인데 본래는 실체가 없는 것이며 사실이 아닌 것에 마음을 일으켰기 때문에 번뇌나 보리는 둘이 아닌 하나라는 것입니다.

도를 닦는다고 하지만 도는 닦아서 얻는 것이 아닙니다. 도는 본래 있는 겁니다. 마음을 도라고 한다면 눈을 깜박이고, 말을 하고, 숨을 쉬는 것도, 도 아닌 게 없습니다. 그러니 무언가 없애려고 하는 생각 자체가 이미 번뇌라는 애깁니다. 번뇌가 본래 없는 겁니다. 그런데 생각을 스스로 지어놓고 끊겠다는 생각을 하는 것이 어리석다는 애깁니다.

한 생각 마음이 바로 그것인데, 어찌 다른 곳에서 찾으려 하는가.

생각을 일으키는 그것이 바로 도라는 얘깁니다. 그것을 다른 말로 부처라고 합니다. 보이던, 보이지 않던 마음의 눈으로 보면 '하나'입니다. 본래마음을 부처님으로 본다면 마음이 작용을 통해 나타난 것 역시 부처라고 하는 겁니다. 나쁜 생각을 했든, 좋은 생각을 했든 마음을 쓰는 자체가 도의 작용입니다. 그런데 어찌 다른 곳에서 찾으려고 하느냐는 말씀입니다.

불성은 천진하고 자연스런 것이요, 인연도 없고 닦아서 만들 것도 없네.

불성이란 다른 무엇을 띄고 있는 게 아니라 눈앞에 펼쳐진 그대로가 불성이라는 얘깁니다. 우리는 지금 눈앞에 펼쳐진 모습이 다 다르다고 보는데 도인들이 보았을 때는 모두가 마음입니다. 마음의 작용으로 인해 일시적으로 나타난 것으로 보는 겁니다. 마음 아닌 게 없으니까 도 아닌 게 없다고 하는 것입니다.
도에서는 인연도 없고 인과에도 걸리지 않아요. 단지 생각입니다. 도는 모양이 없는 마음자리이기 때문에 생사도 없고 오고 감도 없고 크고 작은 것도 없습니다. 그래서 불성은 인연도 없고 닦아서 만드는 것도 아닙니다.

삼독이 헛되고 거짓된 줄 모르고 부침과 생사에만 허망하게 집착하네.

탐·진·치 세 가지 독도 본래는 없는 겁니다. 중생의 견해에서 이것은 옳고 그르다고 지어놓은 것이지 본래는 독이라는 것도 선이라는 것도 이름 붙일 수 없습니다. 하나의 마음차원에서 보셔야 됩니다. 이 경지를 해탈의 경지라고 하는데 이 경지에서는 걸림이 없는 무애자재한 행을 할 수 있습니다. 원효 스님이나 경허 스님의 행을 파계승이다 뭐다 하지만 이 분들의 행은 걸림이 없는 경지에서 행하신 점이 다릅니다. 우리는 일체가 마음으로 되어 있으니 대상이 없다는 것을 이론적으로 안다고 해도 현실에서는 쓸 수가 없습니다. 과거로부터 익혀온 나라는 생각과 습 때문에 아닌 것을 알면서도 하지 못합니다. 내가 집착하는 것이 다음 생이나 먼 훗날 생에 보이지 않는 업력이 되어 작용합니다. 집착을 놓는다면 그만큼 윤회의 끈을 끊어주는 것입니다.

예전 미혹했을 때가 해탈이었는데, 오늘에 비로소 깨달으니 이른 것이 아니네.

아무것도 몰랐을 때가 오히려 해탈이었다는 말입니다. 어린 아기가 아무것도 모르고 아무거나 입에 넣으려고 하다가 조금 크게 되면 입에 넣어서 어떤 것은 쓰고 어떤 것은 달다는 것을 깨닫게 됩니다. 어른이 되기까지는 몰랐던 것을 하나하나 깨닫는 과정이라고 볼 수 있어요. 도는 본래 있었는데 오늘에 비로소 깨달으니 이른 것이 아니라는 말씀입니다. 아무것도 모르고 좋고 나쁨도 분별하지 않고 천진난만했던 때가 해탈이었더라는 것입니다.

【14과송 본문 2】

지킴과 범함은 둘이 아니다 [持犯不二]

대장부는 행동할 때 걸림 없으니
계율의 제재를 받지 않네.
지킴과 범함은 본래 생겨나지 않았는데
어리석은 이들은 그에 속박 당하네.
지혜로운 이는 하는 일이 모두 공하지만
성문은 부딪치는 일마다 막히기만 하네.
보살의 육안은 원만하고 두루 통해 있지만
이승의 천안에는 가리운 것이 있네.
공한 가운데 유무를 허망하게 집착하고
형상과 마음이 걸림 없는 줄 알지 못하네.
보살은 속인들과 함께 살아도
청정하여 세속에 물든 적이 없다.
어리석은 사람은 열반을 탐하고 집착하지만
지혜로운 이에겐 생사가 곧 진실한 경계이네.
법성은 텅 비어 말로 설명할 수 없지만
연기로 이 게송을 대략 만들었네.
백 살 먹어도 지혜 없으면 어린아이요,
어린아이라도 지혜 있으면 백살이리라.

계율 부분에 대해 말씀하시는 내용입니다. 지키고 범하는 것 역시 하나의 마음차원에서 보면 지킬 것도 없고 범하는 것도 없는 것입니다. 마음을 어디에 두고 수행하느냐에 따라서 공부의 진전이 있을 수 있습니다. 일체를 하나의 마음에 두고 있으면 걸림이 없으니까 마음은 오히려 편안해지는 겁니다. 스스로 이것은 하지 말고, 저것은 한다는 생각에 얽매이면 그것이 고통이라는 말씀입니다.

우주를 하나로 보고 가는 분을 대장부라고 합니다. 우주를 하나로 보고 간다면 걸림이 없습니다. 청화 스님께서도 계율에 대해서 엄격하셨기 때문에 하루에 한 끼만 드시는 일종식을 하셨던 겁니다. 청화 스님께서는 수행자의 참 모습으로 사셨다고 봐야 됩니다. 청화 스님께서는 이론으로는 하나의 도리를 알지만 하나의 행은 못하기 때문에 아직 지킬 부분이 있다고 하셨던 겁니다. 하나의 행을 할 수 있는 경지에 들어간다면 막행막식을 해도 마음에 걸릴 게 없으면 무애자재한 것입니다.

보살의 육안은 원만하고 두루 통해 있지만, 이승의 천안에는 가리운 것이 있다.

보살(대사)은 하나의 행을 하는 분들을 말합니다. 우주를 하나로 보고 행하는 분을 보살이라고 합니다. 이승은 성문승, 연각승을 말합니다. 부처님께서는 불안, 혜안, 법안, 육안 등 네 가지의 눈이 있다고 하셨습니다. 육안으로 보는 세계나 천안으로 보는 세계가 모두 다르며 천안으로 보면 걸리는 것이 많다는 것입니다. 그런데 보살승에서는 이 것을 뛰어넘은 겁니다.《직지》를 공부하는 것도 삼계를 뛰어 넘은 세계로 들어가는 것입니다.《직지》는 있는 그대로를 하나의 마음으로 보기 때문에 단계가 없습니다. 그러나 성문승, 연각승들은 여러 가지 단계를 의식합니다. 색계를 뛰어넘고 무색계를 뛰어넘어야 된다는 생각을 가지고 있습니다. 무색계에 있어도 천안의 눈입니다. 아직도 걸리고 있는 것이죠. 하나의 마음차원에서는 천상세계나 극락까지도 하나로 보는 겁니다. 극락이 서방정토에 있다고 하지만, 극락이나 이곳이나 하나의 마음자리에 있는 것입니다.

보살은 속인들과 함께 살아도, 청정하여 세속에 물든 적이 없다.

하나의 마음을 쓰고 행하는 분은 세속인들과 함께 있어도 항상 마음이 '하나' 속에 있기 때문에 청정해서 세속에 물든 적이 없다고 합니다. 이것을 흙탕물에서 피어나는 연꽃에 비유를 합니다. 연꽃은 꽃과 씨앗이 동시에 맺는다고 합니다. 깨달음이 성불이라는 의미와 같으며 '하나' 임을 상징합니다. 하나의 마음자리에서 마음을 쓰기 때문에 더러운 곳에 피어나도 물들지 않는다는 것입니다. 하나의 마음에서는 흙탕물이 따로 없습니다. 미꾸라지는 흙탕물이 더럽다는 생각을 하지 않듯이, 흙탕물이 더럽다는 것은 단지 우리의 생각일 뿐입니다.

어리석은 사람은 열반을 탐하고 집착하지만, 지혜로운 이에겐 생사가 곧 진실한 경계이네.

어리석은 사람은 열반이라는 이름을 놓고 스스로 집착하고 있습니다. 열반은 하나의 마음자리에서 말로 표현한 것이기 때문에 열반이 따로 없습니다. '하나'에 마음을 쓰고 있는 자에게는 태어나고 죽는 것이 그대로 진실한 경계라고 말씀하십니다. 태어나고 죽는 것도 하나의 마음자리에 있어서는 본래 없기에, 이 경지에 있을 때 죽음에 대한 두려움이 없게 됩니다.

【14과송 본문 3】
부처와 중생은 둘이 아니다[佛與衆生不二]

부처와 중생은 다르지 않으며
큰 지혜도 어리석음과 다르지 않네.
어째서 밖으로만 보배 구하는가.
몸 땅[身地]에 밝은 구슬 스스로 지녔거늘
바른 도와 그릇된 도가 둘 아니고
범부와 성인이 같은 줄 알아야 하리.
미혹과 깨달음은 본래 차별이 없고
열반과 생사는 한 가지이네.
결국에는 반연(攀緣)도 공적하니

뜻과 생각의 맑고 고요한 경지 구할 뿐이네.
한 법도 얻을 수 없으니
고요히 무위의 경지에 저절로 들어가리라.

해설 ✖✖✖

"번뇌와 보리가 둘이 아니다. 부처와 중생은 둘이 아니다." 똑같은 하나의 마음차원에서 하신 말씀입니다. 하나의 마음자리에 대해서는 사실 어떤 이름도 붙일 수 없습니다. 부처다, 중생이다, 열반이다, 보리다, 번뇌다 하는 이름을 붙여놓은 것에 지나지 않습니다.

큰 지혜는 하나의 마음자리를 말합니다. 하나의 마음자리에서는 어리석음이라는 것도 따로 없습니다. 마음작용으로 나타나는 것 또한 '하나'라고 하는 것입니다.

왜 밖으로만 보배를 구하는가, 몸 땅에 밝은 구슬 지녔거늘

하나의 도리를 깨달아야만 모든 문제를 해결할 수 있다는 의미에서 '보배'라는 표현을 했습니다. '하나' 차원에서는 아무리 써도 끝이 없습니다. 능력을 쓴다면 자유자재로 몸을 나툴 수도 있다는 얘깁니다. 영롱한 빛을 내는 보배 구슬은 하나의 마음자리를 의미합니다. 내 마음에 영롱한 보배 구슬을 갖추고 있는데, 왜 밖에서 찾느냐는 말씀입니다.

바른 도와 그릇된 도가 둘 아니고, 범부와 성인이 같은 줄 알아야 하리.

하나로 보면 바른 도와 그릇된 도가 따로 없으며 범부와 성인 또한 다르지 않습니다. 마음 밖에 대상이 따로 없으니까 비방할 것도 없습니다. 범부나 성인도 이름만 다르게 붙여 놓은 것이지 범부나 성인도 따로 없다는 얘깁니다.

본래자리에서는 미혹과 깨달음도 없고 차별도 따로 없습니다. 열반이나 생사라는 것도 본래자리에서는 없는 것인데, 우리가 이름을 열반이니 생사니 붙여놓았을 뿐입니다.

결국에는 반연도 공적하니, 뜻과 생각의 맑고 고요한 경지 구할 뿐.

세상 사람들은 사실이 아닌 것에 부딪히며 살고 있습니다. 부처님께서도 뗏목에 비유를 하셨습니다. 눈이 오건 비가 오건 뗏목은 흐르는 물 따라 흘러갑니다. 우리도 이런 마음을 쓰며 살아가야 되는데 익혀온 습 때문에 사실 행하기는 어려운 일입니다. 뜻과 생각의 맑고 고요한 경지는 하나의 마음자리에 두는 것을 말합니다. 그 자리는 일체 대상이 다 끊어졌기 때문에 가장 고요하고 맑은 자리입니다. 참선을 해서 삼매에 드는 상태를 말합니다.

한 법도 얻을 수 없으니, 고요히 무위의 경지에 저절로 들어가리라.

일체의 경계가 다 끊어지고 하나의 마음자리를 알게 되면 한 법도 얻을 수 없다는 것을 알게 될 것입니다. 무위(無爲)의 경지는 '하나의 마음' 차원에서 쓴 표현입니다. 이 경지는 위와 아래, 상하가 다 끊어진 자리입니다. 이 부분은 묵조선(默照禪) 차원에서 하신 말씀인데 묵조선에서는 혼침에 빠질 수가 있습니다. 그래서 우리가 하나의 마음에 집중시키기 위한 방편으로 화두를 들거나 염불을 하거나 주력을 하는 것입니다. 이 공부가 익고 익었을 때 무위의 경지에 저절로 들어갈 수가 있습니다.

【14과송 본문 4】
이치와 현상은 둘이 아니다 [理事不二]

마음자리는 자재롭고 고요하며
법성에는 본래 열 가지 번뇌[十纏]가 없네.
모든 것 부처님 일 아닌 게 없는데
어찌 생각을 거두어 좌선 하는가.
망상은 본래부터 공적하니
반연을 끊어 없앨 필요 없네.
지혜로운 이는 얻을 만한 마음이 없으니
저절로 다름도 없고 시끄러움도 없어지리.
무위의 크나큰 도를 알지 못하면서
언제 현묘한 이치 증득하리.

부처와 중생은 한 종류이고

중생이 바로 세존인데

범부는 헛되이 분별 내어

무(無) 속에서 유(有)에 집착해 미혹에 분주하네.

탐욕과 성냄이 비고 고요한 줄 알면

그 어느 것이 진리의 문 아니리.

해설 ❀❀❀

　지공 화상께서 깨달으신 입장에서 하신 말씀입니다. 이치는 '체'를 말하고 현상은 물질을 말합니다. '체'와 '용'은 둘이 아니라는 불이법문입니다.

　하나의 마음자리는 자재롭고 고요하다고 하셨습니다. 이 자리에서는 모든 경계가 끊어졌기 때문에 고요하며 대상이 없기 때문에 걸림이 없습니다. 우리가 이 도리에 대해서 이치적으로 이해한다고 해도 실제로는 쓰지를 못합니다. 아직 우리는 중생이기 때문입니다. 이치를 안다고 해서 완전히 무명에서 벗어난 것은 아닙니다.

　"법성에는 본래 열 가지 번뇌가 없다"고 하셨습니다. 법성이나 마음은 똑같은 자리를 표현한 말입니다. 우리 마음 가운데는 지옥 같은 마음이 있고 아귀 같은 마음이 있어서 배고프면 먹으려고 하는 마음을 갖고 있고 축생(본능적으로 일어나는 욕망) 같은 마음도 갖고 있습니다. 그리고 아수라 같은 마음이나 부처나 보살 같은 마음 등 열 가지의 마음이 있다고 합니다. 그러나 하나 차원의 마음으로 본다면 열 가지의 마음이 본래는 없는 것이라는 말씀입니다. 다만 깨닫지 못한 입장에서 분별하고 있을 뿐입니다.

모든 것이 부처님 일 아닌 게 없는데, 어찌 생각을 거두어 좌선 하는가.

원불교에서 '처처불상 사사불공(處處佛像 事事佛供)' 이라는 말을 씁니다. 행하는 모든 일을 불공 드리듯이 하고 모든 대상을 부처님 대하듯이 하라는 말입니다. 불교에서는 일체를 일원상으로 표현하기도 합니다. 우주 삼라만상이 부처 아닌 것이 없는 것입니다. 심즉시불(心卽是佛)이라는 말도 마음이 곧 부처라는 말입니다. 우리가 생각하고 말을 하고 눈을 깜박이는 것도 마음의 작용이니까 부처님이라 할 수 있습니다. 마음이 부처임을 안다면 별도로 닦고자 하는 생각을 일으킬 필요가 없다는 말씀입니다. 본래가 다 부처님인데 별도로 닦을 게 있겠느냐는 것입니다.

망상 역시 본래부터 공적하니 반연을 구태여 없앨 필요가 없다고 했습니다. 번뇌와 망상과 같은 정신적 대상이 사실이 아님을 안다면 억지로 끊어 없애려는 그 마음이 다시 망상이 된다는 사실을 유념해야 할 것입니다. 마음 밖에 대상이 없다는 것을 알면 남하고 시시비비할 일도 없게 됩니다.

범부는 헛되이 분별 내어 무 속에서 유에 집착해 미혹에 분주하네.

범부는 분별하는 사람을 말합니다. 부처님오신날이 되었으니 무언가 빌어 봐야겠다는 마음을 내는 것이 범부입니다. 등을 달면 복을 받겠지 하는 마음 또한 범부의 마음입니다. 부처님 당시에 걸식을 하는 어떤 여인이 부처님께서 오신다고 하자 등을 밝히고 싶었지만 돈이 없어서 조금의 기름 밖에 사지를 못했다고 합니다. 이 여인의 발원은 '금생에는 박복한 복을 받지만 다음 생에는 부처님처럼 큰 도를 이뤄서 세상을 밝히고 중생을 제도할 수 있는 힘을 주십시오.' 라는 발원을 하였던 겁니다. 그날 모두 불을 밝혔지만 바람이 심하게 불어서 등불이 모두 꺼졌다고 합니다. 그런데 유독 불을 밝히는 등불이 있었는데 그 여인의 등불이었다고 합니다. 아난존자가 가서 등불을 끄려고 하자 불길이 더 커지는 겁니다. 그러자 부처님께서 그 불은 발원이 크기 때문에 끌 수가 없다고 하셨습니다. 부처가 되기 위해서는 큰 발원을 해야 되는데 우주적인 '하나' 차원에 마음을 두어야 된다는 이야기입니다.

본래자리에서는 형상이 아무것도 없지만 그렇다고 아주 없다고 해서도 안됩니다. 문자와 언어로 표현할 수 없는 하나의 마음자리에서는 아무것도 없는데 왜 스스로 생각을 만들어서 집착하느냐는 얘깁니다. 그 어리석음으로 인해 중생은 참으로 분주하다고 하시는 겁니다.

탐욕과 성냄이 비고 고요한 줄 알면, 그 어느 것이 진문[眞門] 아니리.

욕심내고 성내는 것도 하나의 마음차원에서는 본래는 없는 것이니 비고 고요하다고 하는 겁니다. 그 어떤 것도 부처의 문으로 들어가지 않는 것이 없다는 말씀입니다. 대도무문(大道無門)이라는 말을 들어보 셨을 겁니다. 큰 도에는 문이 없다는 말씀입니다. 왜냐하면 어느 것 하 나 부처 아닌 게 없기 때문입니다.

【14과송 본문 5】
고요함과 산란함은 둘이 아니다[靜亂不二]

성문은 소란을 피하고 고요함 구하니
밀가루 버리고 떡 구함과 같네.
떡은 본래 밀가루에서 생겨났는데
만드는 사람 따라 다양하게 변하네.
번뇌가 곧 보리이고
마음이 없으면 경계 또한 없는 것이요,
생사가 열반과 다르지 않고
탐욕과 성냄은 아지랑이나 그림자와도 같네.
지혜로운 이는 부처 구하려는 마음 없지만
어리석은 이들은 밖으로 치닫고 있네.
일생을 헛되이 보내고 있으니
여래의 묘한 정수리 보지 못하리라.
음욕과 성냄의 성품이 공한 줄 안다면
확탕(鑊湯)지옥과 노탄(鑪炭)지옥이 저절로 식으리라.

　성문승들은 경에 나오는 문자에 집착하고 개인 수행에만 집착하다 보니 이것은 하고 저것을 하지 말라는 생각을 스스로 만들어 놓고 있다는 말입니다. 본래 소란하다는 것도 없는데 마음에 스스로 번거로운 것을 만들어 놓은 것입니다. 물론 초심자 때 근기가 약할 때는 고요한 곳에서 소란을 피하고 청정함을 구하는 수행을 할 필요는 있을 것입니다. 지금도 남방 불교권에서는 조용한 곳을 찾아서 수행하는 분들이 많이 있습니다. 그러나 진짜 공부는 시장에 들어가 앉아 있어도 경계에 끄달려가지 않고 집중할 수 있어야 됩니다.

　내 마음 가운데 고요함과 소란함이라는 생각이 없으면 대상이 없는 것이나 마찬가지입니다. '나'가 있다는 생각을 하면 대상이 있는 겁니다. 이것을 놓아야 되는데, 나라는 생각이 있기 때문에 시시비비가 생기게 되는 것입니다. 우리가 욕심을 내고 성을 내는 것도 아지랑이나 그림자와 같이 실체가 없습니다. 욕심을 내고 성을 내는 것은 어떤 대상을 두고 일으킨 마음입니다. 대상이 없는데도 사실이 아닌 것을 가지고 욕심을 내고 성을 냈던 것입니다.

　'하나'의 도리를 깨달은 분을 지혜로운 이라고 합니다. 깨달았다면 따로 대상이 없습니다. 그러니 부처를 구하고자 하는 마음조차 없습니다. 반대로 어리석다는 것은 하나의 도리를 몰랐을 때를 말하는데, 이 도리를 모르니까 대상에 끄달려가고 부처도 마음 밖에서 구하려고 합니다. 어리석은 사람들은 밖에서 무언가를 구하고자 하는 마음으로 일생을 헛되이 보냅니다. 이것이 오늘날 한국 불교의 현실이기도 합니다. 일생을 헛되이 보내지 말아야 됩니다. 사람으로 태어나는 게 정말 어렵습니다. 사람으로 태어났고 부처님 법에 인연이 되었을 때 열심히 정진해야 됩니다. "여래의 묘한 정수리 보지 못하리라."하는 것은 밖으로 구하려고 한다면 부처님의 참 도리를 모른다는 뜻입니다.

　음욕과 성냄의 성품 또한 실체가 없으니 집착해서는 안됩니다. 스스로 행을 하고 괴로워할 필요도 없습니다. 본래자리에 있어서는 내 마음을 행하는 것도 아니고 먹는 것도 아니고 죽는 것도 아닙니다. 확탕지옥과 노탄지옥이 저절로 식는다는 것은 바르게 알고 행해야 된다는 말입니다. 바르게 알지 못하면 끊임없이 윤회의 굴레를 벗어날 수 없기 때문입니다.

【14과송 본문 6】
선과 악은 둘이 아니다[善惡不二]

나의 몸과 마음 쾌락하니
고요하여 선도 없고 악도 없네.
법신은 자재하여 방위도 없으니
눈에 보이는 것마다 정각 아님 없네.
육진(六塵)은 본래부터 공하고 고요한데
범부가 허망하게 집착하는 것이네.
열반과 생사는 평등하니

사해(四海)의 그 무엇이 후하고 박할 것인가.

무위의 큰 도는 자연스러운 것이니

마음으로 헤아릴 필요 없네.

보살은 얽매임이 없어 영통(靈通)하나니

하는 일 항상 미묘한 깨달음 머금고 있네.

성문들은 법에 집착해서 좌선 하니

누에가 실을 토해 스스로 가둠과 같네.

법성은 본래부터 둥글고도 밝으니

병이 나았는데 왜 약에 집착하는가.

모든 법이 평등한 줄 안다면

고요하고 맑고 상쾌 하리라.

해설 ∞∞∞

"나의 몸과 마음이 쾌락하다"는 것은 깨친 차원에서 표현하신 말입니다. 실생활에서 우리가 겪는 일중에 예를 들면 어떤 일과 하나가 되어 깊이 빠져 있으면 시간 개념 없이 흘러가는 경우가 있습니다. 이때는 굉장히 편안한 상태입니다. 그 순간이 나의 몸과 마음이 쾌락한 순간입니다. 그 경지에서는 대상이 따로 없으니까 고요하여 선도 없고 악도 없습니다.

법신(法身)은 진불(眞佛), 하나의 마음을 말씀하신 겁니다. 걸림이 없으니 위와 아래 동서남북이 다 끊어졌다는 말입니다. 눈에 보이는 모든 대상이 하나의 마음으로 되어 있기 때문에 그 자리가 바로 시공을 초월한 깨달은 자리라는 뜻입니다.

보살은 얽매임 없어 영통하니, 하는 일 항상 미묘한 깨달음 머금고 있네.

보살은 부처가 되기 전의 구도자를 말하는데 부처라고 하면 완전한 덕과 지혜를 갖춘 분을 말합니다. 도를 깨닫고 '하나'를 행하면 완벽한 부처가 되는 것입니다. 아라한을 증득한 분도 부처라고 하지만 이 분들은 아직은 덕(德)이 부족합니다. 보살은 '하나의 마음'을 쓰고 있는 분을 말합니다. 그래서 보살은 얽매임이 없고 영통하다고 하는데 걸림이 없다는 말씀입니다. 오늘날 자원봉사를 보살행이라고 하지만 그것만으로는 진정한 보살행이 아닙니다. 단지 내가 복을 짓는 일은 됩니다. 바라는 일이 있거나 봉사한다는 생각을 일으키게 되면 반드시 인과가 성립이 됩니다. 봉사를 할 때도 '나'도 없고, 대상도 없이 무심으로 행할 때 참다운 보살행이 됩니다.

그러나 성문들은 부처님께서 말씀하신 것에 집착을 한다는 한계가 있다는 것입니다. 그래서 법에 집착하여 좌선을 하니 누에가 실을 토해 스스로 가두는 것과 같다는 말씀입니다. 이와 마찬가지로 문자에만 의지해서 공부하면 문자에만 집착하게 되어 스스로를 옭아매게 됩니다.

법성은 본래부터 둥글고 밝으니, 병이 나았는데 왜 약에 집착하는가.

하나의 마음자리를 법성(法性)이라고 합니다. 본래가 부처라는 도리를 알았는데 무엇에 집착하겠냐는 말씀입니다. 부처님께서 도를 깨닫고 '중생이 다 병이 들었구나! 내가 중생에게 약을 주되 먹고 안 먹고는 내 책임이 아니다'라고 말씀하셨습니다. 부처님께서 말씀하신 병은 실상을 바로 보지 못하고 착각하고 사는 것을 가리킵니다. 하나의 마음자리는 본래부터 둥글고도 밝으며 본래 일체 공덕을 갖추고 있으니 그 자리에 마음만 두면 되는 것인데, 왜 별도로 약을 찾느냐는 말씀입니다. 약은 방편을 말씀하신 겁니다. 수행법이나 계율이나 교리, 학문 등을 의미합니다.

【14과송 본문 7】
색과 공은 둘이 아니다[色空不二]

법성은 본래 푸르지도 노랗지도 않은데
중생이 부질없이 문장을 지어서
'내가 지관(止觀)을 설하노라'고
제멋대로 소란스레 미쳐 날뛰네.
원통의 현묘한 이치 모르니
어느 때나 참되고 항상된 도리를 알 수 있겠는가.
자기 병도 고치지 못하면서
남에게 처방전을 일러주고 있으니
겉으로 보기에는 착한 것 같지만

속마음은 이러때와 같네.

어리석은 사람은 지옥을 두려워하지만

지혜로운 이에겐 천당과 다름없네.

어떤 경계에도 마음이 항상하여 일어나지 않으니

발길 닿는 곳이 모두 도량이네.

부처와 중생이 둘 아닌데

중생이 제멋대로 둘로 나누네.

삼독을 없애려 한다면

더욱더 재앙을 떠나지 못하리라.

지혜로운 이는 마음이 곧 부처인 줄 알지만

어리석은 사람은 극락에만 가려하네.

해설 ✤✤✤

법성은 하나의 마음자리를 말하며, 모양이 없는 그 자리는 푸르지도 노랗지도 희지도 않다는 말입니다. 하나의 마음차원에서는 어떤 표현이나 이름도 붙일 수 없습니다. 하나의 마음자리에 대해서는 어떤 이름도 붙일 수 없는데 그 자리에 대해 이렇게 저렇게 문장으로 이름을 붙여놓고 이것이 진리라고 자기들 멋대로 주장을 하고 있다는 말씀입니다. 이것을 도인이 보았을 때는 미쳐 날뛰는 모습으로 보인다는 의미입니다.

어리석은 사람은 지옥을 두려워하지만, 지혜로운 이에겐 천당과 다름 없네.

'하나'의 도리를 모르는 분들은 지옥을 두려워하지만 언제나 '하나'에 마음을 두고 있는 분들은 천당이든 지옥이든 걱정할 필요가 없다는 말입니다. 왜냐하면 본래마음에 있어서는 죽는 것도 아니고 태어나는 것도 아니기 때문입니다.

어떤 경계에도 마음이 항상하여 일어나지 않으니, 발길 닿는 곳이 모두 도량이네.

이 부분은 굉장히 중요한 부분입니다. 자기 스스로 공부가 되었나를 점검해 볼 수가 있습니다. 어떤 일이라도 그 경계에 끄달려가지 않을 때 공부가 되었다고 할 수가 있습니다. 그런데 어떤 일에도 시시비비하고 분별하고 있다면 공부가 아직 안된 것입니다. 시비분별심이 끊어지게 되면 발길 닿는 곳마다 부처님 도량 아닌 곳이 없다는 말씀입니다. 지혜로운 이는 마음이 곧 부처인 줄 알지만 어리석은 사람은 극락에만 가려고 합니다. 염불할 때도 극락을 가고자 하는 마음으로 하면 안됩니다. 깨닫기 위해서 염불을 하셔야 됩니다.

【14과송 본문 8】
생과 사는 둘이 아니다[生死不二]

세간의 모든 법은 허깨비와 같고

생사는 천둥이나 번개와 같네.

법신은 자재롭고 원통해

온 세상 드나들어도 간격이 없네.

헛갈리고 뒤바뀐 망상도 본래 비었으니

반야는 미혹도 어지럼도 없는 것이네.

삼독은 본래 스스로 해탈이니

생각을 모아 좌선할 필요 있을까.

다만 알지 못하는 어리석은 이들 위해

계율에 의해 판결하려 하네.

적멸의 진여를 알지 못하면서

언제 피안에 오를 수 있으랴.

지혜로운 이는 끊어야 할 악이 없으니

쓰임에 따라 마음대로 합치거나 흩는 것이네.

법성은 본래 비고 고요해

생사에 얽매임을 받지 않는데

번뇌를 없애려 한다면

이 자가 바로 무명의 어리석은 사람이네.

번뇌가 곧 보리인데

달리 선정을 구할 필요 있을까.

진실한 경지에는 부처도 없고 악마도 없으며

마음 본체[心體]에는 형상도 없고 끊음도 없다네.

물질적인 차원을 보고 생과 사를 말하는데, 본래마음에서 보면 물질이라는 것도 실체가 없기 때문에 생사조차 없다는 법문입니다. 우리는 물질에 집착해서 살기 때문에 생사에 끄달려 살아갑니다. 물질은 마음의 작용에 의해서 나타난 그림자일 뿐입니다.

우리가 사는 세계를 세간이라고 하고 출가해서 마음을 닦는 세계를 출세간이라고 합니다. 세속에서 사는 분들은 눈에 보이는 것이 전부인 것처럼 생각하고 살기 때문에 세간의 모든 법은 허깨비와 같다고 하시는 겁니다. 허깨비란 사실이 아니며 실체가 없다는 말입니다.

생과 사가 천둥이나 번개와 같이 찰나간입니다. 70세, 80세를 산다고 해도 도리천세계에서 보면 하루살이도 안됩니다. 우주 차원에서 보면 지구는 티끌보다도 작다고 합니다. 그렇다면 인간은 어떤 존재일까요? 흔적도 없는 파동이나 입자라는 말입니다. 진짜 나는 무엇을 뒤집어 쓴 것도 아니고 마음은 조금도 변함이 없는 것입니다. 공 차원에서 보면 육신이라는 것은 실체가 없는 마음이 인연에 의해서 이루어진 것이기 때문에 사실이 아니라는 뜻입니다.

법신은 자재롭고 원통하여, 온 세상 드나들어도 간격이 없네.

진여실상, 하나의 마음을 법신이라고 합니다. 법신은 도를 깨쳐서 하나의 마음을 자유자재로 쓰는 경지를 말합니다. 이 자리에서는 걸림이 없기 때문에 자재롭고 원통(圓通)하다고 말씀하십니다. 우리가 이 경지까지 들어가야만 무애 자재한 삶을 살 수 있다는 얘깁니다.

태어나고 죽는다 하더라도 법신 차원에서는 태어나고 죽는 게 아닙니다. 송광사의 구산 스님께서 하신 법문 중에 "여러분 앞에 폭탄이 떨어져도 죽지 않는 방법이 있다"고 하셨습니다. 이 말씀 중에 '나'는 바로 본래마음을 말씀하시는 겁니다. 마음이 진정한 나라는 얘깁니다. 물질은 시간적으로 보았을 때 변하기 때문에 환상일 뿐이지 진정한 '나'가 아닙니다. 하나의 마음차원에서는 자유롭게 몸을 나투고 쓴다 하더라도 조금도 간격이 없다는 말씀입니다.

《달마 혈맥론》에서도 "아무리 무슨 짓을 하더라도 진짜 나는 조금도 물들지 않는다"고 말씀하셨습니다. 물들지 않는다는 것은 물질이 아니기 때문입니다. 물질은 오염이 될 수 있지만 마음이라는 놈은 모양이 없기 때문에 무슨 짓을 하더라도 그 마음은 조금도 물들지 않는다는 얘깁니다. 반야나 법신 자리에서는 일체 경계가 다 끊어졌기 때문에 미혹도 어지럼도 없다는 말씀입니다.

삼독은 본래 스스로 해탈이니, 생각 모아 좌선할 필요 있을까.

삼독이 본래는 해탈이라고 말씀하셨습니다. 탐·진·치라는 것도 실상에서 보면 하나의 파동(波動)에 불과합니다. 중생의 견해에서 욕심이다, 성낸다, 어리석다고 하는 것입니다. 분별하는 마음이 없다면 탐·진·치 삼독도 없는 겁니다. 탐·진·치 삼독은 반야 차원에서 보면 모양이 없는 본래마음에서 이름 붙여진 것이며, 하나 차원의 실상에서 보면 본래부터 해탈이요 성불이라는 말씀입니다. 그러니 별도로 좌선할 필요가 있겠느냐는 말씀입니다. 이 부분은 하나의 마음을 깨달아 쓸 수 있을 때를 말합니다. 돈오돈수(頓悟頓修)를 말씀하는 것입니다. 이 분들은 반야의 경지에 들어가 있기 때문에 따로 대상이 없습니다. 좌선을 하고 앉아 있더라도 닦는다는 생각 없이 하고 있다[無修之修]는 뜻입니다. 닦을 것이 있다고 한다면 반야를 증득한 것이 아닙니다. 지공 화상은 깨달으신 경지에서 말씀하고 계시지만 아직 깨닫지 못한 입장에서는 끊임없이 닦아 나가야 할 것입니다.

번뇌를 없애려 한다면 이 자가 바로 무명의 어리석은 사람이네.

하나의 도리를 모른다면 스스로 번뇌를 끊겠다고 생각할 것입니다. 그래서 조사선 수행을 선오후수(先悟後修)의 수행법이라고 강조합니다. 먼저 이론적으로 선을 충분히 이해하고 닦아나가는 것을 말합니다. 정진을 할 때도 닦는다는 생각 없이 '관세음보살'을 염하는 그 하나의 자리에 집중만 하면 됩니다. 번뇌를 끊고자 하는 생각을 자꾸 하게 되면 스스로 마음에 장애를 만듭니다. 반야의 도리를 모를 때 무명(無明)이라고 합니다. 하나의 도리를 모르고 닦는다면 어리석은 사람이라는 말씀입니다. 번뇌나 보리는 이름일 뿐이며 대상이 없는데 달리 마음을 고요히 한다는 생각을 할 필요가 없습니다. 하나의 마음자리에는 부처라는 이름도 끊어졌고 악마라는 이름도 모두 끊어진 자리입니다. 본래 마음자리는 모양이 없으니 형상도 없고 대상이 없으니 끊을 것도 없다는 말씀입니다.

【14과송 본문 9】
단견과 상견은 둘이 아니다[斷常不二]

대장부는 당당하게 활동하니
노니는 것이 자유롭고 걸림 없네.
어느 것도 그를 해치지 못하니
견고하기 금강 같네.
양 극단과 중도에 집착하지 않고
고요하여 단견도 아니고 상견도 아니네.
오욕과 탐내고 성냄이 바로 부처이니
지옥이 천당과 다르지 않네.
어리석은 사람은 헛되이 분별 내어
미친 듯이 생사를 떠도네.
지혜로운 이는 물질에도 걸림 없는데
성문은 깨닫지 못해 초조해 하네.
법성은 본래 티가 없는데
중생들이 헛되이 파랗다 노랗다 집착하네.
여래께서 어리석은 이들 교화하기 위해
간혹 지옥과 천당을 설법하신 것이네.

미륵이 몸 안에 저절로 있는데
어찌 다른 곳에서 생각하겠는가.
진여의 불상을 저버리니
이 사람이 미치광이 아니겠는가.
성문은 마음으로 깨닫지 못하고
그저 말과 글만 쫓아다니네.
말과 글은 본래 참된 도가 아니며
싸울수록 말싸움만 거세어지네.
마음속이 독사와 전갈 같으니
물리면 이내 상처 입으리라.
글 속에서 뜻을 취할 줄 모르니
언제나 진상(眞常)을 알게 될까.
죽어서는 무간지옥에 들어가
신식(神識)이 재앙을 받게 되리라.

해설 ✖✖✖✖

대장부는 깨달아서 하나의 경지를 쓸 수 있는 분을 말합니다. 깨달은 분은 걸림이 없어서 어떤 행위를 하던지 대상이 없이 행하고 있는 것입니다. 어느 것도 그를 해치지 못하다는 말의 뜻은 아무 걸림이 없다는 말씀입니다. 누가 욕을 하고 무엇을 해도 하나의 경지에서 마음을 쓸 수 있는 분의 마음에는 걸림이 없습니다.

견고하기가 금강과도 같은 것은 본래마음을 말하는 것입니다. 마음을 다이아몬드로 비유했는데 다이아몬드는 물질 가운데 가장 단단합니다. 하나의 마음자리는 최고의 경지에 있는 것이기 때문에 하나의 도리에 눈을 뜨신 분들은 절대로 흔들리지 않는다는 말씀입니다.

하나의 마음자리에 눈을 뜬 분들은 시작과 끝, 단견과 상견, 이것과 저것이란 양변(兩邊)에 집착하지 않습니다. 있다 없다는 생각도 끊어진 겁니다. 하나의 마음차원에서는 물질이 아니기 때문에 끊을 것도 없고 있는 것도 아니고 없는 것도 아닙니다.

다섯 가지 욕심과 탐·진·치를 일으킨다 하더라도 과거의 업에 의해서 순간적으로 일어나는 것이기 때문에 실체가 없습니다. 지옥과 천당 역시 지옥이니 천당이니 이름만 붙여 놓은 것이지 '하나' 차원으로 보았을 때는 지옥과 천당이 따로 있는 게 아니라는 말씀입니다. 어리석은 사람은 겉모습만 보고 헛되이 분별을 내어 끊임없이 윤회를 하는 것입니다. 하나의 마음자리에서는 시공을 초월해 있고 어떤 생각도 일으키지 않습니다. 그저 깨닫지 못한 중생이 겉모습만 보고 파랗다 노랗다 스스로 지어놓은 것입니다. 여래께서 어리석은 이들을 교화하기 위해 방편상 간혹, 지옥과 천당을 설법하신 것입니다. 권선징악의 방편으로 말씀하신 것이지 본래 지옥과 천당이 없다는 말씀입니다.

미륵이 몸 안에 저절로 있는데, 어찌 다른 곳에서 생각하겠는가.

미륵보살과 우리 마음은 둘이 아닌 하나입니다. 미륵 또한 본래 하나의 마음에서 나온 것입니다. 하나의 마음 차원에서 본다면 미륵이나 아미타불이나 지장보살이나 관세음보살이나 하나의 마음속에 있습니다. 본래마음은 이름 붙일 수 없지만 나눌 수 없는 그 마음은 하나입니다. 이렇게 하나의 마음속에 다 있는데 어찌 마음 밖에서 찾느냐는 말씀입니다. 우리 마음이 진여불상(眞如佛像)입니다. 본래마음[本來心]이 미륵불이고 석가모니불이고 아미타불인데 본래마음을 외면하고 마음 밖에서 찾는 이가 어리석은 사람이라는 말씀입니다.

【14과송 본문 10】
진과 속은 둘이 아니다[眞俗不二]

법사의 설법은 매우 좋지만
마음은 번뇌를 떠나지 못했네.
입으로 다른 사람 교화하려 하지만
그의 태어나고 늙음만을 더할 뿐이네.
참과 허망은 본래 둘이 아닌데
범부는 허망을 버리고 도만 찾으려 하네.
사부대중 운집해 법문 들으려 하나
높은 자리에선 논의만 끝이 없구나.
남쪽 자리 북쪽 자리 서로 다투는데
사부대중은 좋다고 말하네.
입으로 감로를 말하고는 있으나

그 마음은 언제나 바싹 말라 있네.

자기에게는 본래부터 돈 한 푼 없으면서

밤낮 없이 남의 보물만 세고 있으니

지혜 없는 어리석은 사람이

순금을 버리고 풀더미를 지는 것과 같네.

마음 속 삼독 버리지 않고서

언제나 그 도를 얻게 될까.

해설 ❦❦❦

　출가와 세속이 둘이 아닙니다. 출가자만 도를 깨칠 수 있고 재가자는 도를 깨칠 수 없다는 것은 맞지 않습니다. 여자는 성불할 수 없고 남자만 성불 할 수 있다는 것도 맞지 않습니다. 부처님께서도 부처님을 돌보던 이모가 종단에 들어오려고 하자 고민을 많이 하셨다고 합니다. 나중에는 석가족의 여자 분들이 상당히 많은 비구니가 되셨습니다.

　법을 설하는 분들을 보면 자신이 도를 깨친 것처럼 착각하는 경우가 있습니다. 말로는 초월한 것처럼 말을 하고 있지만 속마음은 애가 탈 것입니다. 경허 스님께서도 스물 세 살의 어린 나이에 강주(講主)를 하면서 도를 깨달은 게 아닐까 착각을 했지만 훗날 말장난이었음을 깨달으셨다고 합니다.

　남을 깨닫게 해주기 위해서 법을 설한다 해도 자기가 깨닫지 못하면 말로써는 큰 도움을 줄 수 없습니다. 설법은 상대의 본래 마음자리가 주인임을 일깨워 주고 깨달을 수 있는 길을 일러 주어야 되는 것입니다. 본인 자신이 깨닫지 못했을 때는 마음은 번뇌를 떠나지 못하며 입에서 나오는 말로 다른 사람들을 교화하려 하지만 그의 태어나고 늙음만을 더할 뿐이라는 말씀입니다. 결국 자기 자신을 속이고 중생을 속이고 부처님을 속이는 일이 될 뿐 자신에게 아무 이익이 없는 것입니다.

교학에서는 진실과 허망을 둘로 나눠서 말을 하지만 선에서는 진실과 허망 또한 둘이 아닙니다. 법을 설할 때는 하나의 마음을 전제로 법을 설해야 됩니다. 허망이라는 게 본래 없는 것인데 어리석은 사람은 도가 따로 있다고 생각하고 마음 밖에서 도를 찾고 다닌다는 것입니다. 진짜 내 마음이 순금이고 마음 밖의 대상은 진짜 금이 아닙니다.

마음속에서 하나의 도리를 몰랐을 때는 누구나 삼독을 갖고 있습니다. 대상이 사실이 아닌 것을 가지고 시시비비할 때는 다 삼독이 내재되어 있습니다. 그러나 본래마음을 깨닫게 되면 삼독이 따로 없음을 알게 됩니다.

【14과송 본문 11】
해탈과 속박은 둘이 아니다[解縛不二]

율사는 계율을 지켜 스스로 속박하니
스스로 속박하면서 남도 속박하네.
겉으로는 편안하고 고요한 듯 거동하지만
마음속은 성난 파도와 같네.

생사의 나룻배 타지 않고서

어찌 애욕의 강 건널 수 있으랴.

참 종지[眞宗]의 바른 이치를 알지 못해

소견은 그릇되고 말만 더욱 많아지네.

두 비구가 율을 범하고서 우파리를 찾아가 물으니

우파리가 율에 의해 그 죄를 말하자

비구들은 더욱 얽매이게 되었네.

방장실에 있던 유마거사가

그들에게 다가와 꾸짖으니

우파리는 잠자코 아무 대꾸 못했고

유마거사는 법에 잘못 없다고 설했네.

그리고 계(戒)의 성품은 허공과 같으니

안팎 사바세계 그 어디에도 있지 않네.

생멸 없애라는 권고 수긍하지 않으니

홀연히 깨달으면 석가와 똑같으리라.

해설 ❧❧❧❧❧

생사의 나룻배는 반야의 도리를 말합니다. 그 자리에 의지해서 닦아 가야 되는데 스스로 이것저것 분별하고 얽매어서 언제 반야를 이루고 생사문제를 해결하겠냐는 말씀입니다.

'하나'에 마음을 두고 있다면 지키고 지키지 않을 게 어디 있겠습니까? 선에서 볼 때는 '하나'에 마음을 두고 행한다면 어떤 것이라도 선이 되는 겁니다. 선에서는 어떤 좋은 생각을 일으켜도 번뇌입니다. 하나의 도리를 이해하지 못하면 자기의 견해로 분별하고 있기 때문에 자꾸 말만 많아지게 된다는 말씀입니다.

부처님 당시에 두 비구가 뜻이 맞아서 조그만 오두막집에서 함께 정진할 때였습니다. 서로 돌아가며 탁발해서 공양을 했는데 어느 날 한 비구가 탁발을 나간 사이에 비구의 여동생이 찾아왔던 겁니다. 그런데 정진하던 비구가 이 여동생과 음행을 저지르게 됩니다. 이 사실을 안 여동생의 오빠였던 비구가 진심(嗔心)이 일어나서 여동생을 죽입니다. 한 비구는 음행을 저지른 것에 대해 괴롭고 한 비구는 살인을 한 것에 대해 괴로워서 수행도 포기한 체 괴로운 날들을 보내다 지계제일 우파리 존자를 찾아가자 "너희들의 죄는 몇 겁을 참회해도 안된다"고 하셨던 겁니다. 그러던 어느 날 유마거사가 이를 알고는 "당신들이 말하는 계율이나 죄를 내놓아 보라"고 하셨던 겁니다. 그런데 아무리 죄를 찾아보아도 죄가 없었다는 얘깁니다. 당신들의 생각일 뿐이지 파계했다고 생각했던 죄는 본래 없다고 선(禪) 차원에서 말씀하셨습니다. 이 말씀에 두 비구는 더욱 열심히 정진해서 깨닫게 됩니다. 유마거사는 두 비구에게 본래 실상 차원에 있어서는 조금도 죄가 없다고 말씀하셨던 것입니다.

계(戒)라는 것이 따로 있는 게 아니며 안과 밖, 사바세계 그 어디에도 있지 않다는 말씀입니다. 이 부분은 하나의 경지에서 쓸 수 있는 입장에서 말씀하신 것이지 깨닫지 못한 중생의 입장에서는 절대로 막행막식 해서는 안될 것입니다.

【14과송 본문 12】

경계와 비춤은 둘이 아니다 [境照不二]

선승의 본체는 무명을 떠났는데
번뇌가 어디서 일어나겠는가.
지옥과 천당이 한 모습이요,
열반과 생사도 헛된 이름일 뿐이네.
끊어야 할 탐욕과 성냄도 없고
이루어야 할 불도도 없네.
중생과 부처가 평등하니
자연성지(自然聖智)는 초롱초롱해지네.
육진(六塵)에 물들지 않고
구절마다 홀로 무생(無生)에 계합되네.
바른 깨달음은 한 순간에도 깊이 아니
삼세가 탄탄해 모두 평등하네.
제지받을 법도 없고 율도 없으며
고요히 원만한 성취에 참으로 들어갔네.
사구(四句)와 백비(百非)가 끊어졌으니
허공과 같아 짓는 일도 하는 일도 없다네.

해설 ∞≺≻∞

　"경계와 비춤이 둘이 아니다[境照不二]"라는 것은 주관과 객관이 둘이 아니라는 말씀입니다. 하나의 마음을 닦는 수행자에게는 마음 밖에 따로 대상이 없는데 어떻게 번뇌가 일어날 수 있겠느냐는 말씀입니다. 이 역시도 깨달은 경지에서 가능한 것이지 이론으로 알고 있는 것만으로는 절대 안됩니다. 정진을 해보면 온갖 번뇌가 다 일어납니다. 하나의 경지에서 하나를 쓸 수 있을 때 가능한 말씀입니다.

　본래 하나의 마음자리에 머물고 있다면 끊어야 할 탐욕과 진심이 일어날 수 없습니다. 하나의 마음차원에서 말씀하시는 겁니다. 하나의 마음자리가 도이며, 그 자리에서는 이루어야 할 불도가 따로 있는 게 아닙니다. 중생이나 부처 역시도 이름입니다. 하나의 마음에서는 부처가 따로 있고 중생이 따로 있는 게 아닙니다. 본래자리에 있어서는 중생과 부처가 조금도 차별이 없습니다. 반야에 눈을 떠서 하나의 도리를 확실히 안다면 그 자리가 곧 성자의 세계입니다. 성자의 세계에서는 대자연이 그대로 하나의 부처로 보인다는 말입니다.

　육진에 물들지 않고, 구절마다 홀로 무생에 계합되네.

　안·이·비·설·신·의를 통해서 색·성·향·미·촉·법을 접촉함에 있어 끄달려가지 않는다는 겁니다. 빨간 것을 보고 빨갛지 않다고 보는 것이 아니라 빨간색으로 보지만 집착하지 않는다는 얘깁니다.

부처님께서도 아들인 라훌라가 거짓말을 할 때 교육을 시키기 위한 방편을 여러 가지 쓰셨습니다. 라훌라에게 대야에 물을 떠오라고 해서 발을 씻게 한 후 그 물을 마셔보라고 하셨습니다. 라훌라가 더러워서 마시지 못한다고 하자 "네 마음도 거짓말을 했기 때문에 더러운 물과 같다."고 하셨어요. 부처의 경지에서는 안과 밖을 하나로 보고 대상이 끊어졌지만 방편상 중생을 제도하기 위해서 발심을 하게 하지 않을 수 없었던 것이지요. 이론으로 아는 것만으로는 경계에 끄달려가지만 성인의 경지에서는 육진(바깥세상)에 물들지 않는다고 하시는 겁니다.

무생(無生)은 태어나지 않는 것을 말합니다. 모든 대상이 하나의 경지에 있기 때문에 태어난다는 것도 끊어졌습니다. 본래부터 나고 죽음이 없기 때문에 본래자리에 머문다면 윤회라는 것이 성립하지 않습니다.

바른 깨달음은 한 순간에도 깊이 아니, 삼세가 탄탄해 모두 평등하네.

한 순간 눈을 뜨게 되면 모든 것을 알게 된다는 말씀입니다. 이럴 때 전지전능(全知全能)이라는 표현을 쓰는데 이 말은 기독교에서 쓰는 말이 아니라 불교에서 쓰는 용어입니다. 전지는 다 안다는 말이고 전능은 모든 것을 할 수 있다는 말입니다. 부처의 경지에서는 가능하지만 중생의 경지에서는 불가능합니다. 과거 현재 미래가 모두 하나의 마음에 있습니다. 하나의 마음에서는 조금도 과거 현재 미래의 분리가 없습니다.

사구(四句)와 백비(百非)가 끊어졌으니, 허공과 같아 짓는 일도 하는 일도 없네.

사구는 '있다, 없다, 있으면서 없다, 있는 것도 아니고 없는 것도 아니다' 라고 하는 사물의 존재방식을 나누는 네 종류를 말합니다. 백비는 고정된 견해를 깨기 위해서 끝없이 부정에 부정을 거듭해 가는 논리를 말합니다. 사구와 백비를 방편이라고 하는데 이 모든 게 끊어졌다는 말입니다. 하나의 반야차원에서 하시는 말씀입니다. 모든 대상이 끊어졌기 때문에 짓는 일도, 행하는 업도, 행할 것도 다 끊어진다는 말씀입니다. 생각할 것도 없고 행할 것도 없다면 마음이 굉장히 편안한 것입니다. 이 경지는 열심히 정진할 때 가능합니다. 누가 대신 해주는 게 아니라 스스로 해야 됩니다. 십분 정진했다면 십분 정진 한만큼 다가가는 것입니다.

【14과송 본문 13】
운용에 걸림이 없다[運用無导]

나 이제 도도히 자유로워졌으니
왕공도 재상도 부럽지 않네.
사계절이 금장 같고
괴롭거나 즐거워도 마음은 항상해서 변함 없네.
법보는 수미산과 같고

지혜는 바다보다 넓네.
여덟 가지 바람에 이끌리지 않으니
정진도 게으름도 없네.
성품에 따라 미친 듯이 부침하고
얽매임 없이 종횡무진 자유롭네.
시퍼런 칼날 목을 겨누어도
나 스스로 편안해 거들떠보지도 않네.

해설 ✕✕✕✕

  지공 화상은 색계, 욕계, 무색계 등 모든 경계를 뛰어넘은 하나의 차원에서 말씀하십니다. 그 어느 것에도 걸림 없이 자유롭기에 왕공이나 재상도 부럽지 않습니다. 지금 내가 하나의 마음도리만 확실히 깨닫고 행한다면 이 세상 어느 것도 부러워할 게 없는 것입니다.

  사계절이 있다 하더라도 덥거나 춥거나 전혀 경계에 끄달려가지 않습니다. 사람의 마음을 동요시키는 여덟 종류의 행복하거나 불행하거나 이익, 쇠퇴, 훼손, 명예, 떠받듦, 비난, 괴로움, 즐거움의 여덟 가지 바람에 끄달려가지 않는다는 것입니다. 마음이 금강과 같이 흔들림이 없고 동요가 없다는 말입니다. 우주 삼라만상을 대상이 없이 하나로 볼 때 법보는 수미산과 같고 지혜는 바다보다도 넓다고 하십니다. 정진한다는 생각도, 게으르다는 생각도 하지 않습니다. 돈오돈수 차원에 있는 것입니다. 이 경지에서는 대상이 다 끊어졌기 때문에 앉아서 좌선을 하고 있어도 마음에서는 닦는다는 생각도 없습니다.

시퍼런 칼날이 목을 겨누어도, 스스로 편안해 거들떠보지도 않네.

누가 와서 당신을 죽인다고 하더라도 편안하여 거들떠보지도 않는다는 겁니다. 육신에 대한 집착을 초월했다는 얘깁니다. 중국에 바둑을 좋아하던 어떤 황제가 어느 날 재상과 함께 바둑을 두고 있었답니다. 그런데 바둑 수가 몰리고 있었습니다. 그때 마침 스님을 모시고 왔던 분이 "스님 모시고 왔습니다." 라고 말했는데 신하가 말하는 그 소리는 못 듣고 황제가 바둑 수가 몰린 것에 대해서 "그럼 죽여!"라고 했던 겁니다. 신하는 죽이라는 명령으로 알아듣고 그 스님을 사형장으로 끌고 갔던 것입니다.

처형하기 마지막으로 할 말이 없냐고 스님께 묻자 스님이 전생에 절에 처사였는데 낫질을 하다가 벌레를 죽였는데 그 벌레가 지금의 황제였고 일부러 죽이려고 했던 것은 아니지만 죽일 수밖에 없었던 그때의 인과가 지금 왔기 때문에 누구를 원망하고 탓할 게 없다고 말했습니다. 스님께서는 입적을 하셨는데 뒤늦게 이 사실을 안 황제가 기가 막힐 노릇이었습니다. 이렇게 인과는 털끝만큼도 어긋나지 않는다는 얘깁니다. 작은 미물이라도 생명을 죽이게 되면 언젠가는 반드시 인과로 돌아온다고 합니다. 그 경계를 초월해야 되는데 초월하지 못했을 때는 인과를 피할 수는 없다고 합니다. '하나'의 경지에서는 육체에 대한 집착이 끊어졌기 때문에 죽음에 대해서도 두려워하지 않는다는 말씀입니다.

【14과송 본문 14】

미혹과 깨달음은 둘이 아니다 [迷悟不二]

어리석었을 때는 공(空)을 색(色)이라 여겼고
깨달으면 색을 공이라 여기네.
어리석음과 깨달음은 본래 차별이 없으니
색과 공은 결국 같은 것이네.
어리석은 사람은 남쪽을 북쪽이라 말하지만
지혜로운 이는 동쪽도 서쪽도 없음을 아네.
여래의 현묘한 진리를 찾으려 한다면
그것은 언제나 한 생각 속에 있네.
아지랑이는 본래 물이 아닌데
목마른 사슴이 미친 듯 바쁘게 쫓아가네.
제 몸은 거짓이고 진실하지 않은데
공(空)을 가지고서 다시 공을 찾으려고 하네.
세상 사람들 미혹이 이토록 심하니
개가 컹컹 짖는 듯 하네.

해설 ∞∞∞

깨닫기 전에는 일체가 물질이 아닌데 물질로 보고, 사실이 아닌 것을
겉모습만 보고 끄달려갔다는 것입니다. 그런데 깨닫고 보니 집착했던

것이 사실이 아님을 알게 되었고 일체가 마음으로 되어 있음을 깨달았다는 것입니다. 물질 뿐만 아니라 눈앞에 펼쳐진 현상계를 마음이라고 봐야 합니다.

깨달았다. 깨닫지 못했다 하는 말씀도 하나의 차원에서 보면 이름만 깨달았다, 깨닫지 못했다고 붙여놓은 것이지 하나의 파동에 불과합니다. 본래자리에서는 깨닫고 깨닫지 못하고가 없다는 얘깁니다. 부처님께서 《금강경》에서도 "제도할 중생이 없다"고 말씀하셨습니다. 일체를 하나로 본다면 제도할 중생이 따로 없기 때문입니다. 아무리 살인자라도 '하나' 차원에서 보면 살인자라는 이름만 붙여놓은 것에 지나지 않는다는 것입니다. 불교를 이런 차원에서 자비의 종교라고 합니다. 불교에서는 살인자가 됐든 어떤 나쁜 짓을 했든 모든 중생이 성불할 수 있다고 말씀하고 계십니다.

여래의 현묘한 진리를 찾으려 한다면 그것은 언제나 한 생각 속에 있습니다. 한 생각 돌리면 본래자리로 돌아가는 것입니다. 중생의 입장에서 육신을 나라고 생각한다면 한 생각 돌려서 마음이 나라고 믿으면 지혜로운 사람이 된다는 얘깁니다. 오욕락이나 명예욕도 사실이 아닌 것인데 이 도리를 모르고 그 속에 열반이 있는 줄 알고 바쁘게 쫓아가는 것이 중생입니다. 아무리 미친 듯이 쫓아가서 얻는다 하더라도 사실은 아무것도 얻은 게 없습니다. 본래 텅 비었는데 없는 속에서 무언가를 찾고 있습니다. '하나'의 경지에서만이 모든 괴로움에서 벗어날 수가 있습니다.

80. 미증유경(未曾有經)

《미증유경》에서 설했다.

묘길상 보살은 어떤 사람이 구슬피 울면서 말하는 것을 들었다.

"나는 살생의 업을 지었으니 틀림없이 지옥에 떨어질 것이다. 어떻게 해야 구제받을 수 있을까?"

묘길상 보살은 이 사람의 인연이 무르익어 교화할 수 있음을 알았다. 그리하여 스스로 다른 사람으로 변화해 자기도 슬피 울며 말했다.

"나는 살생의 업을 지었으니 틀림없이 지옥에 떨어지리라."

앞의 사람이 이 말을 듣고서 말했다.

"나 또한 그러하오."

그러자 변화한 사람이 그에게 일러주었다.

"부처님만이 우리를 구제하실 수 있을 것입니다."

이 두 사람은 나란히 부처님께 나아갔다. 변화한 사람이 부처님께 아뢰었다.

"저희는 살생의 업을 지었는데 장차 지옥에 떨어질까 두렵습니다. 제발 부처님께서는 저희를 구제해 주십시오."

부처님께서 말씀하셨다.

"그대의 말처럼 살생의 업을 지었다면 그대는 어떤 마음으로 죄상을 일으켰는가? 과거인가, 미래인가, 현재인가? 만약 과거의 마음에서 일으켰다면 과거는 이미 사라져 버렸으니 그 마음을 얻을 수 없으리라. 미래의 마음에서 일으켰다면 미래는 아직 오지 않았으니 그 마음을 얻을 수 없으리라. 현재의 마음에서 일으켰다면 현재는 머물고 있지 않으니 그 마음 또한 얻을 수 없으리라. 삼세를 모두 얻을 수 없으니 어떤 일을 일으키거나 짓는다는 것도 없을 것이요, 일으키거나 짓는 것이 없는데 그 죄상을 어디에서 보겠는가? 선남자여, 마음은 머물지 않으니 안과 밖 그리고 중간에도 없다. 마음은 빛깔이 없으니 파랗거나 노랗거나 붉거나 희지 않으며, 마음은 지어진 것이 아니니 짓는 이가 없기 때문이다. 마음에는 움직이거나 변하는 일이 없으니 생멸하지 않기 때문이다. 마음은 허공과 같으니 걸림이 없기 때문이다. 마음은 더럽지도 깨끗하지도 않으니 일체의 숫자를 떠났기 때문이다. 선남자여, 지혜 있는 자들은 이와 같이 관찰하나니, 이와 같이 관찰하면 일체법 중에서 마음을 찾아보아도 찾지 못한다. 왜냐하면 마음의 자성은 곧 모든 법의 성품이요, 모든 법의 성품이 공한 것이 바로 진실한 성품이기 때문이다. 이런 뜻으로 말미암아 그대는 이제 허망하게 두려움을 품지 말아야 한다."

이때 변화한 사람은 부처님께서 자상하게 베푸신 진실한 가르침을 듣고 마음으로 크게 기뻐하며 부처님께 말씀드렸다.

"참으로 드문 일입니다. 세존이시여! 법계의 자성이 청정함을 잘 설법해 주셔서 저는 이제 죄업의 성품이 공한 것임을 깨달았고 두려움이 생기지 않게 되었습니다. 저는 이제 기꺼이 부처님 법 안에서 출가 수도하여 깨끗한 행을 지키고자 합니다. 그러니 부처님이시여, 제발 저를 거두어 주십시오."

부처님께서 말씀하셨다.

"참으로 착하구나."

이때 변화한 사람은 순식간에 머리칼이 저절로 깎여 나갔고 가사가 몸에 입혀졌다. 그가 부처님께 말씀드렸다.

"저는 이제 열반에 들겠습니다."

그는 부처님의 위신력을 입어 몸이 허공으로 솟아올라 화화삼매(化火三昧)에 들어 스스로 몸을 태웠다. 이때 실제로 죄를 지은 사람이 변화한 사람을 보고서 '나와 같은 죄를 짓고서도 출가하여 법을 듣더니 그는 먼저 해탈했다. 이제 나 또한 부처님에게 교화와 구제를 받으리라'라고 생각했다.

그리고 나서 앞으로 나아가 부처님께 위와 같은 인연을 말씀드리며 청했다.

"제발 고통에서 구제해 주십시오."

부처님께서 말씀하셨다.

"착하구나, 그대가 지은 업은 어디에서 마음을 일으켰느냐? 죄업의 모양은 또한 어떤 것인가?"

이때 그 사람은 선근이 무르익었으므로 부처님의 말씀을 듣는 순간 온몸의 털구멍에서 거대한 불길이 뿜어져 나왔다. 부처님께서 황금빛 손을 내밀어 그의 정수리를 어루만지자마자 이 사람의 몸에서 나온 불길이 꺼졌으니 고통을 떠나 큰 즐거움을 얻게 되었다. 그리하여 깨끗한 신심이 일어나 부처님께 다시 말씀드렸다.

"저는 앞서 부처님께서 자세하게 설하신 '청정한 법계의 상을 떠나는 가르침'을 들었습니다. 이제 저는 죄업의 성품이 공하다는 것을 깨달아 다시는 두려워하는 생각을 내지 않게 되었습니다."

그는 부처님께 출가를 허락해 달라 청했고 다시 사성제의 가르침을 듣고 번뇌의 티끌을 멀리 떠나고 무생법인(無生法忍)을 증득하게 되었다.

해설 ∾◦◦◦◦

《미증유경》은 처음에는 직지에 실은 내용이 아닙니다. 《전등록》에 보면 과거의 7불, 인도의 조사, 중국 선사들의 내용이 기록되어 있습니다. 이 가운데 석옥 선사께서 직접 써서 좋은 내용을 발췌를 했던 것입니다. 백운 화상이 중국에 가서 필담으로 석옥 선사와 문답을 통해 공부가 된 것을 인정받고 석옥 선사가 소유하고 있던 《직지》를 가지고 나와서 고려 중기 때 왕궁에 직접 들어가서 문무 백관을 상대로 법문을 하시고 참선 지침서로서 전국 강원을 다니시며 법문을 많이 하셨습니다. 본래는《미증유경》은《직지》에는 없는 내용이지만 내용이 좋으니까 증보를 시켜놓은 겁니다. 본문 내용을 보면 한 분이 죄를 많이 지어서 괴로워합니다. 묘길상 보살은 죄를 지은 분을 제도하기 위한 방편으로 나타나신 겁니다.

율에 의지하는 분들이 "네가 지은 업은 몇 겁을 참회해도 안 된다."고 하신다면, 죄를 지은 수행자는 그 율에 눌려서 아무 것도 하지 못할 겁니다. 대승에서 본다면 부처님을 향해서 절을 하지 않아도 될 것입니다. 선방의 수좌들은 아침에 일어나서도 죽비만 세 번 치면 끝납니다. 참선이란 하나에 마음을 두고 있기 때문에 절 할 대상이 없다고 생각하기 때문입니다. 그러나 우리는 그 경지에서 마음을 쓰지 못하기 때문에 절을 해야 됩니다. 절을 하되 불상을 향해 하는 것이 아니라 본래자리에 마음을 두고 본래자리로 돌아가기 위한 절을 해야 됩니다.

하나의 실상차원에서 본다면 이미 '나'도 사실이 아니고 대상 역시 사실이 아니기 때문에 내가 행한 것이지만 행한 것이 없습니다. 봐도 본 것이 아니고 들어도 들은 것이 아니라는 말씀을 드리는 것도 사실이 아닌 것을 가지고 시시비비하고 있기 때문입니다.

백운 화상께서는《직지》의 내용을 아직도 이해하지 못하고 문자에 끄달려서 생각하는 분들을 위해 이 부분을 증보시켜 놓은 게 아닐까 생각합니다. 계율에 집착하는 분들은 계율을 어겼을 때 그 죄에 대해서 엄격하게 말하지만 백운 화상께서는 이미 그런 경지를 초월했기 때문에 아직도 문자에 집착하는 분들을 위해 이 내용에서 일깨워 주고 있는 것입니다. 상대방의 근기를 볼 수 있을 때 제도를 할 수 있습니다. 지도자라면 공부가 익고 익어서 상대방의 마음까지도 읽을 수 있는 경지까지 들어가야 될 것입니다. 그래서 꾸준한 정진이 필요합니다. 하나의 경지에 마음을 두고 염불을 하든 주력을 하든 열심히 정진할 때 공부가 익어갈 것입니다.

81. 능엄경(楞嚴經)

≪능엄경≫에서 설했다.

"보는 것[見]과 그 보이는 것[見緣]과 생각되는 상[所想相]은 허공의 꽃과 같아서 본래부터 있지 않았다. 이들 보는 것과 보이는 것은 본래 보리의 미묘하고 바르고 밝은 본체(本覺)인 것이다."

【백운 화상 주】 ━━━

내가 말한다면 "허망한 몸은 원래부터 공하므로 그 전체가 그대로 본각의 마음 자체이다"라고 할 것이다.

또 "누군가 참다움을 일으켜 근원으로 돌아가게 되면 시방의 허공이 모두 사라지게 될 것이다"고 했으니, 말하자면 미혹한 마음에 뒤덮여 있다가 깨닫는 곳에서 허공을 보면 티끌의 그림자가 이미 없어지니 허공은 원래 깨달음의 나타남인 것이다. 이것을 허공이 사라지고 깨달음이 드러나는 것이라 한다. '발(發)'이란 허망한 생각이 없어지고 마음이 열리는 것을 말한다. 또 "안팎의 모든 법이 다 진실하지 않아서 식(識)으로부터 변한 것이요, 모두가 거짓 이름임을 알아야 한다."라고 하였고, 또 "식의 체는 본래 공한데 변한 것이 어찌 진실하겠는가?" 라고 하였다.

해설 ❧❧❧

백운 화상께서 이런 부분을 증보시켜 놓으신 것은 본래 실상과 인연에 의해 나타나는 현상계를 점검하는 차원에서 게재한 게 아닐까 하는 생각이 듭니다.

보는 것과 그 보이는 것과 생각되는 상은 허공의 꽃과 같아서 본래부터 있지 않았다.

우리가 사물을 본다는 것을 눈이 본다고들 하지만 사실은 마음이 눈을 통해서 본다고 해야 될 것입니다. 듣는 것도 마찬가지로 마음이 주라는 얘깁니다. 우리가 눈을 통해서 보는 것과 보고 나서 좋다, 나쁘다 하는 생각을 일으키는 것이 허공의 꽃과 같아서 본래부터 있지 않다고 말씀하십니다. 육신 뿐만아니라 모든 물질의 세계를 말하는 겁니다. 우리는 지금 마음이 있기 때문에 보고 듣습니다. 깨닫는다는 것은 마음을 깨닫는 것입니다. 마음을 깨닫고 마음으로 비춰보는 세계는 마음이 작용을 일으켜서 나타내는 현상계임을 확인하게 됩니다. 마음은 있지만 볼 수는 없습니다. 마음이 작용을 통해서 나타난 물질의 세계는 마음의 그림자라고 보는 것입니다. 육신 뿐만 아니라 눈앞에 펼쳐진 현상계는 허공의 꽃과 같아서 실체가 없다고 말씀하고 계십니다. 사실이 아닌데 사실이 아닌 것을 쫓고 있는 것이니까 우리는 주객이 전도된 삶을 살고 있는 겁니다. 주인은 마음이고 육신 뿐만 아니라 대상은 실체가 없는 객이라고 봐야 됩니다.

태어났다면 죽음을 피할 수가 없는데, 죽음에 이르러서야 이 사실을 알게 됩니다. 마음을 찾는 공부를 하는 이유도 마음이 주인이기 때문에 그 마음을 맑히는 것입니다. 우리가 무시이래 익혀온 잘못된 견해에 의해서 그 마음이 가려져서 어두워져 있을 뿐입니다. 가려진 탁한 기운을 맑히는 것이 수행입니다. 그러나 이론적으로 알고 있는 것만으로는 어떤 환경에 부딪쳤을 때 아무 소용이 없습니다. 그래서 마음을 맑히는 공부를 해야 된다는 말씀입니다. 더 이상은 속지 말아야 합니다. 이론적으로 실상에 대해 충분히 이해를 하고 실상에 마음을 두고 실제적인 정진을 해나가야 될 것입니다.

보는 것과 보이는 것은 본래 보리의 미묘하고 바르고 밝은 본체인 것이다.

마음의 눈을 뜨고 보면 마음 아닌 게 없다는 얘깁니다. 백운 화상은 이에 대해 "허망한 몸은 원래부터 공하므로 그 전체가 그대로 본각의 마음 자체이다"라고 했습니다. 이 부분은 실상(實相)에 눈을 뜨지 못하고 체험하지 못하면 말로만 해서는 받아들이기 어려운 부분입니다. 보리는 깨달음인데, 깨달음이란 물질과 실상이 둘이 아닌 도리를 말합니다. 물질과 마음은 본래 텅 빈 것이며 실체가 없다는 사실입니다. 그러나 현실에서 물질에 대한 집착을 쉽게 놓을 수 있는 부분은 아닙니다.

누군가 참다움을 일으켜 근원으로 돌아가게 되면 시방의 허공이 모두 사라지게 될 것이다.

참다움을 일으킨다는 것은 한번 깨닫고자 하는 큰 발심을 일으키는 것입니다. 누군가 깨닫고자 하는 마음을 일으켜서 실상으로 돌아가게 되면 일체가 텅 빈 것이며 사실이 아님을 알게 된다는 말씀입니다. 깨달았다고 해서 춥거나 배고픈 것을 모른다는 얘기가 아니고 대상이 사실이 아님을 깨닫고 싫어하거나 집착하지 않는다는 뜻입니다. 실상을 깨닫게 되면 모든 것이 사실이 아님을 알게 되니까 허공이 모두 사라질 것이라고 말씀하시는 것입니다.

미혹한 마음에 뒤덮여 있다가 깨닫는 곳에서 허공을 보면 티끌의 그림자가 이미 없어지니 허공은 원래 깨달음의 나타남인 것이다.

미혹은 실상을 알지 못하는 무지한 마음을 말합니다. 깨닫게 되면 실상과 현실이 둘이 아니라는 것을 알게 되는 것입니다. 그렇다면 이 현상계가 근본과 다르지 않다는 소식을 알게 됩니다. 텅 비었다고는 하지만 모양이 없는 마음에 의해서 나타난 것이기 때문에 '마음이 곧 부처'라고 합니다. 그림자가 이미 없어진다는 것은 이 현상계가 다 마음의 그림자임을 말합니다. 그림자라고 했을 때는 가합(假合)으로 이루어진 존재라는 얘깁니다. 깨닫고 보면 실상과 하나로 보게 되는 것입니다.

'발(發)'이란 허망한 생각이 없어지고 마음이 열리는 것을 말한다.

초발심시변정각(初發心時便正覺)이라는 말이 있습니다. 깨닫고자 하는 큰 마음을 일으켰을 때가 바로 깨달은 자리라는 얘깁니다. 그 마음을 일으켰을 때 허망한 생각이 없어지고 마음이 열리게 된다는 겁니다. 한 생각 일으켜서 그 생각이 우주와 하나라는 생각을 놓치지 않는다면 그것이 발심을 한 겁니다. 혜능 스님께서는 《육조단경》에서 이것이 일상삼매(一相三昧)라고 말씀하셨습니다. 우주를 하나로 보는 견해를 말합니다.

안팎의 모든 법이 다 진실하지 않아서 식(識)으로부터 변한 것이요, 모두가 거짓 이름임을 알아야 한다.

안과 밖의 법에서 인과법, 연기법, 윤회법 등은 밖의 법이라고 할 수 있습니다. 인간이 살아가는데 있어서 필요한 도리나 윤리차원에서 말씀하신 겁니다. 안과 밖이라는 말도 모두 다 망상입니다. 안과 밖의 모든 법은 생각으로부터 변한 것입니다. 본래 이름 붙일 수 없는 것인데 생각으로 법이다, 법이 아니다 하는 생각을 일으킨 것에 지나지 않는다는 겁니다.

부처님께서 인과법, 연기법, 십이연기설에 대해서 반야부에 와서는 모두 부정을 하십니다. 반야부에 와서는 아함 · 방등에서 말씀하셨던 부분을 부정을 하시는데 아함 · 방등은 밖의 법이라고 할 수 있고 반야부는 안의 법이라고 할 수 있습니다. 실상에 대해서는 부처님께서도 49년 동안 말씀하시고도 "나는 한마디도 하지 않았다"고 하셨듯이 어떤 표현도 할 수 없습니다. 아함 · 방등에서 말씀하셨던 부분은 모두 거짓이라는 말씀인데 실상에 대해서는 어떤 표현도 할 수 없기 때문에 모두 거짓 이름임을 알아야 한다는 말씀을 하신 겁니다.

82. 기신론(起信論)

≪기신론≫에서 설했다.

"일체 경계는 오직 허망한 생각에서 말미암는 것이므로 차별이 있다. 이러한 생각을 떠난다면 일체 경계의 상도 없을 것이다."

【백운 화상 주】 ━━

"마음이 생기면 여러 가지 법이 생기고, 마음이 멸하면 여러 가지 법이 멸한 다"고 말하는 것과 같다.

또 말한다.

"이른바 각(覺)이란 마음의 본체가 생각을 떠난다는 뜻이요, '생각을 떠난 상[離念相]'이란 허공계와 같으니 이것이 바로 여래의 평등법신이다."

해설 ✖✖✖✖

육신 뿐만 아니라 모든 대상은 생각을 일으켜서 나타난 것이기 때문에 생각이 모두 똑같을 수는 없습니다. 각자 생각이 다르니까 나타난 현상계도 차별이 있게 됩니다. 이런 경계를 떠나 생각이전의 자리로 돌아가게 되면 일체 현상계가 인연에 의해 나타난 것일 뿐 실체가 없다는 것을 알게 된다는 말씀입니다.

생각을 떠난 상(相)이란 허공계와 같으니 이것이 바로 여래의 평등법신이다.

앞서 말씀드린대로 깨닫는다는 것은 생각이전의 자리를 깨닫는 것입니다. 그 자리에서 비춰보면 일체가 텅 비었다는 것입니다. 생각을 떠난 그 자리는 물질이 아니기 때문에 차별이 없어서 불교를 평등사상이라고 합니다. 일체가 마음으로 된 자리가 진리이기 때문에 실상에서는 어떤 이름이나 표현도 할 수 없습니다. 생각을 떠난 자리가 허공계와 같이 텅 비었다고 하는데 사실 텅 빈 것은 아닙니다. 생명체로 가득차 있습니다. 다만 육안의 눈으로 볼 수 없을 뿐입니다. 달마 스님께서는 "부처가 부처에게 절하지 말라"고 하셨습니다. 본래가 부처인데 부처에게 절을 하지 말라는 말씀인데, 내가 어떤 행동을 했어도 '본래의 나'는 조금도 행하지 않았다는 얘깁니다.

여러분이 생각하는 그 마음은 억겁 전에도 지금의 이 마음이고 억겁 후에도 지금 이 마음입니다. 윤회를 한다고 하더라도 본래마음이라는 놈은 물질이 아니기 때문에 항상 그 자리입니다. 이런 차원에서 불교는 평등사상입니다. 이런 부분에 서양의 과학자들이 불교는 정말 위대한 가르침이라고 하는 겁니다. 삼천년 전에 앉아서 마음을 깨달았다면 우리도 한 번 해보자고 해서 과학이 앞서 있는 유럽이나 서양에서도 마음을 깨닫기 위해서 참선을 많이 하고 있다고 합니다. 우리도 마음 찾는 공부를 해야 됩니다. 그렇게 했을 때 이 도리를 알게 되며 이 경지에 들어갔을 때 모든 괴로움에서 벗어날 수 있습니다. 우리의 삶은 사실이 아닌 것을 집착하며 아등바등 살고 있는 것입니다.

83. 동산 양개 화상의
'부모님과 작별하는 편지[辭親書]'

모든 부처님께서 이 세상에 탄생하게 된 것은 다 부모님에게 의지해 생명을 받았기 때문이고 만물이 세상에 나오는 것은 하늘이 덮어주고 땅이 실어주었기 때문이라 들었습니다. 따라서 부모가 없었다면 태어날 수 없었고, 하늘과 땅이 없었다면 자라날 수 없었을 것입니다. 이 모두는 부모가 길러주는 은혜를 입고, 천지가 덮어주고 실어주는 은덕을 입었습니다. 하지만 안타깝게도 모든 중생과 삼라만상의 모습을 가진 것들은 한결같이 무상하므로 태어나고 죽는 일을 떠나지 못하고 있습니다. 어렸을 때 젖을 먹여 기르신 그 정성이 무겁고 길러내신 은혜가 깊어서 온갖 재물로 모시고 받들더라도 끝내 그 은혜를 보답하기 어렵고, 갖가지 고기 반찬으로 모시고 봉양하더라도 어찌 부모님을 영원토록 살아 계시게 할 수 있겠습니까? 그러므로 ≪효경≫에서는 "날마다 세 가지 희생으로 봉양한다 해도 불효만 더할 뿐이다"라고 하였으니, 서로 이끌려서 침몰하여 영원히 윤회에 빠져들고 말 뿐입니다. 그 망극하신 은혜를 갚으려면 출가의 공덕만한 것이 없으니, 그것은 애욕이 흐르는 생사의 강물을 끊고 번뇌의 바다를 넘게 해주고, 천생의 부모님께 보답하고 만겁 동안 쌓여진 사랑에 보답케 해줍니다. 그러므로 "집안에 자식 하나가 출가하면 9족이 천상에 난다"고 했던 것입니다.

이제 저는 금생의 목숨을 버리게 되더라도 맹세코 집에 돌아가지 않을 것이요, 영겁 동안 쌓여온 근진(根塵)을 반야로 홀연히 밝히려 합니다. 부디 부모님께서는 마음을 열고 기꺼이 저를 버리시어 마음에 얽어매지 마십시오. 정반왕을 배우시고, 마야 왕비를 본받으소서. 훗날 다른 때에 부처님의 법회에서 상봉하리니 이번 생에는 서로 작별하려 합니다. 저는 감지(甘旨) 봉양을 어기려는 것이 아닙니다. 다만 시간은 사람을 기다려주지 않으므로 '이 몸을 금생에 제도하지 못하면 다시 어느 생을 기다려 제도할 것인가'라고 했습니다. 간절히 바라오니 어머님께서는 저를 기억하지 마십시오. 게송으로 올립니다.

마음의 근원을 깨닫지 못한 채 몇 차례 봄을 지내고 보니
뜬세상 부질없이 허송세월한 것 슬프기만 합니다.
몇몇 사람은 공문(空門) 안에서 도를 얻었건만
저만 홀로 먼지뿐인 세상에 머물러 있었습니다.
삼가 편지 올려 부모님의 깊은 사랑과 하직하니

그저 큰 법을 밝혀 어머님께 보답하고자 합니다.

눈물 흘리시며 자주 생각지 마시고

애당초 제 몸이 없었다고 여겨 주십시오.

숲속에선 흰 구름이 항상 벗이 되고

문 앞의 푸른 언덕이 이웃이 되어 줍니다.

세상의 명예와 이익에서 벗어나

인간의 사랑과 미움을 영원히 떠나려 합니다.

조사의 뜻은 가르침 받는 그 순간 밝게 깨닫고

현묘한 이치는 제일구의 진리를 통해야 합니다.

친척들이 저와 만나기를 바란다면

다음 생의 정과인(正果因)을 기다려 주십시오.

해설 ❧❧❧

　동산 양개 화상의 어머니께서는 유독 아들에게 집착을 하셨어요. 양개 화상이 어렸을 때 서당에서 유교의 가르침을 배우던 어느 날 효에 대해서 배우게 되는데 부모님을 봉양하기 위해서는 돼지도 잡고 소도 잡아서 부모님께 드려야 된다는 것을 배우게 됩니다. 그런데 이 부분이 와닿지 않았던 양개 화상이 길을 지나던 스님에게 "유교에서는 부모님께 돼지나 소를 잡아서 봉양하는 것이 최고의 효라고 하는데 불교에서는 효가 무엇입니까?" 하고 질문했습니다. 그러자 스님께서는 "다른 생명을 빼앗아서 부모님께 봉양을 하는 것은 오히려 부모에게 업을 가중시키는 것이며 누구나 깨달을 수 있다고 하는데 부모님께 마음을 깨달을 수 있는 길로 인도해 드리는 것이 최고의 효다." 라고 말씀했습니다.

"물질이란 아무리 좋은 것을 봉양한다고 해도 숨 한번 쉬지 못하면 얻는 게 아니지 않느냐?"는 말씀에 양개 화상이 큰 발심을 일으켰던 겁니다. 양개 화상은 그 길로 집에도 들어가지 않고 곧바로 출가했습니다. 그런데 어머니는 아들이 이제나 저제나 올까 사리문 앞에서 아들을 기다리셨던 겁니다. 나중에는 어머니께서 실명을 하십니다. 어머니께서는 아들을 찾기 위해서 전국 사찰을 다 돌아다니십니다. 출가한 지 십년이 넘었지만 양개 화상이 깨닫지를 못했기 때문에 어머니를 찾아뵐 수가 없었던 것이죠. 나중에 어머니가 실명을 하게 되어서 아들을 찾아다니던 중 양개 화상이 있는 절까지 오시게 됩니다.

위 편지 내용에도 나오지만 양개 화상은 깨닫기 전에는 절대 어머니를 뵙지 않겠다고 약속을 했습니다. 어머니께서는 스님들의 발을 씻어 주시는데 양개 화상도 어머니가 발을 씻어 주시지만 자신이 아들이라는 것을 밝힐 수가 없었던 겁니다. 나중에 어떤 분이 금방 발을 씻은 분이 아들이라고 말을 해주지만 이미 양개 화상은 배를 타고 강을 건너가고 있었던 겁니다. 그 사실을 안 어머니는 강을 헤엄쳐서 건너가다가 물에 빠져서 돌아가시게 됩니다. 그때 아들인 양개 화상이 "집안에 자식 하나가 출가하면 9족이 천상에 난다"고 하였는데 내가 비록 아직까지 깨닫지 못했지만 어머니는 반드시 천상에 태어나실 것이라고 외칩니다.

다시 돌아와서 어머니의 장례를 모시게 되는데 어머니의 시신에서 9일 동안 광명이 발했다고 합니다. 어머니의 장례를 모신 양개 화상은 피·눈물 나는 수행으로 드디어 깨닫게 되십니다. 깨닫고 관을 해보니 어머니께서 천상에 올라가 계셨던 겁니다. 부처님께서도 한 가문에 한 분이 출가해서 깨닫게 되면 9족까지 천상에 간다는 말씀을 하셨습니다. 이 내용은 동산 양개 화상이 부모님께 드리는 편지입니다.

백운 화상께서는 출가를 해서 어머니를 제도하는 것이 최고의 효라고 하십니다. 생신 때나 무슨 날에 부모님께 공양을 올리는 게 최고의 효는 아닙니다. 부모님께 부처님 법을 열어드리는 것이 최고의 효입니다. 물질의 세계는 언젠가는 없어지기 때문입니다. 백운 화상께서 이 부분을 실은 것은 수행자들이 한번 쯤 양개 화상처럼 수행자로써 크게 발심을 해야 된다는 당부의 뜻을 담고 있습니다. 부모님들께서는 출가한 자식들에게 집착하고 있으니까 꼭 깨닫고자 하는 큰 발심을 일으키라는 말씀입니다.

몇몇 사람은 공문 안에서 도를 얻었건만, 저만 홀로 먼지뿐인 세상에 머물러 있었습니다.

공문(空門)은 공안을 말합니다. 이때가 송나라 때인데 양개 화상은 도를 깨닫고 묵조선을 하셨던 분입니다. 묵조선은 마음을 고요히 하는 수행을 말합니다. 그때 당시는 대혜 종고 선사의 영향으로 간화선을 많이 했습니다. 종고 선사는 양개 화상에 대해서는 인정을 하지만 그 당시 묵조선에 대해서 비판을 많이 하셨다고 합니다. 시대 상황에 따라서 수행법은 바뀔 수가 있습니다. 오늘날도 묵조선을 하시는 분들이 계시지만 고요히 마음을 두고 있으면 졸음이 오고 혼침에 빠질 수가 있어서 수승한 근기가 아니라면 어려운 수행입니다. 그래서 마음을 집중시키기 위한 방편이 필요했기 때문에 화두라는 의심이 만들어진 것인데, 선종의 4조 도신 스님이나 5조 홍인 스님은 염불수행을 하신 분입니다. 달마 스님 당시에도 화두라는 말이 아직 나오지 않았습니다. 간화선은 대혜 선사께서 시대 상황에 맞는 수행이 필요했기 때문에 하셨던 겁니다.

조사의 뜻은 가르침 받는 순간 밝게 깨닫고, 현묘한 이치는 제일구의 진리를 통해야 합니다.

제일구(第一句)란 생각하기 이전의 자리를 일구(一句)라고 합니다. 일구의 도리를 알아야 스승의 자격이 있습니다. 이구(二句)는 주장자를 들어 보이며 일러보라고 하는 겁니다. 바로 본래 자리를 일러보라고 하시는 겁니다. 본래는 입을 떼면 그르칩니다. 삼구는 일구나 이구를 이해하지 못하니까 말로써 설명을 해주는 겁니다. 일구의 도리를 깨달아야만 진리를 통한다는 말씀입니다.

친척들이 저와 만나기를 바란다면, 다음 생의 정과인을 기다려 주십시오.

석가모니부처님께서도 도를 깨닫고 12년 만에 집으로 돌아오십니다. 왕자가 도를 깨닫고 온다고 하니 정반왕을 비롯해 온 나라가 들썩들썩 했습니다. 그런데 부처님께서 거지 옷을 걸치고 오셨으니 얼마나 실망이 컸겠어요.

부인인 야소다라가 슬피 울자 부처님께서 전생의 일을 말씀하시며 출가하는 것을 막지 말라고 하셨던 겁니다. 그 후 야소다라도 부처님을 키워주신 이모와 오백 명의 여인과 더불어 머리를 깎고 출가를 하고자 나섰다고 합니다. 처음에는 받아들이지를 않다가 나중에는 아난존자의 거듭된 간청으로 인해서 비구니들을 다 받아들이게 됩니다.

과거 생에 어떤 약속이 있게 되면 다음 생에 반드시 만나게 됩니다. 우리가 생각하고 어떤 행동을 하게 되면 '에너지 보존 법칙'에 의해서 에너지가 발생이 됩니다. 이 부분은 과학에서도 입증을 한 부분입니다. 반드시 다시 돌아오게 되어 있습니다. 불교에서도 인과응보를 말씀하셨습니다. 하지만 도를 깨달으면 인과에서 벗어납니다. 수행을 해서 도를 깨치면 살인을 했더라도 그 업에서 벗어나게 됩니다. 이것은 전생의 업력에 의해서 살인을 하게 되는 것이니까 내가 살인을 하지 않으려고 해도 상대와 전생의 인연이 있다면 어쩔 수 없이 살인을 할 수 밖에 없는 인연이 오게 되는 겁니다. '본래 나'는 살인한 것도 없다는 생각으로 수행을 해서 도를 깨치면 업에서도 벗어날 수 있다는 얘깁니다. 물론 도를 깨치지 못한 입장에서 흉내를 낸다면 살인죄에 해당하는 큰 형벌을 받을 것입니다. 이와 같이 수행을 통해 모든 것을 초월할 수 있는 것이 불교의 장점이라고 할 수 있습니다.

84. 동산 양개 화상의 후서(後書)

저 양개가 부모님 봉양을 저버리고서 주장자를 짚고 남쪽에서 노닌 지 10년이나 세월이 흘렀습니다. 만 리나 멀리 떨어져 있습니다.

엎드려 바라옵건대 어머님께서는 마음을 거두고 도를 사모하시며 뜻을 가다듬어 공으로 돌아가셔서, 이별의 정은 생각지도 마시고 문에 기대어 제가 돌아올 것을 기다리지도 마소서. 집안일은 다만 인연을 따를 뿐이니 일은 생길수록 점점 더 많아져 날마다 번뇌만 늘어납니다. 형님이 부지런히 효도하시니 빙판 속에서도 잉어를 구할 것이고, 아우도 정성을 다해 뜻을 받들어 서리 속에서도 울면서 죽순을 찾아낼 것입니다. 사람은 세상을 살아가면서 자기를 닦고 효를 행해 천심에 합치돼야 하며, 승려는 공문에 살면서 도를 사모하고 참선해 자애로운 덕에 보답해야 하니 지금은 천 개의 산과 만 갈래 물길로 이 두 길이 아득히 떨어져 있어 한 장의 편지에 여덟 줄의 시로써 간단하나마 제 마음을 올립니다.

명리를 구하지 않고 선비 되기를 바라지 않으며
공문을 좋아하여 세속의 길을 버렸습니다.
번뇌가 사라질 때 근심의 불은 꺼질 것이요
은애의 정이 끊긴 곳에 애욕의 강도 마를 것입니다.
6근의 선정과 지혜를 향기로운 바람이 이끌고
일념이 겨우 생겨나니 지혜의 힘으로 붙잡으려네.
어머님, 슬퍼하거나 기다리지 마시고
죽었거니 여기고 없어졌거니 여겨 주십시오.

해설 ✖✦✦✦✖

동산 양개 화상께서 출가한 지 십년이 되었지만 아직도 깨닫지 못했어요. 소문으로 듣자니 어머니께서 자신을 항상 기다리고 있다는 것을 알고서, 어머니께 다시 편지를 쓴 내용입니다. 오늘날은 자식이 출가를 할 경우 이토록 간절하게 자식을 기다리는 경우는 없으리라 생각이 듭니다. 저 역시도 출가를 할 때 부모님이 많이 걱정을 하지 않으시고 출가를 했다고 생각했는데, 나중에 보니 어머니께서 많이 우셨다는 소리를 듣고 마음이 찡 했습니다. 유독 양개 화상의 어머니는 둘째 아들에 대한 집착이 남다르지 않았나 하는 생각이 듭니다. 어머니께 말 한

마디 없이 출가를 해버리니 어머니 입장에서는 기가 막힐 노릇이었을 겁니다. 어머니께 편지를 보냈지만 어머니께서는 아들을 찾기 위해서 전국 사찰을 다 돌아다녔던 것입니다.

그러나 이 소식을 들었지만 자신은 아직 도를 깨치지 못한 상황입니다. 도를 깨치고 어머니를 제도할 수 있는 능력이 있을 때 어머니를 뵈려고 생각하고 있었던 것입니다. 이 내용을 보면 백운 화상께서는 출가하신 분들에게 수행자라면 공문에 들어서 반드시 도를 깨쳐야 된다는 말씀을 하시고자 한 것입니다.

어머님께서는 마음을 거두고 도를 사모하시며 뜻을 가다듬어 공으로 돌아가셔서,

무비 스님의 《임제록》 강의를 듣게 되었는데 무비 스님께서는 어떤 어려움에 처했을 때 빨리 벗어나는 방법이 공(空)의 가르침이 아니겠느냐는 말씀을 하셨습니다. 우리는 당장 눈앞에 펼쳐진 현상계에 끄달려가기 때문에 공에 마음을 둔다는 것이 쉽지는 않을 겁니다. 과거로부터 익혀온 습이 쉽게 놓을 수 있는 게 아닙니다. 알면서도 끄달려가게 됩니다. 이렇듯 집착이 무섭다고 하는 겁니다. 양개 화상이 어머니께 공으로 돌아가서 금생에는 인연이 없는 것으로 아시라고 말씀을 드려도 어머니께서는 집착을 놓지 못하셨습니다.

세속의 일이라는 게 끝이 없습니다. 세속의 일이 힘들다고 해서 출가를 원하시는 분들이 있는데 출가한다는 게 정말 어려운 일입니다. 월

정사에서 단기 출가 하시는 분들이 20일을 끝까지 채우는 분이 많지 않다고 합니다. 양개 스님의 경우는 오직 깨달음이 목적이었는데 십년이 지났는데도 깨닫지 못해서 어머니께 공으로 돌아가서 이별의 정은 생각지도 마시라는 편지를 올리시게 됩니다. 어머니를 생각하면 하루 빨리 도를 깨달아야만 했던 것입니다.

형님이 부지런히 효도하시니 빙판 속에서도 잉어를 구할 것이고, 아우도 정성을 다해 뜻을 받들어 서리 속에서도 울면서 죽순을 찾아낼 것입니다.

중국 진나라 때 왕상이라는 분은 계모에게 극진히 효도한 것으로 알려졌는데 겨울 날 어머니를 위해 잉어를 잡으려 할 때 얼음판이 저절로 갈라져 잉어를 구할 수 있었다고 합니다. 이런 경우는 지극한 마음이 하늘에까지 미쳤다고 봐야 될 것입니다. 또한 중국 삼국시대 오나라 때 효성이 극진했던 맹종이라는 분이 어머니가 죽순(竹筍)을 먹고 싶어 하자 대나무 숲에 들어가서 깊이 탄식하였더니 죽순이 자라났다고 합니다. 형님이나 아우 또한 이렇게 할 것이라는 애깁니다.

은애(恩愛)의 정이 끊긴 곳에 애욕의 강도 마를 것입니다.

우리는 수억 겁을 살아오면서 지금 가까이 있는 분들과 전생에 절친한 인연 아닌 분이 없습니다. 인연의 끈이라는 게 정말 무서운 것이며,

애욕이 윤회의 가장 주원인입니다. 애욕을 끊지 못하는 것이 윤회를 벗어나지 못하는까닭이며, 출가를 하지 못하는 이유도 애욕을 끊지 못하는 것이 주원인일 것입니다. 부모님에 대한 은애의 정이 끊어진다는 것은 공문에 들어가면 가능합니다. 공으로 들어가 보면 나와 부모는 본래 하나입니다. 본래자리로 돌아가면 은애를 갚는 것도 아니고 은애를 받는 것도 없습니다. 하나의 마음차원에서는 어머니의 마음이나 아버님의 마음이나 내 마음이나 주고 받는 것이 없습니다. 업력에 의해서 부모 자식으로 만들어졌을 뿐입니다.

　양개 화상의 편지에 대한 어머니의 답장을 보겠습니다.

85. 어머니의 답장[娘回書]

나는 너와 숙세에 인연이 있어 비로소 모자간으로 맺어져 사랑하고 정을 나누었다. 너를 회임하고서 아들을 낳게 해 달라고 신과 부처님과 하늘에 기도했다. 잉태하고 달이 차니 목숨은 실낱 같았으나 마침내 소원을 이루었다. 보석처럼 아꼈고 똥·오줌의 고약한 냄새도 싫지 않았다. 젖 먹일 때 힘들어도 게을리하지 않았다. 차츰 어른이 되어 공부하라고 보냈을 때는 때가 지났는데도 돌아오지 않으면 문에 기대어 돌아오기를 기다렸었다. 그런데 보내온 편지를 보니 굳이 출가하기를 원했더구나. 아버님은 돌아가시고 이 어미는 늙었으며 형은 박정하고 아우는 가난하거늘 내가 누구를 의지하란 말이냐? 자식에게는 어미를 버릴 마음이 있을지라도 어미에게는 자식을 버릴 마음이 없는 법이다.

한번 네가 타지로 떠난 뒤 이 어미는 밤낮으로 항상 슬픔에 겨워 눈물을 흘리면서 괴로워하고 또 괴로워했다. 하지만 이미 고향으로 돌아오지 않기를 맹세하였으니 너의 뜻에 따라야겠구나.

나는 네가 왕상처럼 얼음에 눕거나 정란처럼 나무를 새기는 그런 효자가 되기를 감히 바라지 않는다. 그저 바람이 있다면 목련존자처럼 네가 나를 윤회의 바다에서 해탈시키고 부처의 과위에 오르도록 제도해 주기를 바랄 뿐이다. 만약 그렇게 하지 못한다면 깊은 허물이 있게 될 것이니 모쪼록 마음을 다잡고 정진하거라.

해설 ❧❧❧❧❧

부모자식간의 정이라는 것은 그 누구도 끊을 수 없다고 말을 합니다. 자식에게는 어미를 버릴 마음이 있을지라도 어미에게는 자식을 버릴 마음이 없는 법이라고 어머니께서 말씀하십니다. 기대를 걸었던 자식이 출가한 후 돌아오지 않으니까 어머니께서 날마다 눈물을 흘리며 괴로워 하셨다는 얘깁니다. 하지만 자식이 큰 뜻을 가지고 있다면 이제는 기다리는 것을 포기하겠다는 내용입니다. 정란이라는 분은 어머니가 돌아가신 다음, 어머니와 똑같은 형상을 조각해서 생전에 살아계셨던 것처럼 모셨다고 합니다. 어머니께서는 왕상이나 정란처럼 그런 효는 출가한 자식에게 바라지 않는다는 말씀입니다. 어머니께서 큰 마음을 내셨던 것입니다.

목련존자는 부처님의 십대 제자 가운데 신통제일이었다고 합니다.

≪목련경≫이나 ≪우란분경≫에 보면 신통력을 얻은 목련존자가 어머니의 사후를 살펴보니 지옥에서 고통받고 있기에 마음 아파하며 부처님께 어머니의 구제방법을 여쭈어 천상에 나게 한 일화가 자세하게 나옵니다. 우리가 우란분절에 하는 천도(薦度)법회는 목련존자로부터 유래 되었다고 봐야 됩니다.

그런데 오늘날 천도의식과 당시 인도의 천도의식과는 다릅니다. 의식 내용은 우리나라 자체에서 만들었지만 천도의식은 중국의 양 무제 때 만들어진 것이라 합니다. 부처님 당시에는 우란분절에 스님들을 모시고 조상님들을 위해서 경을 읽어드렸습니다. 어머니께서는 그저 바람이 있다면 목련존자처럼 네가 나를 윤회의 바다에서 해탈시키고 부처의 과위에 오르도록 제도해 주기를 바랄 뿐이라고 하셨습니다. 만약 그렇게 하지 못한다면 그 허물이 나에게 있으니 모쪼록 마음을 다잡고 정진하라고 하십니다. 동산 양개 선사의 어머니께서는 그릇이 큰 분입니다.

86. 규봉 종밀(圭峯宗密) 선사의 게송

본각(本覺)과 진심(眞心)이 허망한 생각에 가리운 것은

깨끗한 거울이 먼지를 뒤집어쓴 것과 같네.

이제 사마타(奢摩他, 止)로 망념을 맑게 하니

객진(客塵)도 멸하고 마음까지 공하네.

이로 말미암아 시방의 모든 부처님 나타나시고

범부와 성현이 본래부터 원융하네.

내 마음은 본래 부처님 마음속에 있는데

부처님이 내 마음 속에 나타나심을 어찌 의심하겠는가.

몸과 마음을 너그럽게 하여 혈맥을 따르니

쉬지 않고 호흡하여도 고요하여 소리가 없네.

여기서 자연스레 마음이 쉽게 선정에 들고
여기서 부처님과 조사님이 무생법인 증득하네.

해설 ❧❧❧❧

규봉 종밀 선사는 《금강경 오가해》에 나오는 다섯 분의 선지식 중 한 분입니다. 종밀 선사가 《금강경》을 해석하신 내용을 보면 굉장히 논리 정연하게 해 놓으셨습니다. 이 분은 교학적인 부분이나 선에도 밝은 분이셨다고 합니다. 백운 화상께서 종밀 선사의 게송이 중요하기 때문에 실으신 것이 아닐까 하는 생각이 듭니다.

본각과 진심이 허망한 생각에 가리운 것은 깨끗한 거울이 먼지를 뒤집어쓴 것과 같네.

본각과 진심은 똑같은 자리를 표현한 겁니다. 본래 깨달은 마음이나 참마음을 말하는데 진공묘유(眞空妙有)라고 합니다. 우주의 근본 실상, 하나의 마음자리는 모양이 없는 자리이기 때문에 어떤 이름도 붙일 수는 없습니다. 하지만 방편상 본각이다, 진심이다 라고 표현하는 것입니다.

우리는 모두 우주를 다 비춰볼 수 있는 능력을 갖추고 있는데 허망한 생각이 본래 진여실상을 가리고 있다는 얘깁니다. 예를 들어 구름 한 점이 없다면 태양의 빛이 많은 생명을 비출 수 있지만 구름이 끼면

비출 수가 없습니다. 이와 마찬가지로 하나의 마음자리에 실상을 볼 수 있는 마음자리가 무엇에 의해 가려져 있습니다. 가려져 있기 때문에 실상을 바로 보지 못합니다. 그것을 비유하길 깨끗한 거울이 먼지를 뒤집어쓴 것과 같다고 표현하셨습니다. 거울에 먼지가 끼어 있으면 사물을 깨끗하게 비춰볼 수 없습니다. 이와 마찬가지로 우리의 진여자리는 실상을 바로 보지 못하는 과거로부터 익혀온 습에 의해서 불성이 가려져 있어, 우리 역시도 부처님 능력을 갖추고 있지만 부처님처럼 능력을 쓰지는 못하고 있다는 것입니다.

이제 사마타로 망념을 맑게 하니, 객진도 멸하고 마음까지 공하네.

사마타는 마음을 움직이지 않고 한 곳에 집중하는 수행으로 묵조선과 비슷한 수행법을 말합니다. 예를 들어, 진여실상에 마음을 두고 정진하는 것이 사마타 수행입니다. 부처님께서는 "몸을 생각하면 몸을 부정하고, 마음은 실체가 없다, 받는 것은 괴로운 것이다." 라고 관하라는 말씀을 초기에 하셨지만 반야부에 와서는 모든 것을 부정해 버리십니다. 반야부에 와서는 몸도 없고 육신이랄 게 없습니다. 본래 실상에 마음을 두면 불성을 가리고 있는 망념을 쉬게 된다는 겁니다. 모든 대상이나 경계를 공으로 돌이키면 대상이 없기 때문에 마음이라는 생각도 일으키면 안된다는 것입니다. 이것이 묵조선 수행인데 굉장히 힘든 수행법입니다. 마음을 가만히 두고 있으면 온갖 망상이 일어나게 됩니다. 그래서 오늘날에는 묵조선 보다 염불이나 주력, 화두를 두는 것들이 마음을 집중시키기 위한 방편으로 선택되고 있습니다.

　내 마음은 본래 부처님 마음속에 있는데, 부처님이 내 마음속에 나타
나심을 어찌 의심하겠는가.

　내 마음이 본래 부처님 마음속에 있다면 안과 밖이 있다는 표현이
됩니다. 교학을 하신 분들의 표현입니다. 부처님이나 마음은 똑같은
자리를 말하는 것이며 마음은 모양이 없기 때문에 안과 밖이 없습니
다. 내 마음이 그대로 부처이며 나타날 것도 없습니다. 본래 부처님을
갖추고 있는데, 단지 우리가 모를 뿐입니다.

　몸과 마음 너그럽게 하여 혈맥을 따르니, 쉬지 않고 호흡해도 고요하
여 소리가 없네.

　몸과 마음이라는 것까지도 놓고 깨달은 하나의 마음자리를 혈맥(血
脈)이라고 합니다. 생각이나 모든 경계가 다 끊어진 자리를 말합니다.
오직 하나의 마음자리에 머문다면 생각을 쉬지 않고 호흡해도 마음에
경계가 없기 때문에 고요하여 안심 경지에 들어가게 된다는 얘깁니다.
　대상을 끊지 못하면 쉽게 선정에 들기는 어렵습니다. 그래서 우리가
이론적으로 공의 도리에 대해 충분히 이해를 하고 공부에 들어가야지
선정에 들어갈 수가 있습니다. 그렇지 않다면 허깨비에 불과한 온갖
경계가 나타납니다. 정진하는 중에 어떤 경계에 끄달려가게 되면 그

역시도 허망한 것입니다. 수행을 통해 '하나'의 경지에 들어가야만 윤회의 굴레에서 벗어나게 된다는 말씀입니다.

87. 용아 거둔(龍牙居遁) 화상의 게송

한번 무심을 얻으면 그대로가 도의 뜻이니
여섯 개의 문이 쉬면 몸이 수고롭지 않네.
인연이 있는 것은 나의 벗 아니요,
쓸모없는 두 눈썹이 차라리 형제이네.
깨닫고도 깨닫지 못한 사람과 같으니
승부에 무심하면 마음까지 절로 편해지네.
예부터 큰 스님은 빈도(貧道)라 말했으니
이 문중에 몇 명이나 그것을 향하리.

해설 ❧❧❧❧

무심(無心)이라는 표현은 마음이 없다는 말이 아닙니다. 진여실상, '하나의 마음' 도리를 깨닫게 되면 그 자리에서는 어떤 표현도 할 수 없습니다. 생각이 다 끊어진 자리를 무심이라 합니다. 깨닫게 되는 공식은 없습니다. 한 생각으로 깊이 들어가면 한 생각도 끊어지면서 진여실상을 깨닫게 되는 것입니다. 그 경지에 들어가 일체가 하나의 마음으로 된 소식을 알게 되면 거기에서는 생각이 끊어지게 됩니다. 이 경지가 무심의 경지입니다. 이렇게 한번 무심을 얻으면 그대로가 도라는 말입니다.

여섯 개의 문이 쉬면 몸이 수고롭지 않네.

여섯 개의 문은 안·이·비·설·신·의 여섯 가지 감각기관을 말합니다. 마음이 여섯 가지 기관에 의해 부단히 경계에 끄달려가는 것이 번뇌인데 내가 보는 대상이 사실이 아닌 환상을 보고 있는 것이니 속고 있는 것입니다. 만약 무심경지에 있다면 대상이 끊어진 것이기 때문에 여섯 가지 기관을 통해서 마음이 들락거릴 것도 없습니다. 이럴 때 내 몸이 수고롭지 않다는 뜻입니다.

인연이 있는 것은 나의 벗 아니요, 쓸모없는 두 눈썹이 차라리 형제이네.

어떤 경계가 나타나도 끄달려가지 말아야 된다는 말입니다. 이런 경지는 무심의 경지에서만 가능한 것이며, 사실상 우리는 인연에 의해서 온갖 경계에 끄달려 갑니다. 용아 거둔 화상의 경지에 들어가야만 알 수 있는 법문입니다. 눈썹이나 코는 이 경지에서는 한 몸이고 하나입니다.

깨달고도 깨닫지 못한 사람과 같으니, 승부에 무심하면 마음까지 절로 편해지네.

깨달고도 깨닫지 못한 사람과 같다는 말씀입니다. 깨달았다고 해도 과거의 업은 부딪히게 되어 있습니다. 단지 집착하는 것과 집착하지 않는다는 차이만 있습니다. 깨달았다고 해서 갑자기 돌멩이가 금으로 보이거나 하는 그런 것은 아닙니다. 마음에 경계가 없으니까 도인들은 누더기를 입고 있어도 의식할 게 없습니다. 자신을 거지라고 놀려도 마음에 조금도 걸림이 없는 겁니다. 대상이 없는데 누구를 이길 게 어디 있습니까? 이렇게 승부에 무심하면 마음까지 절로 편해진다는 것입니다.

예부터 큰 스님은 빈도(貧道)라 말했으니, 이 문중에 몇 명이나 그것을 향하리.

부처님께서는 한 나라의 왕이 될 수 있었고 부인도 있고 자식도 있었지만 이 모든 것을 버렸습니다. 버린 후에 도를 깨닫고 보니 우주와 내가 하나라는 것을 알았습니다. 우주를 얻은 것입니다. 그런데 12년 만에 왕궁에 돌아왔을 때는 거지의 모습으로 나타나셨습니다. 도를 깨달으신 분이 모습은 거지라고 하더라도 그 마음만큼은 우주의 주인이 되어 있다는 것입니다. 모든 것을 놓으면 더 큰 것을 얻을 수 있다는 것입니다. 세속에서도 작은 것을 놓으면 큰 것을 얻을 수 있다는 것이 진리입니다. 부처님께서는 빈도라고 하지만 우주를 하나로 쓰고 있기 때문에 가장 부자가 부처님이라고 할 수 있습니다. 출가한 분들 중에서 무심으로 마음을 쓰고 있는 분이 얼마나 있겠느냐는 말씀입니다.

88. 대법안(大法眼) 선사
인승간경송(因僧看經頌)

지금 사람이 옛 가르침 봄에
마음속 소란스러움 면치 못했네.
마음속 소란스러움 벗어나려면
그저 옛 가르침만 보아야 하네.

해설 ᘉᘉᘉᘉ

　지금 우리는 옛 조사스님들의 말씀을 보고 듣고 있지만 실상을 확실히 체험하지 못하면 확신이 없습니다. 게다가 실상을 체험했다고 해도 하나로 쓸 수 있는 힘이 부족하기 때문에 마음의 갈등은 항상 있습니다. 이론적으로 알고 있는 것만으로는 실생활에서 큰 힘을 쓰지 못합니다.

대법안 선사는 분별심에서 벗어나기 위해서는 의심하지 말아야 된다고 당부하십니다. 우리는 갈등과 의심으로 인해서 중생놀음을 벗어나지 못하고 있습니다. 불교를 믿는다고 하더라도 부처님의 말씀을 그대로 믿고 행하는 분들은 그리 많지 않으리라 생각이 듭니다.

89. 고덕(古德)의 게송

오온이 모두 빈 곳임을 비추어 보아서

깊은 반야를 닦을 때

고통과 재앙을 벗어날 뿐 아니라

결정코 무생(無生)을 증득하리.

바른 성품만 보고자 한다면

먼저 아상(我相)을 꺾어 없애야 하리.

걸모습은 그 어디에 있는가.

6혈(穴)은 본래 온 곳 없네.

신령스럽고 밝은 성품이 툭 트이니

거침없이 세계가 통하리라.

해설 ❧❧❧❧

　오온(五蘊)은 우리 육신과 마음의 작용을 말하는데, 오온은 실체가 없는 것으로 보라는 말씀입니다. 《반야심경》에서 관세음보살님이 수행하실 때 깊은 마음을 관해보니 모든 것이 공하다고 하셨습니다. 부처님께서 처음부터 끝까지 이렇게 마음으로 되어 있다고 말씀하셨다면 불교가 어렵지 않았는데 중생의 근기에 따라서 법성이니 공이니 선이니 중도니 온갖 이름을 붙여놓았기 때문에 불교를 어렵다고 하는 것입니다. 우주 삼라만상을 분석해 들어가면 모두 에너지로 되어 있으면 그 에너지를 파동(波動)이라고 하고 파동이전의 자리를 마음이요, 부처님자리라고 하는 것입니다. 수행의 목적이 그 자리로 돌아가는 것이 목적이기 때문에 그 하나의 자리에 마음을 두어야 된다는 얘깁니다.

　하나의 마음자리에 머물면 모든 대상이 다 끊어지기에 너와 나도 끊어지고, 괴로움도 슬픔도 모두 끊어집니다. 그 자리에서는 모든 경계가 다 끊어지니까 그 자리에 마음을 두면 일체의 고통과 재앙을 벗어날 뿐만 아니라 윤회를 벗어나게 된다는 얘깁니다. 우리가 마음을 어디에 두고 수행해야 하는가가 가장 중요합니다.

　바른 성품만 보고자 한다면 먼저 아상을 꺾어 없애야 한다.

　아상(我相)은 육신과 의식을 말합니다. 육체라는 것은 실체가 없고 변하는 것이기에 껍데기일 뿐이며 진정한 나는 아니라는 말입니다. 불교에서 화장을 하는 장례법도 이런 연유에서 시작되었습니다.

아난존자께서는 늦게 깨달으셨지만 깨닫고 난 후에도 부처님 말씀을 똑같이 기억하기 때문에 설법을 굉장히 잘 하셨습니다. 아난존자가 열반에 들 때 쯤 다른 나라에서 서로 사리를 챙기려고 난리가 났었다고 합니다. 사리 때문에 분쟁이 생길 것이라는 것을 안 아난존자는 강 중간쯤으로 가서 위로 솟구쳐 올라 화광삼매(火光三昧)에 들어 공중에서 몸을 분해시키십니다. 그리하여 양쪽으로 똑같이 사리를 떨어뜨렸다고 합니다. 인도의 조사스님들은 28대 조사까지는 화광삼매에 들어 공중으로 솟구쳐 올라가서 자기 몸을 완전히 분해시키는 분들이 많이 계십니다.

육신은 진정한 나가 아니고 육신 때문에 업을 짓는 겁니다. 아상을 버려야 한다는 것은 나라는 생각을 없애야 된다는 얘깁니다. 이 경지까지 들어가기 위해서는 실상을 깨닫고도 수없는 시간 동안 마음을 닦음으로 인해서 상(相)이 끊어지게 됩니다. '나' 라는 생각이 있으면 상대가 있는 것이며 그래서 괴로움이 생기게 되는 겁니다. '나' 라는 생각을 없애야 된다는 법문입니다.

겉모습은 그 어디에 있는가, 6혈은 본래 온 곳이 없네.

실체가 어디 있으며 진정한 내가 어디 있느냐는 말씀입니다. 6혈은 6근을 말하는데 마음이 여섯 가지 감각기관을 통해서 들락날락 하는 곳을 말합니다. 마음이 눈을 통해서 보고, 귀를 통해서 듣고, 코를 통해서 냄새를 맡으며 6혈을 통해서 들락날락 합니다. 6혈은 도둑놈이어서 속고 있는 셈입니다. 왜냐하면 육신 뿐만아니라 모든 대상이 사실이 아니기 때문입니다. 여섯 가지 기관이 마음의 청정한 불성을 오염시키는 원인인데, '나'가 없다면 육근도 없는 것입니다. 대상은 사실이 아니기 때문에 본 것도 본 게 아니고 들어도 들은 게 아니라는 얘깁니다. 본래는 6혈도 없는 것입니다.

육근이 대상이 없으면 마음에 조금도 걸림이 없게 됩니다. 이 경지는 수행을 통해서 실상을 깨닫게 되면 느끼게 되어 있습니다. 말로는 표현할 수 없습니다. 지금 우리는 대상이 있기 때문에 괴롭습니다. 대상이 없다면 괴로움이 있을 수가 없습니다. 경계가 다 끊어진 것입니다.

고덕(古德)의 게송

불은 나무에서 나서 나무를 태우고
지혜는 정(情)에서 나서 정을 없애버리네.
바른 마음으로 망념을 관찰하는 것을 지혜라 하니
지혜는 불가사의한 깨달음에 들어가게 하네.

해설 ◯◯◯◯◯

마음이 육근을 통해 사실이 아닌 대상에 대해서 죄를 짓는 것을 업이라고 합니다. 사자가 살아있을 때는 아무도 접근을 못하지만 사자가 죽게 되면 사자충으로 인해서 썩어 없어지게 됩니다. 이와 마찬가지로 불은 나무에서 나서 나무를 태우듯이, 내가 본래 부처인데 부처가 못 되는 것도 결국 내 스스로 중생놀음만을 하고 있기 때문입니다.

중생심을 정(情)이라고 했을 때 정을 깨달음으로 인해서 역시 정이라는 것도 없애게 됩니다. 깨닫게 되면 중생의 의식이라는 놈까지도 끊어지게 됩니다. 생각까지도 끊어짐으로 인해서 정이라는 것도 다 끊어지게 됩니다.

바른 견해란 실상을 바로 보는 것을 말합니다. 실상을 바로 본다면, 하나의 마음으로 비춰본다면 잘못된 생각이라는 것도 없습니다. 대상이 다 끊어졌기 때문입니다. 하나의 마음으로 보는 안목을 지혜라고 합니다. 하나의 마음을 통해서만 실상세계로 들어갈 수 있습니다. 마음을 통해서만이 부처님을 볼 수 있고 진리를 볼 수 있습니다. 정진할 때 하나의 마음자리에 머물러야만 진리의 세계로 들어간다는 것입니다.

90. 불법을 배우려 말고 오직 스스로 무심해야

천복 승고(薦福承古)

승고 선사는 항상 대중에게 이렇게 당부했다.

"불법을 배우려고 하지 말고 오직 스스로 무심해야 한다. 근기가 예리한 사람은 한나절에 해탈할 것이요, 근기가 둔한 사람은 3년이나 5년 정도면 해탈할 것이요, 아무리 길어도 10년을 넘지는 않을 것이다. 그럼에도 불구하고 깨달음을 얻지 못한다면 내가 그대들을 대신해 발설(拔舌)지옥에라도 들어가겠다."

해설 ❧❧❧

수행자들에게 누구든지 무심에 들어가면 일주일 내에 해결할 수 있고 아무리 늦어도 3년이나 5년 정도면 깨달을 수 있다고 말씀하십니다. 만약에 그렇지 못한다면 내가 그대들을 대신하여 발설지옥에라도 들어가겠다고 강조하셨습니다. 의심하지 말라. 누구든지 깨달음을 이룰 수 있다는 법문입니다.

승고 선사는 "불법을 배우려고 하지 말고 오직 스스로 무심해야 한다."고 했습니다. 네 마음이 부처라고 일러주면 의심하지 말라는 말씀입니다. 그렇지 못하고 경에 의지해서 깨닫고자 하는 부분을 지적하시는 부분입니다. 무심은 마음이 없다는 뜻이 아니라 내 마음 속에 있다, 없다는 분별심이 다 끊어진 것을 말합니다. 하나의 마음자리에 머물러야 한다는 말씀입니다. 그 자리에 마음을 두면 누구든지 깨달을 수 있다는 것입니다.

근기가 예리한 사람은 한나절에 해탈할 것이라고 말씀하셨는데, 이런 표현을 보면 천복 승고 선사는 근기가 대단한 분이 아닐까 하는 생각이 듭니다. 과거 생에 수행을 많이 하신 분이라고 봐야 됩니다. 승고 선사는 또 근기가 둔한 사람은 3년이나 5년 정도면 해탈할 것이요, 아무리 길어져도 10년을 넘지는 않을 것이라 역설했습니다. 내소사의 해안 스님은 6일 만에 깨달으셨다고 하는데 누구든지 일주일이면 깨달을 수 있다고 말씀하셨습니다. 어떤 분은 깨닫기가 세수하다가 코 만지기보다 더 쉽다고도 하셨습니다. 그러나 금생에 닦지 않는다면 다음 생에도 마찬가지입니다. 그럼에도 불구하고 깨달음을 얻지 못한다면 대신 발설지옥에라도 들어가겠다고 하셨습니다. 발설지옥은 혀를 뽑아 제대로 말을 할 수 없는 고통을 대신 받겠다는 말씀입니다.

다음 내용은 백운 화상께서 《직지심체요절》을 간행하시면서 마지막으로 올리신 글입니다.

성인되어 범부 벗어나 위엄 짓지 않는 것
와룡은 푸른 못이 맑아질까 내내 두려워하네.
만약 평생을 이와 같고자 한다면
세상에 어찌 일찍이 이름 하나 남겨 놓았겠는가.

생각은 생겨나서 머물다가 변해서 없어지고
몸은 태어나고 늙어서 병들고 죽으며
국토는 이루어지고 머물다가 무너지고 비니
이 열두 가지 일이 무슨 기이하거나 특별할 게 있으리오.

법린 선인(法隣 禪人)이 정성을 다해 말을 구하며 나를 깨우쳐 도와주어서 부득이 노안을 비벼가며 불조의 바로 증득한 심체요절을 초록하여 두 권을 만들었다. 책이 다 만들어져 법린이 왔기에 정성을 다해 당부하기를 "천생의 석가나 자연의 미륵은 없는 것이니 요컨대 빨리 핵심을 잘 붙잡고 말 밖의 뜻을 살펴보면 될 것이오."라고 하였다.

임자년(1372, 고려 공민왕 21년) 9월 성불산에 사는 늙은 비구 경한 백운이 손수 쓰니 이때 나이 일흔 다섯이다.

옛사람이 말했다.

"뜻을 세우고 원력을 발하는 것은 반드시 옅고 옅은 지견 사이에 있는 것이 아니라, 바로 옛사람이 친히 깨달은 곳에 이르러야 비로소 능히 쉴 수 있으리라."

또 말했다.

"옛 가르침으로 마음을 비추는가?"

해설 ❧❧❧❧

깨달은 순간은 어떤 말로도 표현을 못합니다. 하지만 깨달았다고 해도 시간이 지나면 일반인과 똑같습니다. 다만 마음 가운데 답답함은 없어집니다. 우리가 경이나 어록을 보더라도 이해가 안된다면 마음이 굉장히 답답할 것입니다. 그런 답답한 부분이 없어진다는 얘깁니다. 성현들이 말씀하시는 것처럼 우주를 하나로 쓸 수 있느냐는 것은 실상을 체험했다 하더라도 바로 가능한 것은 아닙니다. 과거로부터 익혀온 습은 그대로 남아있기 때문에 습을 녹이는 수행을 끊임없이 해야 됩니다. 부처님께서도 견성을 하셨지만 성불 이후에도 사촌 제바달다나 어떤 여인에게도 시달림을 많이 당하십니다. 육신이 있는 한 업은 남아 있다는 얘깁니다. '도를 깨달았다면 신통력을 자유자재로 부릴 수 있겠구나!' 라고 생각하는 분들이 있을 수 있겠지만, 절대 그런 것은 아닙니다. 그런 능력을 쓸 수 있기까지는 일생, 이생에 되는 것은 아니며 무시겁(無始劫)을 통해서 지어놓은 업이 녹아져야 가능합니다. 업이 남아 있기 때문에 습기를 녹이는 수행을 끊임없이 해야 되는 것입니다. 육신통이란 얻어 지는 게 아니라 본래 있는 것이니까 과거로부터 익혀온 습이 모두 끊어졌을 때 그 능력을 그대로 쓸 수 있는 것입니다. 따라서 성인이 되었다고 해서 위엄을 부리는 일은 있을 수 없다는 말입니다. 속담에도 벼는 익을수록 고개를 숙인다고 합니다. 진정한 도인이라면 하심이 철저히 배어 있습니다. 왜냐하면 마음 밖에 따로 대상이 없기 때문입니다.

도를 깨달았다고 해도 과거 생의 업이라는 게 한량이 없습니다. 상대에 따라서도 느끼는 감정이 다르기 때문에 순간순간 업이 다르기 마련입니다. 그래서 도를 깨달은 이후에도 전생의 업이 왔을 때 슬기롭게 업을 받아들이지 못하고 감정으로 행한다면 도를 깨달았다는 것이 한순간에 무너질 수도 있습니다. 마음을 깨달은 이후에는 보임을 잘 해야 된다고 합니다. 자신이 깨달은 경지를 잘 지키고 원숙해지도록 익혀 나가야 됩니다.

천생의 석가나 자연의 미륵은 없는 것이니 핵심을 잘 붙잡고 말 밖의 뜻을 살펴보면 될 것이오.

백운 화상께서 65세의 나이에 정진을 하시고 나름대로 깨달았습니다. 그 당시 고려 중기 때 도인들이 있었지만 백운 화상께서는 부처님의 법맥을 이은 중국의 석옥 화상을 찾아가서 필담을 통해 인가를 받은 후 석옥 화상으로부터 《직지심체요절》을 받아가지고 오셨던 것입니다. 《직지심체요절》은 중국의 《전등록》이라는 책에서 뽑아낸 내용인데 《전등록》이라는 책은 모두 33권으로 되어 있습니다. 《전등록》에 있는 과거의 7불, 인도의 28대 조사와 중국 110 분의 법문을 석옥 화상이 별도로 직접 글로 옮겨 쓰셨습니다. 석옥 화상께 받아온 한 권의 내용에 백운 화상께서 중요하다고 생각하시는 내용을 하권에 증보(增補)해서 두 권으로 나눠서 직접 쓰신 선어록입니다. 백운 화상께서 그 책을 받아오셔서 처음에는 전국의 선방을 다니시며 선의 지침서로써 강의를 하셨던 것입니다. 임자년(1372) 9월 성불산에서 일흔 다섯의 나이에 백운 화상이 손수 쓰시고 후에 제자들이 청주 흥덕사에서 비구니 묘덕 스님이 시주를 하시고 문인 석찬, 달잠이라는 분이 주도적으로 금속활자로 주조하여 상, 하권 두 권으로 인쇄를 한 것이 현재 전해져오는《직지심체요절》입니다.

제자인 법린이라는 분에게 "천생의 석가나 자연의 미륵은 없는 것이니 요컨대 빨리 핵심을 잘 붙잡고 말 밖의 뜻을 살펴보면 될 것이오." 라고 당부하셨습니다.《직지》의 내용으로 볼 때도 천생의 석가나 자연의 미륵은 없으며 단지 이름 뿐입니다. 백운 화상이 제자인 법린에게 《직지》의 참뜻을 다시 한 번 말씀하셨습니다.

"옛 사람이 친히 깨달은 곳에 이르러야 비로소 능히 쉴 수 있으리라. 옛 가르침으로 마음을 비추는가?"

말을 떠난 참 자리를 살펴봐야 하며 말로 표현할 수 없는 참 도리를 깨달아야 한다는 당부의 말씀입니다. 당신이 깨달아야만 후학들을 위해서 가르침을 남겨놓을 수 있는 것이지 자신이 보고 들은 것으로는 진정한 참뜻을 전할 수는 없습니다. 옛 조사스님들이 말씀하신 실상자리를 비춰보아야만 후학들에게도 바로 전할 수가 있다고 당부하고 계십니다.

佛祖直指心體要節 卷下

鵝湖大義和尙坐禪銘

參禪學道幾般樣 要在當人能擇上

莫只忘形與死心 此个難醫病最深

直須坐究探淵源 此道古今天下傳

正坐端然如泰山 巍巍不要守空閑

直須提起吹毛利 要剖西來第一義

瞠却眼兮剔起眉 反復看渠渠是誰

還如捉賊須見贓 不怕賊埋深處藏

有智捉獲利那頃 無智經年不見影

深嗟兀坐常如死 千年萬歲只如此

若將此等當禪宗 拈花徵笑喪家風

黑山下坐死水浸 大地漫漫如何禁

若是鐵眼銅睛漢 着手心頭能自判

直須着到悟爲期 哮吼一聲師子兒

君不見

磨甎作鏡喻有由 車不行兮在打牛

又不見

嵓前湛水萬丈淸 沈沈寂寂杳無聲

一朝魚龍來攪動 波翻浪湧眞堪重

比如靜坐不用功 何年及第悟心空

急下手兮高着眼 管取今生敎了辦

若還默默恣如愚 知君未解做功夫

抖擻精神着意看 無形無影悟不難

此是十分眞用意 勇猛丈夫却須記

切莫聽道不須叅 古聖孜孜爲指南

雖然舊閣閑田地 一度贏來得也未

要識坐禪不動尊 風行草偃悉皆論

而今四海淸如鏡 頭頭物物皆吾聽

長短方圓只自知 從來絲髮不曾移

若問坐禪成底事 日出東方夜落西

大珠慧海禪師因僧問 一切衆生皆有佛性如何 師云作佛用是佛性 作賊
用是賊性 作衆生用是衆生性 性無形相 隨用立名 故經云 一切賢聖 皆
以無爲法 而有差別 又僧問無法可說 是名說法 禪師如何體會 師曰爲般
若體畢竟淸淨 無有一物可得 是名無法可說 是名說法

佛鑑和尙示衆 擧僧問趙州 如何是不遷義 州以手作流水勢 其僧有省 又
僧問法眼 不取於相 如如不動 如何不取於相 見不動去 法眼云日出東方
夜落西 其僧亦有省 若也於此二和尙言句見得 方知道旋嵐偃岳 本來常

靜 江河競注 元自不流 此是如如不動之義

羅山和尙 曾問石霜 起滅不停時如何霜云直須寒灰枯木去 一念萬年去
全淸絶點去 山不契 却往品頭處如前問 頭喝云 是誰起滅 山於言下大悟

報恩玄則和尙 因法眼問曾見什麼人來曰見靑峯和尙來 眼曰有什麼言
句曰某甲曾問如何是學人自己 峯曰丙丁童子來求火 眼曰上座作麼生
會 曰丙丁屬火 將火求火 將自己求自己師云情知 你不會佛法 若如此不
到今日則躁悶便起 至中路 却云他是五百人善知識 道我不是 必有長處
却回懺謝 便問如何是學人自己師云丙丁童子來求火 則於言下豁然大悟

昔楊 歧方會禪師 見慈明和尙 每到方丈請益 明云你自會去 我不如汝
楊歧切心切心一日伺候于狹路 兼値大雨楊歧 扭住慈明云 今日不與我
說 打和尙去 慈明勵聲曰 你自會去 你自會去 我不如汝 楊歧於言下 豁
然大悟

龍潭和尙問天皇 某甲自到來 不蒙和尙指示心要 皇曰自汝到來 吾未嘗
不指示汝心要 曰何處是指示我心要 曰汝擎茶來 我爲汝接 汝行食來吾
爲汝受 汝和南時 吾便低首 何處不指示汝心要 龍潭佇思之間 皇曰見則
直下便見 擬思卽差 潭當下大悟 乃復問如何保任 皇曰任性逍遙 隨緣放
曠但盡凡心 別無聖解[如洛浦云 若欲保任 但忘諸見 諸見若盡 昏霧不
生 智照洞明 更無餘事]

灌溪志閑禪師示衆云 不生想念 本來無體大用現前 不說時節 後臨遷化
時 問侍者云 坐去者誰侍 者曰僧加 又云立去者誰侍者曰僧會 師乃周行
七步 垂手而終

溈山靈祐一日侍立百丈 丈問誰 師云靈祐丈云汝撥爐中有火不 師撥云
無火 丈躬起深撥得小火舉 以示之云 此不是火 師大悟

南臺守安和尚 因僧問寂寂無依時如何 師云寂寂底 豐 乃有頌曰
南臺靜坐一爐 香終日凝然萬慮忘
不是息心除妄想 都緣無事可思量

玄沙師備因鏡淸問 學人乍入叢林 乞師指个入路 師云還聞偃溪水聲麼
淸云聞師云從這裏 入淸於言下得个入處

玄沙上堂云 我與釋迦老子同叅 且道叅見阿誰 時有僧出禮拜 擬伸問 師
云錯錯 便下座

玄沙上堂 聞鷰子聲 乃云深談實相善說法要 便下座

玄沙因雪峯云 備頭陀何不出嶺遊方師才出嶺 踢着脚指頭 不覺作忍痛
聲云 彼處虛空 此處虛空 我身無有痛自何來 休休 達磨不來東土 二祖
不往西天 廻雪峯更不出嶺 (p160)

文益法眼禪師 因地藏問上座何往 師云迤邐行脚 藏曰行脚事作麼生 師曰不知 藏曰不知最親切 師豁然大悟

法眼與悟空向火次 拈起香匙 問悟空曰 不得喚作香匙 師兄喚作甚麼 悟空曰香匙 法眼不肯 却後二十日 空方明其義

法眼同行三人 擧法師僧肇語 天地與我同根 萬物與我一體 曰也甚奇怪 也甚奇怪 桂琛禪師問曰 上座山河大地與自己 是同是別 法眼云同 琛竪兩指熟視曰 兩个 法眼大驚

桂琛禪師 門外送法眼三人次 琛問曰上座 你尋常道 三界唯心 乃指庭下石曰 此石在心內 在心外 法眼曰在心內 琛笑曰行脚人着甚來由 安塊石在心頭耶 法眼於此大悟

文益法眼 因江南李王請開堂 僧錄云 四衆盡輻湊觀瞻一時 先擁却法座了也 師云他衆人却㸔見眞善知識 僧錄於言下大悟
法眼因僧問 如何是學人一卷經 師云題目甚分明

法眼因僧問 聲色二字如何透得 師云大衆 若會者僧問處 透色聲也不難
法眼因僧問 如何是曹源一滴水 師云是曹源一滴水 時天台韶國師侍側 豁然大悟
法眼因僧問 承敎有言從無住本 立一切法 知何是無住本 師云形興未質

名起未名

法眼因見俗人携兒到 問之不語 乃有頌云
兒年八歳 問不解語
不是不語 大法難擧
白雲端云 不是不語大法全擧

紹修山主 第三度入嶺祭地藏 乃曰此者特爲和尚從汀洲恁麼來 喫盡艱
辛涉歷許多山嶺 有什麼向處 地藏云涉歷許多山嶺 也不惡 師不薦 至夜
床前侍次云 某甲百劫千生 曾與和尚違背 此來又値和尚不安 地藏起身
將拄杖卓向面前云 只者个也不背 師從此省悟

修山主問僧 甚麼處來 僧云翠嵒來師云翠嵒有何言句示徒 僧云和尚尋
常道 出門逢彌勒 入門見釋迦 師云與麼道又爭得 僧便問和尚 又如何師
云出門逢阿誰 入門見甚麼 僧於言下有省

僧**子方**問法眼曰 公久親長慶 乃嗣地藏何意耶 法眼曰以不解長慶說萬
相之中獨露身故 子方擧拂子示之 法眼曰撥萬相不撥萬相 子方云不撥
萬相法眼云獨露身 唻 子方又云撥萬相法眼曰萬相之中 唻 子方於是悟
旨嘆曰 我幾枉度此生

紹修山主與法眼談次 法眼問曰 古人道萬相之中獨露身 是撥萬相 不撥

萬相山主云不撥萬相 法眼云說甚麼撥不撥 山主懜然却回地藏 藏問曰
子去未久 何以却來 山主云有事未決 豈憚跋涉山川 藏曰汝跋涉許多山
川也不惡山主不諭其旨 乃問曰 古人云萬相之中獨露身意旨如何 藏曰
汝道古人撥萬相不撥萬相 山主云不撥 藏曰兩个 山主駭然沉思而却問
曰未審古人撥萬相 不撥萬相藏云汝喚甚麼作萬相 山主方大悟 拜辭地
藏觀于法眼 法眼語義前地藏開示如後一如

龍牙居遁禪師自嶺南來 嵓頭問曰嶺南一尊功德 還成就也未 遁曰成就久
矣只欠點眼在 頭曰要點眼麼遁曰要頭垂下一足 遁禮拜 頭云汝見个
甚麼道理 遁曰據我所見 如紅爐上一點殘雪 頭曰師子兒善能哮吼師頌云
此生不息息何時 息在今生共要知
心息只緣無妄想 妄除心息是休時
又云
尋牛須訪跡 學道訪無心
跡在牛還在 無心道易尋
又云
惟念門前樹 能容鳥泊飛
來者無心喚 騰身不慕歸
若人心似樹 與道不相違

汾陽無德和尚 一日謂衆曰 夜來夢中亡父母 覓酒肉紙錢 未免徇俗 置以
祀之 事辦於庫堂 設位如俗 閜禮酌酒行肉 化紙錢訖 令集知事 頭首散

其餘盤 知事輩却之 無德獨坐筵中 飮啖自若 大衆皆曰 酒肉僧豈堪爲師
法耶 腰包盡去 唯慈明大愚泉大道等六七人在焉 無德翌日上堂云 許多
閑鬼野神 只消一盤酒肉兩陌紙錢 斷送去了 法華經云 此衆無枝葉 唯有
諸眞實 便下座

東寺如會和尚問仰山 汝是什處人 山曰廣南人 寺曰我聞廣南有鎭海明
珠 曾收得不 山曰收得來 寺曰珠作何色 山曰白月卽現 黑月卽隱 寺曰
何不呈似老僧看 山叉手近前云 惠寂昨到潙 山被索此珠 直得無言可造
無理可伸

圓悟剋勤和尚謂佛鑑禪師曰 此理如何佛鑑其時無語 忽一日謂圓悟曰
仰山見東寺因緣我有語也 東寺當時只索一顆明珠仰山當下 傾出一栲
栳圓悟深肯之

天台德韶國師者 智者大師後身 年十五有梵僧見之 勉令出家 唐同光中
詣舒州 見投子菴主 次謁龍牙疎山 如是歷叅凡五十四人 皆法緣不契
至臨川謁淨惠 但隨衆而已 無所咨叅有僧問法眼曰 十二時中 如何得頓
息萬緣去 眼曰空與汝爲緣耶 色與汝爲緣耶 言空爲緣 則空本無緣 言色
爲緣 則色心不二 日用果何物爲汝緣乎韶聞悚然異之
又一 日有僧問如何是曹源一滴水 眼云是曹源一滴水 其僧惘然 師於座
側豁然大悟 平生凝滯渙然永釋 遂以所悟聞于法眼 眼曰汝向後當爲國王
所師 致祖道光大 吾不如也 自此諸方 異唱古今玄揵 與之決擇 不留微迹

一日上堂曰 靈山付囑分明 諸上座一時驗取 若驗取得更無別理 只是如
今 比如大虛曰明雲暗 山河大地一切有爲世界 悉皆明現乃至無爲法 亦
復如是自世尊付囑迦葉 迄至于今 並無絲毫差別 更付阿誰 所以祖師云
心自本來心 本心非有法 有法有本心 非心非本法 此是靈山付囑榜樣 諸
上座徹底會取好 國王恩難報 諸佛恩難報 父母師長恩難報 施主恩難報
若要報恩 應須明徹道眼 入般若性海始得 久立珍重

雪峯義存與嵓頭 同至澧州鼇山鎮阻雪頭每日打睡師一向坐禪 一日喚
云師兄師兄且起來 頭云作什麼 師云今生不着便 共文邃个漢行脚到處
彼他滯累 今日與師兄到此 又只管打睡 頭喝云 瞳眠去瞳眠去 每日床
上坐 恰似七村裏土地相似 他時後日魔魅人家男女去在 師自點胸云 某
甲這裏未穩在 不敢自謾 頭曰我將謂你他後向孤峯頂上 盤結草菴 播揚
大敎 猶作者个語話 師云某甲實未穩在 頭云若實如此 據个見處 一一通
來 是處我與你證明 不是處與你劃却
師云某甲初到鹽官 見鹽官上堂擧色空義 得个入處 頭云此去三十年切
忌擧着 又因洞山偈云
切忌從他覓 迢迢與我踈
我今獨自往 處處得逢渠
渠今不是我 我今正是渠
應須恁麼會 万得契如如
頭云若恁麼自救 也不徹在

師又曰後問德山 從上宗乘中事學人還有分也無 德山打一棒云 道甚麼
當時豁然 如桶底脫相似 頭喝云你不聞 從門入者 不是家珍 師云他後
如何卽是 頭云解問解問他後若欲播揚大敎 一一從自己胸襟流出 將來
與我盖天盖地去師於言下大悟 便作禮起連聲云 今日始是鼇山成道也

雪峯嵒頭欽山三人 自湘中入江南 至新吳山之下 欽山濯足磵邊 見一菜
葉而喜指以謂二人曰 此山必有道人可沿流尋之 雪峯恚云 汝智眼大濁
他日如何辨人 彼不惜福 如此住山何益也

雪峯因一僧 在山中卓菴 多年不剃頭自作一柄木杓 溪邊舀水喫時 有僧
見問 如何是祖師西來意 主竪起杓子云
溪深杓柄長 僧歸擧似師 師云也甚奇怪 也甚奇怪
師一日與侍者 將剃刀去 才相見 便問道得則不剃汝頭 主便洗頭 胡跪
師前 師便與他剃却之

長蘆和尙擧此話 幷擧洞山行脚時 問一菴主曰 見个什麼道理 便住此山
菴主云 我見兩箇泥牛鬪入海 直至如今無消息 師曰諸仁者 門庭施設 還
他洞上之言 大古眞風 須是雪峯菴主

雪峯因僧問 如何是觸目菩提 師云還見燈籠麼

大隨法眞禪師因僧問 劫火洞然 大千俱壞 未審者个還壞也無 師云壞 僧

云恁麼則隨他去也 師云隨他去也 又問修山主如前 修云不壞 云爲甚麼
不壞 修云爲同大千

大隨因僧問 大隨山裏還有佛法也無師云有 云如何是大隨山裏佛法 師
云石頭大底大小底小[如云長者長法身 短者短法身 又如鑿破蒼崖喪本
眞 剩爲行客眼前塵 請君試見他山石 不費功夫自法身]

智通禪師 在歸宗會下 忽一夜巡堂叫云 我已大悟也 大衆駭之 明日宗上
堂集衆問 昨日大悟底僧出來 師出云智通 宗云汝見个甚麼道理 言大悟
試說似看 對曰師姑元是女人造

玄挹禪師 一日侍立五祖次 有華嚴僧來問 五祖眞性中緣起 其意云何祖
默然 師乃謂曰 大德正興一念問來時 是眞性中緣起 其僧言下大悟

寶壽和尙 一日在市裏 見二人相諍一人把住劈面打一拳 彼云得恁麼無
面目 師於此大悟 [拈云還知他伊麼道無面目麼 龍袖拂開全體現]

神晏國師 一日叅雪峯 峯知其緣熟忽起扭住云 是甚麼 師釋然了悟 亦
忘其了心 唯擧手搖拽而已 峯曰汝作道理耶 師云何道理之有 峯乃撫而
印之

靈雲志勤禪師 在潙山會下 因見桃花悟道 有偈曰

三十年來尋劍客 幾廻落葉又抽枝

自從一見桃花後 直至如今更不疑

舉似潙山 山云從緣悟達 永無退失 善自護持

仰山慧寂一日見香嚴 乃問近日師兄見處如何 嚴云據我見處 無一物可
當情 師云你解猶在境 嚴云某甲只如是 師兄又作麼生 師云你豈無能
知無一法可當情者

京兆米胡和尚訪王常侍 常侍視事次乃舉筆示之 師曰還判得虛空麼 侍
乃擲下筆入宅 更不復見師 致疑明日憑花嚴 置茶筵次 設問昨日米胡和
尚有何言句 便不得相見 侍云師子咬人韓獹趂塊 師才聞 乃遽出朗笑
曰 我會也我會也 侍云會卽不無 你試道看師云請常侍舉 侍乃堅起一隻
箸 師云者野狐精 侍云者漢徹也

米胡和尚 令僧問仰山云 今時人還假悟也未 山云悟則不無 爭乃落在第
二頭何 師深肯之

徑山法欽因代宗詔 至闕下 親加瞻禮 一日師在內 見帝起立 帝曰師何以
起師云檀越何得向四威儀中見貧道 帝大悅

德山宣鑑禪師 初到龍潭 問久嚮龍潭及乎到來 潭又不見 龍又不顯 潭云
子親到龍潭 師作禮而退

508 돈오(頓悟)의 길, 직지심경

德山在龍潭 入室夜深 潭曰子且下去 師珍重揭簾而出 見外面黑 却廻
曰和尚外面黑 潭點紙燭度與 師才接潭便吹滅 師不覺失聲云 我自今已
後更不疑天下老和尚舌頭 遂取疏鈔 於法堂前 將一炬火提起云 窮諸玄
辯若一毫置於大虛 竭世樞機 似一滴投於巨壑將 疏鈔云 畫餅不可充
飢 便燒 於是禮辭師

洞山良价禪師 問雲嵒和尚 百年後忽有人 問還邈得師眞不 如何祇對嵒
良久云只這是師伫思嵒云承當者个事 大須審細 師猶涉疑 後因過水覩
影 大悟前旨 乃有偈曰
切忌從他覓 迢迢與我踈
我今獨自往 處處得逢渠
渠今正是我 我今不是渠
應須恁麼會 方得契如如

洞山問僧 世間是甚麼物最苦 僧云地獄最苦 師云不然 向此衣線下 不明
大事始是苦

清平令遵禪師問翠微 如何是西來的的意 微云待無人時向汝道 師良久
曰無人也 請師說 微下禪床 引師入竹林師又云無人也 請師說 微指竹云
者一竿得恁麼長 那一竿得恁麼短 師於言下大悟

高亭簡禪師 初隔江見德山 遙合掌呼云 不審 山以手中扇子招之 師忽開

悟 乃橫趍而去 更不迴顧

雲嵓曇晟問僧 闍梨念底是甚麼經 對曰維摩經 師云不問維摩經 念底
是甚麼經 其僧從此得入

雲居道膺在洞山三峯 住菴時 多日不赴堂齋 山問汝因何不赴堂齋 師云
每日有天神送食來 山云將謂汝是箇人猶作者个見解 在晚間上來 師晚
至 山召云膺闍梨 師應喏 山云不思善不思惡 是甚麼 師便歸菴中宴坐
天神累日來不見 乃哭泣而去

薦福承古舉此話云 諸上座 他古人直得身心如是 尚被鬼神見 豈況你今
時人終日竟夜自謾 天神土地 一一見得你手脚 好之與惡 伊總識得
爲你這一念心不忘 如今大意只要諸人息 却縈學底心 息却修行底心 如
一塊頑石頭去 如寒灰死火去 若能如是 却得相應分 若不如此 縱你修行
六度萬行乃至盡未來際修 只得个報化佛 不見云報化非眞 佛亦非說法者

雲居因僧問 如何是一法 師云如何是諸法 僧云未審如何領會 師云一法
是汝本心 諸法是汝本性 且道 心之與性 是一是二 僧禮拜 師乃有頌云
一法諸法宗 萬法一心通
唯心唯汝性 不說異兼同

曹山本寂禪師 因鏡淸問淸虛之理 畢竟無身時如何 師曰理則如此 事又

作麼生 曰如理如事

曹山問德上座 佛眞法身 猶若虛空應物現形 如水中月 作麼生說个應底
道理 德云如驢覷井 師云道則大殺道 只道得八成 德云和尙又如何 師
曰如井覷驢

鏡淸問僧 門外是甚麼聲 僧云雨滴聲師曰衆生顚倒 迷己逐物 又問僧門
外是甚麼聲 云蛇咬蝦蟆聲 師云將謂衆生苦 更有苦衆生

處眞禪師示衆云 一片凝然光燦爛 擬議追尋卒難見 炳然擲着豁人情 大
事分明皆總辦 是快活無繫絆 萬兩黃金終不換 任他千聖出頭來 總是向
渠影中現

新羅大嶺禪師 因僧問 如何是一切處淸淨 師云截瓊枝寸寸是寶 析栴檀
片片皆香頌云
乾坤盡是黃金國 萬有全彰淨妙身

地藏桂琛禪師 問修山主 甚麼處來 主云南方來 師云南方近日佛法如何
主云商量浩浩 師云爭如我這裏博飯喫 主云爭乃三界何 師云你喚
甚麼作三界 主言下有省頌曰種田博飯家常事 不是飽叅人不知

地藏問保福僧 彼中佛法如何示人 僧云保福有時 云塞却汝眼 敎汝覷不

見塞却汝耳 教汝聽不聞 坐却汝意 教汝分別不得 師云吾問你 我不塞汝眼汝見个甚麼 不塞汝耳 聞个甚麼 不坐汝意 作麼生分別 則僧於言下大悟

惠球禪師示衆云 我此間粥飯氣力 爲兄弟擧唱 終是不常 若得省要 却是山河大地 與汝發明 其道是常 亦能究竟 若從文殊門入者 一切有爲土木瓦礫 助汝發機 若從觀音門入者一切善惡音響 乃至蝦麼 蟆蚓爲你擧揚若從普賢門入者 不動步而到 我今以此三門方便示汝 如將一隻折箸攪大海水 令彼無龍知水爲命 還會麼若無智眼 而審諦之 任你百般善巧 不爲究竟

巴陵因僧問 祖意教意 是同是別 師云鷄寒上樹 鴨寒下水 源同派別[如云登之於口謂之教傳之於甚謂之禪達其源者 無禪無教 列其派者禪 教各執]

洞山守初禪師 因雲門問 近離甚麼 處師云査渡 門云夏在甚麼處 云湖南普慈 門云幾時離彼中 云八月二十五門云放汝三頓 棒次日師却問云昨蒙和尙放某甲三頓棒 未審過在甚麼處門云飯袋子江西湖南 又恁麼去也 師於言下大悟

薦福示衆云 直須向空劫時 了取自己未具胞胎已前認取 何者 是空劫時自己 本無名字 方便呼爲如來正法眼藏涅槃妙心

清豁禪師 初然契如菴主 後見睡龍龍一日問師 見何尊宿來 還悟也未師
云豁嘗訪大章 得个入處 龍於是上堂集眾召清豁 闍梨出 對眾燒香說悟
處 看老僧 與你證明師便出拈香 乃云香則已燒 悟則不悟 龍大悅而許之

玄覺道師 聞鳩子鳴 乃問僧 是甚麼聲 云鵓鳩聲 師云欲得不招無間業
莫謗如來正法輪

天台德韶國師因僧問 那吒太子 折骨還父析肉還母然後 於蓮華臺上現
本身 為母說法 未審如何是太子本來身 師曰大家見上座 問僧云 恁麼則
大千同一真如性 師曰依俙似曲才堪聽 又被風吹別調中

牧菴法忠拈大 眾要會麼 骨肉盡將還父母 分明方見本來身 所以道父母
非我親 誰是最親者 只如諸人 每日普請般土負木 且道是本來身 是父母
身若道是父母身 則辜負本來身 若道是本來身 又辜負父母身 且道畢竟
如何忽有人出來道兩箇 你如何對他

瑯琊因長水座主問 清淨本然 云何忽生山河大地 師抗聲曰 清淨本然 云
何忽生山河大地 主於言下大悟

于迪相公 特訪藥山 乃問如何是佛山召相公 公應喏 山云是甚麼 公於
言下悟去

首山省念因僧問 一切諸佛 皆從此經出如何是此經 師曰低聲低聲

神照本如法師 問法智尊者曰 如何是經王 尊者曰汝爲我主三年庫事 却
向汝 道 如敬承其命三年畢 如再請曰 今當說之 尊者大喚本 如一聲忽
然大悟作偈曰
處處逢歸路 頭頭是古鄉
本來現成事 何必待思量

西天七賢女 同遊屍多林 見一死屍中有一賢女 指屍謂諸姊曰 屍在這裏
人向甚處去 中有一賢女云 作麼作麼諸賢女諦觀 各各契悟 感帝釋散花
供養云 惟願諸賢女 有何所須 我當終身供給 女云我家四事七珍 悉皆具
足 唯要三般物 一要無陰陽地一片 二要無根樹子一株 三要叫不響山谷
一所帝釋云 一切所須我悉有之 若此三般物 我實無 女云汝無此物 爭解
濟人 帝釋無語

光孝安禪師 往台之雲峯 結芋而居長坐不臥 一食終日 不衣繒纊 唯一
壞衲以度寒暑 尋謁韶國師 師問曰三界無法 何處求心 四大本空 佛依
何住 你向甚麼處見老僧 安曰今日捉敗和尚見處 師曰是甚麼 安掀倒
香臺而出 師器之

安一日閱華嚴經 至於身無所取 於修無所着 於法無所住 過去已滅 未來
未至 現在空寂 到者裏 豁然入定經旬餘 方從定起身 心爽利頓 發玄旨

後唯務宴坐 如入大定 一日定中見二僧 倚殿檻語話 有天神侍衛 傾聽久
之 俄有惡鬼唾罵 復埽足跡及詢倚檻僧所以乃初論佛法 後談世諦 安曰
閑論尙爾 況主法者 擊鼓陞座 說無益事耶 安自此終身未嘗一 日談世諦
故 安死闍維舌根不壞 柔軟如紅蓮華

華嚴座主問禪師 何故不許靑靑翠竹盡是眞如 鬱鬱黃花 無非般若 大珠
禪師答曰 法身無相 應翠竹以成形般若無知 對黃花而現相 非彼黃花翠
竹 而有法身般若 故經云 佛眞法身猶若虛空 應物現形 如水中月 黃花若
是般若 般若卽同無情 翠竹若是法身 翠竹還能應用 座主降伏 領悟其旨

德山緣密禪師會下 有一禪客 用功甚銳看狗子無佛性話 久無所入 一日
忽見狗頭 如日輪之大 張口欲食之 禪者畏避席而走 隣人問其故 禪者具
陳其事 遂白德山 山曰不必畏矣 但痛加精彩 待渠開口 撞入裏許便了
禪者依敎坐至中夜 狗復現前 禪者以頭用極力一撞 則在函櫃中 於是廓
然契悟後出世文殊道法大振 卽眞禪師也

圭峯宗密禪師云 但可以空寂爲自體勿認色身 以靈知爲自心 勿認妄念
妄念若起 都不隨之 則臨命終時 自然業不能擊 天上人間 隨意寄托 此
是悟理之人朝夕修行要節

張拙相公叅石霜 霜問先輩何姓 曰名拙姓張 師云覓巧了不可得 拙自何
來 張於言下有省 乃述頌云

光明寂照徧河沙 凡聖含靈共一家

一念不生全體現 六根才動被雲遮

斷除煩惱重增病 趣向菩提亦是邪

隨順衆緣無罣导 涅槃生死是空花

雲門文偃問僧 光明寂照徧河沙 豈不是張拙相公語 僧云是 師云話墮也

香嚴禪師云 去年貧未是貧 今年貧始是貧 去年有卓錐之地 今年錐也無 仰山云如來禪卽許師兄 祖師禪未夢見在嚴云 我有一機瞬目視伊 若人不會 別喚沙彌 仰山云 且喜師兄會祖師禪

道吾因僧問 如何是祖師禪 吾云遙憶江南三月裏 鷓鴣啼處百花香[私曰此一句具色聲言語 此所謂凡欲下語一句具三句 與庭前柏樹子本分答話一般]

白雲守端和尙云 悟了須遇人始得 若不遇人只是一个無尾巴獼猴相似 才弄出人便笑 深信此道者 萬中無一誠可憐憫 誠可憐憫

圓悟剋勤和尙 侍立五祖演和尙偶 陳提刑 解印還蜀過山 中問道 因語話次祖問曰提刑 曾讀少炎詩否 有兩句頗近禪旨 曰頻呼小玉非他事 只要丹郞認得聲 提刑應諾諾 祖曰且子細看

圓悟問曰提刑聞和尙舉少炎詩 會麼祖云他只認得聲去 悟曰本文云只

要丹郎認得聲 他旣認得聲 爲什麼 却不是 祖曰僧問如何是祖師西來意
答曰庭前柏樹子 曺 悟忽然大悟 遽出去 見雞飛上欄干 鼓翼而鳴 復自
謂曰此豈不是聲 遂袖香入室通所悟 祖曰佛祖大事 非小根劣智所能造
詣吾助汝喜 祖徧請山中耆舊曰 我侍者 衆得祖師禪也

應菴曇華和尙云 上古老宿 心眼未明火急就有道而正之 一旦心眼洞明
以本願力 晦跡 山林 或二十三十年 辦累生計揩磨心識使 及之淨盡 無
纖毫過患 至逢境遇緣視之 如墻壁瓦礫絶無一念世間 心如大虛空 湛然
凝寂 謂之金剛正體 淨裸裸圓陀陀地然後 以無功用行 雖無心應世 而應
世之心 常而無間 雖無心濟物 而濟物之心 霈然無窮 當知上古老宿 就
有道而正之 契證之妙皎如十日並照 豈造次承荷者哉

古靈神贊禪師行脚時 遇百丈開悟後 却廻福州大中寺受業 師問曰汝離
吾在外得何事 業答曰無 師遂遣執役 一日因澡身 命靈去垢靈乃拊背曰
好个佛殿 而佛無靈 其師回首見之 靈曰佛雖無靈 亦能放光 其師又一日
在明窓下看經 蜂子投窓紙求出 靈見之曰世界與麼廣闊不肯出 鑽他古
紙作麼作麼 其師置經問曰 汝行脚時遇何人前後見汝 發言異常 爲我說
靈陞座擧百丈門風曰
靈光獨耀 迥脫根塵
體露眞常 不拘文字
心性無染 本自圓成
但離妄緣 卽如如佛

鶴林玄素和尙 一日因有屠者 禮謁願就所居辦供 師欣然而往 衆皆訝之
師曰佛性平等 賢愚一致 但可度者 吾卽度之 復何差別之有

大顚寶通和尙 初叅石頭 頭問師曰 那个是汝心 師云言語者是 便被喝
出經旬日 師却問曰 前者旣不是 除此外何者是心 頭曰除却揚眉動目將心
來 師云無心可將來 頭云元來有心 何言無心 無心盡同謗 師於言下大悟

曹山耽章禪師有僧以紙爲衣 號爲紙衣 道者自洞山來 師問曰如何是紙
衣下事 僧曰一裘才掛體 萬事悉皆如又問如何是紙衣下用 其僧前而拱
立曰 諾卽脫去 師笑曰汝只解伊麼去不解伊麼來 僧忽開眼曰 一靈眞性
不仮胞胎時如何 師曰未是妙 僧云如何是妙 師曰不借借 其僧退坐於堂
中而化 師作偈曰

覺性圓明無相身 莫將知見妄踈親

念異便於玄體異 心差莫與道爲隣

情分萬法沉前境 識鑑多端喪本眞

若向句中全曉會 了然無事昔時人

師如是啓發上根 曾無軌轍可尋也

蒙山德異和尙云 發明之後 常當入眞空三昧 洗除多生塵習 塵習輕淸時
能念知今生出母胎時事 及前生一世二世以至十世事 若塵習淨盡者 能
知多生事 名宿命智 神通次第得耳根眼根以至六根淸淨 能滌蕩 得一切
根塵淸淨者 諸通諸三昧 大智慧大辯才大神通大機用 皆自眞空實相中
發現

蒙山示衆云 廻心立志不論尊卑 入聖超凡 豈拘僧俗 當機頓悟 一步到家
擬議思量 白雲萬里 豈不見世尊拈花示衆 迦葉破顏微笑 世尊云吾有正
法眼藏涅槃妙心 付屬摩訶迦葉 敎外別傳 無令斷絕 諸仁者見麼 識得老
瞿曇 與大迦葉者 洞明正法眼藏涅槃妙心 已得入門 更當進步 承堂入室
其或未然世尊拈花意作麼生 迦葉微笑畢竟如何 子細叅究叅究 忽然大
悟一一道得 諦當 許你是个靈利男兒

且如山僧 數日前出街廻到于將坊 有一女人 敎化底 趨來當街禮拜云
我十年敎化積聚 鈔五十二貫 要捨與常住 造佛殿三次 到菴中不見長老
是我緣淺福薄 痛心無已今望長老 攝受爲我 買一莖木一塊石幾片瓦幾
片甋 圓成佛殿 結三寶緣
老僧云 汝十年敎化 所得鈔兩 來處不易 何不留取買衣着買食喫 女云
我發心已十年矣 山僧問曰汝姓甚麼 何處住 因何發心 女云休問我姓名
我在養育院 住我二十前 因去大富貴家敎化 立於門首多 時把門人等
罵詈趨逐 有將惡水潑者 由是怨恨 我命不好 前世不曾修來 苦惱如是
不忍 痛哭而來 來至龍興寺 遇一講主 說經云 若人有福 曾供養佛 我聞
是已 省心省心 從此發心 十年敎化 積聚鈔兩 誓願不買衣着 不買食喫
要結三寶緣 又於至元十八年 蔡提領請長老說法時 我聞說生老病死苦
人人皆有 不論男女貴賤貧當 生不知來處 是生大 死不知去處是死大 出
息不保入息 是無常迅速 人能於此省察 發心回道者 但提撕話頭 云見
性成佛那个是我性 但恁麼叅究看 叅來叅去 忽然悟明 便知生來死去
十二時中 自有主宰 生死岸頭 可以轉業 我從此持戒叅究 那个是我性

今經二十年 曉得些子見聞 又聞長老云 道不屬見聞覺知 亦不離見聞覺
知 至今疑着 那个是道 今日望因便敎我 山僧云正好叅究 不可放捨此
疑 何耶 大疑之下 必有大悟山僧又問 去日汝所捨鈔兩 有願意無女云
我有願結三寶緣 頓悟妙道 早捨女身 徑生西方安樂世界 親見阿彌陀佛
親授菩提妙記 永離貧窮苦惱 却來此界 作大施主 普度衆生 山僧見他有
此志氣 有此行願 遂受所捨鈔歸菴爲他 買一丈五尺樑一條 又乘樑柱大
石一箇 甎五百片 筒瓦五十片滿他願心 諸仁者 洞明此女所捨寶鈔具何
功德也未 一一見得 分曉道得端的時 許汝等正眼已明 山僧敢道所捨鈔
兩 具檀波羅蜜 十方諸佛 同時爲授無上菩提記

樂普和尙浮漚歌

雲天雨落庭中水 水上漂漂見漚起
前者已滅後者生 前後相續無窮已
本因雨滴水成漚 還緣風激漚歸水
不知漚水性無殊 隨他轉變將爲異
外明瑩內含虛 內外玲瓏若寶珠
正在澄波看似有 及乎動着又如無
有無動靜事難明 無相之中有相形
只知漚向水中出 豈知水亦從漚生
權將漚水類予身 五蘊虛攢仮立人
解達蘊空漚不實 方能明見本來眞

騰騰和尙了元謌

修道道無可修 問法法無可問
迷人不了色空 悟者本無逆順
八萬四千法門 至理不離方寸
識取自家城郭 莫謾尋他鄕郡
不用廣學多聞 不要辯才聰儁
不知月之大小 不管歲之餘閏
煩惱卽是菩提 淨花生於泥糞
人來問我若爲 不能共伊談論
寅朝用粥充飢 齋時更湌一頓
今日任運騰騰 明日騰騰任運
心中了了摠知 且作佯癡縛鈍

梁寶誌和尙大乘讚頌十首

〈1〉
大道常在目前 雖在目前難覩
若欲悟道眞體 莫除色聲言語
言語卽是大道 不可斷除煩惱
煩惱本來空寂 妄情遞相纏繞
一切如影如響 不知何惡何好
有心取相爲實 定知見性不了
若欲作業求佛 業是生死大兆

生死業常隨身 黑暗獄中未曉

悟理本來無異 覺後誰脫誰早

法界量同大虛 衆生心智自小

但能不起吾我 涅槃法食常飽

〈2〉

妄身臨鏡照影 影與妄身不殊

若欲去影留身 不知身本同虛

身本與影不殊 不得一有一無

若欲存一捨一 永與眞理相踈

更若愛聖憎凡 生死海裏浮沉

煩惱因心故有 無心煩惱何居

不勞分別取捨 自然得道須臾

夢時夢中所作 覺時覺境都無

飜思覺時與夢 顚倒二見不殊

改迷取覺求利 何異販賣商徒

動靜兩亡常寂 自然契合眞如

若言衆生異佛 迢迢與佛恒殊

佛與衆生不二 自然究竟無餘

〈3〉

法性本來常寂 蕩蕩無有邊畔

安心取捨之間 被他二境回換

歛容入定坐禪 攝境安心覺觀

機關木人修道 何時得達彼岸

諸法本空無着 眞似浮雲會散

忽悟本性元空 恰似熱病得汗

無智人前莫說 打你色身星散

<4>

報你衆生直道 非有卽是非無

非有非無不二 何須對有論虛

有無妄心立號 一破一个不居

兩名由你情作 無情卽本眞如

若欲存淸覓佛 將網山上羅魚

徒費功夫無益 幾許在用功夫

不解卽心卽佛 眞似騎驢覓驢

一切不憎不愛 者个煩惱須除

除之則須除身 除身無佛無因

無佛無因可得 自然無法無人

<5>

大道不由行得 說行權爲凡愚

得理返觀於行 始知枉用功夫

未悟圓通大理 要須言行相扶

不得執他知解 廻光返本全無

有誰解會此說 敎君向己推求

自見昔時罪過 除却五欲瘡疣

解脫逍遙自在 隨方賤賣風流
誰是發心買者 亦得似我無憂
<6>
內見外見總惡 佛道魔道俱錯
彼此二大波旬 便卽猒苦求樂
生死悟本體空 佛魔何處安着
只由妄情分別 前身後身孤薄
輪迴六道不停 結業不能除却
所以流浪生死 皆由橫生經略
身本虛無不實 返本是誰斟酌
有無我自能爲 不勞妄心卜度
衆生身同大虛 煩惱何處安着
但無一切希求 煩惱自然消落
<7>
可笑衆生蠢蠢 各執一般異見
但欲傍鏊求餠 不解返本觀麵
麵是邪正之本 由人造作百變
所須任意從橫 不仮偏耽愛戀
無着卽是解脫 有求又遭羅罥
慈心一切平等 眞如菩提自現
若懷彼我二心 對面不見佛面

<8>

世間幾許癡人 將道復欲求道
廣尋諸義紛紜 自救己身不了
全尋他文亂說 自稱至理妙好
徒勞一生虛過 永劫沉淪生死
濁愛纏心不捨 清淨智心自惱
眞如法界叢林 返作荊棘荒草
但執黃葉爲金 不悟弃礦求金
所以失念狂走 強力裝持相好
口內誦經誦論 心裏心常枯槁
一朝覺本心空 具足眞如不足

<9>

聲聞心心斷惑 能斷之心是賊
賊賊遞相除遣 何時了本語默
口內誦經千卷 體上問經不識
不解佛法圓通 徒勞尋行數墨
頭陀阿練苦行 希望後身功德
希望卽是隔聖 大道何由可得
比如夢裏渡河 船師度過河北
忽覺床上安眠 失却度船軌則
船師及彼度人 兩箇本不相識
衆生迷倒羈絆 往來三界疲極

覺悟生死如夢 一切求心自息

<10>

悟解卽是菩提 了本無有階梯

堪嘆凡夫傴僂 八十不能跋蹄

徒勞一生虛過 不覺日月遷移

向上看他師口 恰似失娬孩兒

道俗崢嶸聚集 終日聽他死語

不觀己身無常 心行貪如狼虎

堪嗟二乘狹劣 要須摧伏六府

不食酒肉五辛 邪眼看他飮咀

更有邪行猖狂 修氣不食鹽醋

若悟上乘至眞 不仮分別男女

誌公 和尙 14科頌

菩提煩惱不二

衆生不解修道 便欲斷除煩惱

煩惱本來空寂 將道更欲覓道

一念之心卽是 何須別處尋討

大道皎在目前 迷倒愚人不了

佛性天眞自然 亦無因緣修造

不識三毒虛仮 妄執浮沉生老

昔時迷日爲說 今日始覺非早

持犯不二

丈夫運用無碍 不爲戒律所制

持犯本自無生 愚人被他禁繫

智者造作皆空 聲聞觸途爲滯

大士肉眼圓通 二乘天眼有翳

空中妄執有無 不達色心無碍

菩薩與俗同居 清淨曾無染世

愚人貪着涅槃 智者生死實際

法性空無言說 緣起略爲玆偈

百歲無知小兒 小兒有智百歲

佛與衆生不二

衆生與佛無殊 大智不異於愚

何須向外求寶 身田自有明珠

正道邪道不二 了知凡聖同途

迷悟本無差別 涅槃生死一如

究竟攀緣空寂 惟求意想清虛

無有一法可得 翛然自入無爲

理事不二

心王自在 翛然 法性本無十纏

一切無非佛事 何須攝念坐禪

妄想本來空寂 不用斷除攀緣

智者無心可得 自然無諍無喧

不識無爲大道 何時得證幽玄

佛與衆生一種 衆生卽是世尊

凡夫妄生分別 無中執有迷奔

了達貪瞋空寂 何處不是眞門

靜亂不二

聲聞厭喧求靜 猶如弃麵求餅

餅卽從來是麵 造作隨人百變

煩惱卽是菩提 無心卽是無境

生死不異涅槃 貪瞋如燄如影

智者無心求佛 愚人向外馳騁

徒勞空過一生 不見如來妙頂

了達婬怒性空 鑊湯鑪炭自冷

善惡不二

我自身心快樂 翛然無善無惡

法身自在無方 觸目無非正覺

六塵本來空寂 凡夫妄生執着

涅槃生死平等 四海阿誰厚薄

無爲大道自然 不用將心畫度

菩薩散誕靈通 所作常含妙覺

聲聞執法坐禪 如蠶吐絲自縛

法性本來圓明 病愈何須執藥

了知諸法平等 脩然清虛快樂

色空不二

法性本無靑黃 衆生謾造文章

吾我說他止觀 自意擾擾頭狂

不識圓通妙理 何時得會眞常

自病不能治療 却敎他人藥方

外看將爲是善 心內猶若豺狼

愚人畏其地獄 智者不異天堂

對境心常不起 擧足皆是道場

佛與衆生不二 衆生自作分張

若欲除却三毒 迢迢不離灾殃

智者知心是佛 愚人樂往西方

生死不二

世間諸法如幻 生死猶若雷電

法身自在圓通 出入山河元間

顚倒妄想本空 般若無迷無亂

三毒本自解脫 何須攝念禪觀

只爲愚人不了 從他戒律決斷

不識寂滅眞如 何時得登彼岸

智者無惡可斷 運用隨心合散

法性本來空寂 不爲生死所絆

若欲斷除煩惱 此是無明癡漢

煩惱卽是菩提 何用別求禪觀

實際無佛無魔 心體無形無斷

斷常不二

丈夫運用堂堂 逍遙自在無妨

一切不能爲害 堅固猶若金剛

不着二邊中道 脩然非斷非常

五欲貪瞋是佛 地獄不異天堂

愚人妄生分別 流浪生死猖狂

智者達色無㝵 聲聞不了恛惶

法性本無瑕翳 衆生妄執靑黃

如來引接迷愚 或說地獄天堂

彌勒身中自有 何須別處思量

弃却眞如佛像 此人卽是顚狂

聲聞心中不了 唯只趁逐言章

言章本非眞道 轉加鬪諍剛强

心裏蚖蛇蝮蠍　螫着便卽遭傷

不解文中取義 何時得會眞常

死入無間地獄 神識枉受灾殃

眞俗不二

法師說法極好 心中不離煩惱

口談文字化他 轉更增他生老

眞妄本來不二 凡夫弃妄覓道

四衆雲集聽講 高座論議浩浩

南座北座相爭 四衆爲言爲好

雖然口談甘露 心裏尋常枯燥

自己元無一錢 日夜數他珍寶

恰似無智愚人 弃却眞金擔草

心中三毒不捨 未審何時得道

解縛不二

律師持律自縛 自縛亦能縛他

外作威儀恬靜 心內恰似洪波

不駕生死船筏 如何度得愛河

不解眞宗正理 邪見言辭繁多

有二比丘犯律 便却往問優波

優波依律說罪 轉增比丘網羅

方丈室中居士 維摩便卽來呵

優波默然無對 淨名說法無過

而彼戒性如空 不在內外娑婆

勸除生滅不肯 忽悟還同釋迦

境照不二

禪師體離無明 煩惱從何處生

地獄天堂一相 涅槃生死空名

亦無貪瞋可斷 亦無佛道可成

衆生與佛平等 自然聖智惺惺

不爲六塵所染 句句獨契無生

正覺一念玄解 三世坦然皆平

非法非律所制 儵然眞入圓成

絕此四句百非 如空無作無爲

運用無导

我今滔滔自在 不羨公王卿宰

四時猶若金剛 苦樂心常不改

法寶喩於須彌 智慧廣於江海

不爲八風所牽 亦無精進懈怠

任性浮沈若顚 散誕從橫自在

莫遮刀劍臨頭 我自安然不采

迷悟不二

迷時以空爲色 悟則以色爲空

迷悟本無差別 色空究竟還同

愚人喚南作北 智者達無西東

欲覓如來妙理 常在一念之中

陽焰本非其水 渴鹿狂趂恩恩

自身虛仮不實 將空更欲覓空

世人迷倒至甚 如犬吠雷口工 口工

未曾有經云 妙吉祥菩薩 因見一 人悲泣發如是言 我造煞業 決墮地獄如

何救度 菩薩見其緣熟堪化 卽化一人亦復啼泣 謂曰我造煞業 決墮地獄

前人聞已 言我亦然 化人告之 唯佛能救 相隨共詣 化人白佛 我造煞業

怖墮地獄 願佛救度 佛卽告言 如汝所說 造殺業者 汝從何心而起罪相

過去耶未來耶見在耶 若起過去心者過去已滅 心不可得 若起未來心者

未來未至 心不可得 若起見在心者見在不住 心亦不可得三世俱不可得

故 卽無起作 無起作故於其罪相 何所見邪 善男子 心無所住 不在內外

中間 心無色相 非靑黃赤白 心無所作 無作者故 心非幻化本眞實故 心

無邊際 非限量故 心無取捨 非善惡故 心無動轉 非生滅故心等虛空 無

障导故 心非染淨 離一切數故 善男子 諸有智者 應如是觀作是觀者 卽

於一切法中 求心不可得何以故 心之自性 卽諸法性 空卽眞實性 由是義
故 汝今不應妄生怖畏是時化人聞佛宣說眞實之法 心大歡喜 卽白佛言
希有世尊 善說法界自性淸淨 我今得悟罪業性空 不生怖畏我今樂欲於
佛法中 出家修道 持於梵行 願佛攝受 佛言善哉 是時化人於利那間 須
髮自落 袈裟披身 卽白佛言 我今涅槃 承佛威力 踊身虛空化火自焚 尒時
實造業者 見是化人與我同罪 出家聞法 彼先解脫 我今亦宜求佛化度 前
白佛言 如上因緣願垂救苦 佛言善哉 汝所造業 於何起心 罪業之相 其
復云何 是時此人以善根成熟故 聞佛說已 身諸毛孔出大火焰 佛出金手
於其頂上 此人卽時 身火得滅 離其苦惱 得大快樂起淨信心 而白佛言
我先聞佛 廣說淸淨法界 離相之法 我今得悟罪業性空 而不復生怖畏之
想 投佛出家 復聞四諦之法 遠離塵垢 證無生忍

楞嚴經云 見與見緣 幷所想相 如空中花 本無所有 此見及緣 元是菩提
妙正明體 [私曰妄體元空全是本覺心體]

又云若有一人 發眞歸源 十方虛空悉皆消殞 謂迷情所覆 覺處見空 塵影
旣消 空元是覺現 謂空消覺現發謂妄盡心開也

又云內外諸法 盡知不實 從識所變悉是仮名 又云識體本空 所變何實

起信論云 一切境界 唯依妄念而有差別 若離心念 則無一切境界之相
[如云 心生種種法生 心滅種種法滅]

又云所言覺義者 謂心體離念 離念相者 等虛空界 卽是如來平等法身

洞山良价和尙辭親書

伏聞諸佛出世 皆托父母而受生 萬類興生 盡仮天地之覆載 故非父母而
不生 無天地而不長 盡沾養育之恩 俱受覆載之德 嗟夫一切含靈 萬相形
儀皆屬無常 未離生滅 稚則乳哺情重養育恩深 若把若賂供資 終難報答
作血食侍養 安得久長 故孝經云 雖日用三牲之養 猶爲不孝也 相牽沉沒
永入輪廻 欲報罔極之恩 未若出家功德 截生死之愛河 越煩惱之苦海 報
千生之父母 答萬劫之慈親 三有四恩無不報矣 故云一子出家九族生天
良价捨今生之身命 誓不還家 將永劫之根塵 頓明般若 伏惟父母 心開喜
捨 意莫攀緣 學淨飯之國王 効摩耶之聖后 他時異日 佛會上相逢 此日
今時且相離別 良价非拒違於甘旨 盖時不待人 故云此身不向今生度 更
待何生度此身 伏冀尊懷 莫相記憶 頌曰

末了心源度數春 翻嗟浮世謾逡巡

幾人得道空門裏 獨我淹留在世塵

謹具尺書辭眷愛 願明大法報慈親

不須酒淚頻相憶 比似當初無我身

林下白雲常作伴 門前靑嶂以爲鄰

免于世上名兼利 永別人間愛與瞋

祖意直敎言下曉 玄微須透句中眞

合門親戚要相見 直待當來正果因

後書

良价自離甘旨 策杖南遊 星霜已換於十秋 □□□隔於萬里 伏惟慈母 收心慕道 攝意歸空 休懷離別之情 莫作倚門之望 家中家事 但且隨緣 轉有轉多 日增煩惱 阿兄勤行孝順 須求氷裏之魚 少弟竭力奉承 亦泣霜中之筍 夫人居世上 修己行孝 以合天心 僧在空門 慕道叅禪 而報慈德 今則千山萬水 杳隔二途 一紙八行 聊書寸懷 頌曰

不求名利不求儒 願樂空門捨俗徒

煩惱盡時愁火滅 恩情斷處愛河枯

六根定慧香風引 一念才生慧力扶

爲報北堂休悵望 比如死了比如無

娘廻書

吾與汝夙有因緣 始結子 母恩愛情分 自從懷孕 禱神佛天 願生男子 胞胎月滿 命若懸絲 得遂願心 如珠寶惜 糞穢不嫌於臭惡 乳哺不倦於辛勤 稍自成人 送令習學 或暫逾時不歸便作倚門之望 來書堅要出家 父亡母老 兄薄弟寒 吾何依賴 子有抛母之意 娘無捨子之心 一自汝往他方 日夕常酒悲淚 苦哉苦哉 既誓不還鄉卽得從汝志 我不敢 望汝如王祥臥氷 丁蘭刻木 但望汝如目連尊者 度我解脫沉淪 上登佛果 如其未然 幽愆有在 切須體悉 切須體悉

圭峯宗密禪師頌

本覺眞心妄念翳 猶如明鏡被塵蒙

今用奢摩澄妄念 客塵已滅卽心空

由是十方諸佛現 由來凡聖本圓融

我心元在佛心裏 何疑佛現我心中

寬放身心隨血脉 綿綿出入寂無聲

於此自然心易定 於此佛祖證無生

龍牙居遁和尚頌

一得無心便道情 六門休歇不勞形

有緣不是予朋友 無用雙眉却弟兄

悟了還同未悟人 無心勝負自安神

從前古德稱貧道 向此門中有幾人

大法眼禪師因僧看經頌

今人看古教 不免心中鬧

欲免心中鬧 但知看古教

古德頌

照蘊皆空處 深行般若時

不唯超苦厄 決定訂無生

若欲見正性 先摧我相亡

形容何處有 六穴本無從

豁爾靈明性 倏然世界通

古德頌

火從木出還燒木 智因情起却除情

正心觀妄名爲智 智能入覺不思議

承古禪師 常勸諸人 莫學佛法 但自無心去 利根人畫時解脫 鈍根人或三

五年 遠不過十年 若不悟去 老僧替你入拔舌

白雲和尙抄錄佛祖直指心體要節 卷下

宣光七年丁巳七月 日 淸州牧外興德寺鑄字印施

緣化

門人 釋璨, 達湛

施主 比丘尼 妙德

跋文

入聖超凡不作威 臥龍長怖碧潭淸 平生若欲長如此 大地何曾留一名 念

上生住異滅 身上生老病死 國土成住壞空 此十二種事 甚能奇特

法隣禪人 投誠索語 警助余事 不獲己 爇老眼而抄錄佛祖直證心體要節

集爲二卷 塞其來誠 囑曰 未有天生釋迦 自然彌勒 要須快著精彩 見之

言外 可也

歲在壬子年九月 成佛山居 老比丘 景閑白雲 手書 時年 七十有五矣

古人 云 立志發願 必不在淺淺知見之閒 直到古人親訂處 方能乃休去歇
去 又云 古敎照心不

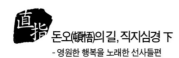 돈오(頓悟)의 길, 직지심경 下
- 영원한 행복을 노래한 선사들편

1판 1쇄 펴낸 날 2014년 9월 1일

초록 백운경한 **역해** 덕산 **발행인** 김재경 **기획 · 편집** 김성우 **편집디자인** 최정근
마케팅 권태형 **인쇄** 대명인쇄

펴낸곳 도서출판 비움과소통 서울시 영등포구 영등포동7가 29-126 포레비떼 705호 **전화** (02)2632-8739
팩스 0505-115-2068 **이메일** buddhapia5@daum.net **트위터** @kjk5555 **페이스북 ID** 김성우
홈페이지 http://blog.daum.net/kudoyukjung **출판등록** 2010년 6월 18일 제318-2010-000092호